民族学文化人类学文库
ETHNOLOGY AND CULTURAL ANTHROPOLOGY SERIES

文化即生活

民族学旁观集

谢国先 – 著

TopBook 饕书客
陕西新华出版传媒集团 陕西人民出版社

图书在版编目（CIP）数据

文化即生活 ：民族学旁观集 / 谢国先著. —西安 ：
陕西人民出版社，2022. 12
（民族学文化人类学文库 / 杨超主编）
ISBN 978-7-224-14833-6

Ⅰ. ①文… Ⅱ. ①谢… Ⅲ. ①民族学—文集②文化人
类学—文集 Ⅳ. ①C95-53

中国国家版本馆 CIP 数据核字(2023)第 013427 号

责任编辑： 王　凌　凌伊君
封面设计： 哲　峰

文化即生活——民族学旁观集
WENHUA JI SHENGHUO——MINZUXUE PANGGUAN JI

作　　者 谢国先
出版发行 陕西新华出版传媒集团　陕西人民出版社
（西安市北大街 147 号　邮编：710003）
印　　刷 陕西隆昌印刷有限公司
开　　本 787 毫米×1092 毫米　1/16
印　　张 18
字　　数 260 千字
版　　次 2022 年 12 月第 1 版
印　　次 2022 年 12 月第 1 次印刷
书　　号 ISBN 978-7-224-14833-6
定　　价 78.00 元

海南省特色重点学科
《民族学文化人类学文库》学术顾问

（按姓氏笔画排序）

海南省特色重点学科
《民族学文化人类学文库》编委会

旁观者清

——谢国先教授民族研究文集序

谢国先教授是一位民俗学家，同时也是一位民族学家。这本文集就是他20多年来在民族研究领域长期深耕劳作的成果，涉及民族学、民族理论与政策研究、中国民族史研究、民族艺术研究和世界民族研究等多个不同的研究方向，内容非常丰富而又充实。

谢国先教授从20世纪80年代起，相继接受了民间文学与民俗学、民族史与民族学等多学科的专业训练，师从朱宜初、李子贤、刘达成、尤中诸学术前辈，自认是汪宁生先生的门外弟子，故他的学术功底较为扎实，研究视野也颇为开阔。作为从云南走出来的民俗学家兼民族学家，谢国先教授的研究往往能够兼顾民俗学和民族学这两个专业领域，并使之融会贯通。事实上，此前有较长的一段时间，谢国先教授曾集中精力展开的学术翻译批评，也是兼及人类学(民族学)和民俗学、民间文学等多个专业。所有这些都表明，他的学术写作和翻译很有专业水准，比较靠谱，也值得读者的信赖。

诚如谢国先教授在“后记”里提到的，他“由民间文学而延及民俗学，再涉猎民族学，虽也顺理成章，但却并非必然”。我本人则多少是有点和他相反，是由民族学而延伸自己的学术领域，涉猎民俗学(尚在民间文学的门外)。由于我和谢国先教授算是相向而行，所以，也深知这并非自然而然或理所当然之事，还是需要有研究者个人的追求和朝向明确目标的不懈努力。

无论如何，正是这种相向而行，使得我对谢国先教授的学问和写作格外关注，不仅容易产生共鸣，也常常感到亲切。

在收入本书的论文中，有几篇我曾经拜读过，并给我留下了较为深刻的印象。例如，谢国先教授论述在文化变迁的过程中展开对少数民族文化的“保护”，和不少论者倾向于把文化和当事人割裂开来予以保护的观点不同。他指出所谓文化的保护，其实就是保持或重建少数民族的文化自尊；还有他研究土司制度，和很多学者过于强调该制度的中国本土属性不同的是，他是在全球视野中，把土司制度理解为多民族国家中民族自治与间接统治相结合的一种形态，并认为它其实具有一定的普遍性，等等。这些观点都很有启发性，读来颇有余味。此次有机会通读谢国先教授的这部文集，更是进一步感受到他的学术研究和写作的魅力，并从中受教良多。

在我看来，谢国先教授的学术写作，都是基于学者的良知、良识、良心，因为他说的都是大实话。拜读他的论文，读者基本上不用担心史料的不可靠，翻译的不准确，或观点的偏颇；也不用烦心无谓的空话、大话、废话或花里胡哨的故弄玄虚、饶舌显摆。他的叙述文字简洁明了，论述环节逻辑明晰，说理层层推进，很有说服力。这种从实求学或求学从实的风格，平实而又有大智慧，是我很欣赏也很愿意去追求的。

谢国先教授的很多论文不仅有新意，有独到的见解，同时还很有批判性。提及学术的批判性，毫无疑问，本应是我们这些研究者的基本责任。撰写和发表学术论文需要承接前辈学者的成就而拓展出新的方向，需要有对既有认知的批评和超越。优秀的学术论文其实是需要作者的勇气和谦逊的，既要勇于批评，也要可以接受批评，经得起学术界同人的质疑和推敲。我从谢国先教授的论文中，总是可以感受到他的这种批评精神和学术勇气。他讨论“民族文化保护”的认识论问题，尖锐地提出了“究竟应该保护什么”“谁来决定应该保护什么”“谁来实施保护”等一系列问题。他认为，在民族文化保护这一冠冕堂皇的口号下，其实潜藏着一个危险的悖论，亦即文化保护的决策者与文化持有人或实践者之间存在分离或脱节，就有可能导致出现所谓的“保护”有时候难免成为强势群体通过经济和政治等手段支配或影响弱势群体的生活之类的令人担心的情形。谢国先教授批评说：高喊这类口号的人似乎过于重视事物相对静止的一面，而忽略了事物绝对运动的一面；他们往往拥有“救世主”心理，以为各民族的普罗百姓没有眼光，缺乏判断力，需要精英人士居高临下地去告诉他们该怎样生活。必须承认，这样的批评确实击中了要害，也因此，它对我们的学术界和整个社会都是有建设性的作用的。

谢国先教授对罗香林先生创造的“民系”这一概念的犀利批评和明确否定，可以说，是他的学术写作既有勇气、又有逻辑性和说服力的又一个精彩例证。“民系”这一用语流用已久，虽然很少有人进一步去追问和质疑它，但它确实存在着一些值得商榷之处，事实上它对客家研究产生的影响很大，但又很难说全都是正面的影响。罗香林通过这一概念所展开的相关论述，突出地强化了客家人不同于所谓“普通汉人”或“一般汉人”的特殊优越感，长期处于此类叙述影响下的客家研究，一直深陷本质主义话语和基本的逻辑混乱之中难以自拔。很久以来，我也对此有所认识，在课堂上也曾和学生们一起讨论过，但却没能彻底追问。谢国先教授在其论文中的质疑和提问，在我看来的确是非常有力度：如果客家人是一个优秀和卓越的“民系”，那么，是不是汉人还存在一些其他的并不那么优秀的“民系”，或者所谓的“普通汉人”“一般汉人”到底是什么“民系”？如此直白、平实但又有力的质疑，非常值得客家研究领域的学术同行们深思。

谢国先教授对我国西南和海南少数民族的历史、文化，包括民间文学、神话等，均有专深的研究，他尤其对云南省内多民族在历史上的融合，对于汉族和少数民族的文化交流，对于当下的社会变革给少数民族的社会与文化带来的深刻影响，持有精到的见解。他的相关研究成果就反映在本书所收的多篇专题论文之中，读者开卷有益，无须我再做介绍。在此，我只想提及谢国先教授引起我共鸣的一种观点，亦即围绕着计划生育、殡葬改革和白酒消费等问题，他认为不应该进行简单的是非判断，对于这些并非云南少数民族特有的问题，而是全国各族、各地的普通民众均有可能碰到的问题，研究者最好的立场，应该就是在时代要求或现行政策与各地区、各民族的传统文化之间寻找更多可以契合的地方，以便顺利地实现文化的改良，当然还应该是由各族、各地的普通民众或生活文化的实践者基于主体性选择的改良。

谢国先教授把他的文集题为《文化即生活——民族学旁观集》，这就使我想在这里再稍做引申。中国有句老话说“旁观者清，当事者迷”，大意是说，对于事物的判断，保持适当距离的“旁观者”比起身在其中的当事人，往往更容易冷静和客观地进行。也就是说，“旁观者”的位置或立场有助于他时刻保持清醒。我理解谢国先教授的“旁观”，就是他对学问的一种立场和姿态，亦即尽可能地保持中立、客观和理性。我拜读这本文集中的每一篇文字时，都能够感受到这一点。谢国先教授长期以来似乎是远离了喧嚣热闹的学术“圈”，他不动声色、不紧不慢地做着自己的学问，“旁观”、静思而又慎独。也正因为如此，他每一篇平实而理性的论述，都成为有质量、有逻辑、有品位的精彩上乘之作。在很大程度上，我也像谢国先教授一样远离“圈子”，走的也是一条孤独向学的修行之路。因此，我觉得自己还是能够理解谢国先教授的“旁观”，并视它为做学问的一种高远的境界。

以上杂七杂八，写了一些读后感，权以为序。希望以此和读者交流，并与谢国先教授共勉。

周　星

2022 年 2 月 1 日

记于横滨寓所

目录

民族学研究 / 1

论民族文化的发展规律

——兼说“民族文化保护”的认识论问题 / 3

云南少数民族文化自尊的保持和重建 / 14

文化整合与社会变革 / 25

明代云南各民族的生计类型 / 32

民族理论与政策研究 / 43

民族主义与苏联的解体 / 45

再论民族主义与苏联的解体 / 50

民族政策与民族认同：土家族确认过程的几点启示 / 64

土司制度的根本性质

——论多民族国家民族自治与间接统治的必然性与普遍性 / 72

罗香林“客家民系”概念的实质与影响 / 88

中国民族史研究 / 101

试论杨再思其人及其信仰的形成 / 103

唐末至宋代的飞山蛮及其首领 / 118

明代云南地区的民族融合 / 128

明清时期感恩县北黎地区民族构成的变化过程研究 / 141
民族艺术研究 / 159
阿诗玛新论 / 161
论中国少数民族谷种起源神话 / 199
中国南方少数民族神话中的洪水和同胞婚姻情节 / 211
寻找竹四郎
——对一出花灯小戏的田野调查和文本研究 / 231
世界民族研究 / 245
泰米尔人：斯里兰卡的顺民与猛虎 / 247
北极地区的古老民族——因纽特人 / 254
加拿大平原克里人的签约之路 / 260
佤族猎头习俗及猎头神话研究
——与台湾少数民族、东南亚伊班人等相比较 / 266
后记 / 275

民族学研究

论民族文化的发展规律

——兼说“民族文化保护”的认识论问题

［摘要］ 马克思主义的唯物辩证法思想是我们研究民族文化发展规律的指导原则。同世界上的其他客观事物一样，任何一种民族文化事项都有自身发生、发展和消亡的历史。一种民族文化事项产生之后到底能够存在多长时间，取决于它能够在多大程度上满足民族文化事项传承者的物质需要和精神需要。任何一种民族文化保护活动，如果不符合文化发展规律，不符合民族文化传承者自身的愿望，就不能达到预期目的。

［关键词］ 民族文化　发展规律　保护　问题

早在2000年，云南省就开始在全国首先实施地方性的民族民间传统文化保护条例。在国际国内保护文化遗产的热闹气氛中，我国有关部门公布了《中国非物质文化遗产保护名录》。非物质文化遗产的内容主要是民族民间文化。要保护的既然是民族民间文化，那么作为民族民间文化的创造者和传承者的各族群众(当然包括各族群众中的优秀分子如故事讲述家、歌手、工匠、宗教人物等)就应该在文化保护中扮演重要角色。我国文化部的有关文件规定：“非物质文化遗产保护工作的原则是：政府主导、社会参与，明确职责、形成合力；长远规划、分步实施，点面结合、讲求实效。”①从事文化工作的一位官员兼学者认为，民间文化保护的主体是这样一些人：“他们是学者、官员、教员、普通国民、传媒工作者、法官、文艺工作者、实业家构成的联合体。”②在这些规定和理解中，民族民间文化创造者和传承者的作用似乎没有受到足够重视。幸好有学者明确指出：“在非物质文化遗产保护这个问题上，我们必须清醒地认识到：民众才是文化遗产的创造者、传承者，是文化遗产的真正主人，而政府与学术界至多只能说是个宏观的指导者。”③本文在上述认识的基础上，从民族文化发展的规律出发，谈谈民族文化保护方面存在的一些认识论问题。

一、文化与民族文化

文化有多种定义，常见的有狭义文化与广义文化两种说法。狭义文化主要是指通过学校教育传授的知识和教养。在这个意义上，我们会听到乡下的老农说：“我没有文化。”广义文化是一定群体在一定的历史时期和一定的自然环境(地形、气候、土壤、交通、水源、植物群落、动物群落等)与社会环境(人口规模、技术水平、群体历史、对外联系等)中所形成的一种生活方式。这种生活方式一旦产生，就成为一种客观存在、客观事物。在进行文化研究时，人们一般采用广义文化的概念。

马克思主义的唯物史观认为，世界的本质是物质的，客观存在的事物都有一个发生、发展和消亡的过程，民族文化的任何一个项目同样也要经历发生、发展和消亡的过程，这是一个客观规律。要研究民族文化，就必须尊重这个客观规律。

---

①转引自段宝林：《论非物质文化遗产的两种保护》，中国民俗学会秘书处编：《中国民俗学会第六届代表大会暨“新世纪的中国民俗学：机遇与挑战”学术研讨会论文集》，[未出版]。

②白庚胜：《民间文化保护诸问题》，民间文化论坛，2004年第4期，第8页。

③苑利：《〈名录〉时代的非物质文化遗产保护问题》，中国民俗学会秘书处编：《中国民俗学会第六届代表大会暨“新世纪的中国民俗学：机遇与挑战”学术研讨会论文集》。[未出版]。

民族是在长期的历史发展中由互相认同的社会成员所构成的人口群体。语言、宗教、历史、经济、心理等都可能成为社会成员互相认同的标志。民族文化就是一个民族生活方式的总和。一个民族的生活方式与别的民族的生活方式有联系又有区别。有联系，所以不同民族之间能够沟通；有区别，所以不同民族会形成自己的认同感与身份感。

民族文化是一个抽象的概念，是人们对一定时期一定群体的生活进行总体认识和总体概括的结果。这个抽象概念的含义总是需要由具体的文化事项体现出来。文化事项本身是纷繁复杂的，但在一个群体的生活方式中总有某个方面或某些方面显得比较突出，既让群体内部成员自认为可以用来代表自己群体的形象，也给外来的观察者留下深刻印象。我们或可借用作家与学者的代表作概念，把一个民族中具有典型性和代表性的文化事项称为这个民族的标志性文化。① 然而，不论一个民族或者一个地方性群体的标志性文化究竟是什么，有一点是确定不疑的：这种或这些标志性文化不是孤立地存在的，而是这个民族或地方性群体整体文化的有机组成部分。

作为一种历史现象，全世界不同群体的文化既有不同的具体表现，又有共同的总体特征。对全世界不同群体的文化的具体表现的认识，是我们认识文化的初步工作。从文化人类学的田野作业产生出来的以生活描述为主要任务的文化志和民族志，是我们认识文化现象的素材。美国文化人类学家哈维兰认为文化的总体特征包括四个方面的内容，即：文化是由一定群体的社会成员共享的；文化是后天学得的而不是与生俱来的；文化是用象征符号传达出来的；文化是整合的而不是孤立存在的。②

二、民族文化是一种历史现象

马克思主义的唯物辩证法和认识论揭示了事物发展的规律性和人类认识

①刘铁梁：《民俗文化的生活性和地方性》，中国民俗学会秘书处编：《中国民俗学会第六届代表大会暨"新世纪的中国民俗学：机遇与挑战"学术研讨会论文集》。[未出版]。

②WilliamA. Haviland：*Cultural Anthropology*[M]. pp27~37. CBS College Publishing，1987.

这种规律的可能性。文化人类学的研究特别说明了文化的性质和特征，因此我们对民族文化的研究能够在一个合乎理性的基础上进行。民族文化的保护同样要遵循事物发展的基本原理，而不可以用人定胜天的信念取代科学发展的逻辑。

作为一种历史现象，任何一个文化项目从它产生时起，就处于不断变化的状态中。学者们的研究已经表明，在我国很有影响的传统节日，如春节、清明节、端午节、中秋节等，其现存状态与初始状态相比已经增添了很多内容。① 著名的孟姜女故事在先秦时期只有数十字的记载，到南宋时已经演变为万千言的传奇，再到近现代时期形成了传说、故事、歌谣、戏曲、祭祀等在同一文化项目之下多种体裁和形式汇聚成的庞大的孟姜女民俗事项群。②

变化既是民族文化的必由之路，也是民族文化的生命力所在。在民族文化的发展过程中，有创新，也有淘汰。作为表现和传承民族文化的重要手段的民族语言，同样也不能超越这个规律。联合国前秘书长加利曾说："也许大家并不都知道，每两个星期就会有一种语言从世界上消失。随着这一语言的消失，与之相关的传统、创造、思想、历史和文化也都不复存在。"③我们在对民族语言的消亡深感惋惜的同时，也要理性地分析民族语言消亡这一现象的历史必然性。

我们也知道，对于许多少数民族来说，民族语言是他们最古老、最辉煌的成就，是他们世世代代的创造能力的主要表现。民族语言不仅仅是一种内部交际的媒介，而且还是同一民族的人们互相认同的重要标志。作为一种思维工具，语言中已经积淀了一个民族长期的思维模式和行为规范。语言和文化实际上是不可分割的。在只有口头语言的民族中，他们的文化主要依靠口

---

①陈连山：春节民俗的社会功能、文化意义与当前文化政策[J].；黄涛：清明节的源流、内涵及其在现代社会的变迁与功能[J].；高丙中：端午节的源流与意义[J].；萧放：中秋节的历史流传、变化及当代意义[J]. 以上四篇文章均见：《民间文化论坛》，2004 年第 5 期。

②顾颉刚：《孟姜女故事研究》，顾颉刚编：《孟姜女故事研究集》，上海：上海古籍出版社，1984 年。

③加利：多语化与文化的多样性[A]. 转引自罗杨：《民族民间文化的处境和决策》，《民间文化论坛》，2004 年第 4 期，第 56 页。

头语言来保存和传播，因而口头语言既是民族文化的仓库，也是民族文化的桥梁。民族语言的丧失就会造成文化空虚，而别的文化就会乘虚而入。

同时，民族语言的功能不是可以简单地用交际手段来概括的。世界上很多民族的历史表明，在民族征服的过程中，语言同化是军事征服和政治统治的必然补充，甚至可以说，语言同化是军事征服和政治统治深入人心、大获全胜的象征。印加帝国在它所统治的众多部落和民族中推广克丘亚语。西班牙征服这个地区之后，宗主国的语言成了官方语言，而克丘亚语在安第斯山地区印第安各民族反抗殖民统治的斗争中又被当作了印第安人团结奋斗的象征。欧洲人征服北美印第安人之后，也在当地各印第安民族中强行推广欧洲的语言。在欧洲本土的历史上，有都德的《最后一课》。20 世纪前半期日本占领我国东北地区的时候，也在当地中国人中强行推广日语。

民族语言的作用如此重要，但是，在全球化的背景下，民族语言的功能在逐渐降低。以我国的情况而言，各少数民族越来越多地把汉语当作族际交流的共同语，国家的有关政策也有利于这种趋势的发展。以云南为例，少数民族已经普遍接受汉语和汉文教育。云南省在 2000 年年底已经“全面普及了六年义务教育，71.6%的人口地区普及了九年义务教育，105 个县基本扫除青壮年文盲”。[①] 云南少数民族的人口越来越多地走出他们世世代代居住的地方，参与到汉族人口占绝对多数的各民族的共同生活中。因此，学习并掌握汉语、汉文既是他们的主观愿望，也是历史的必然要求。我国在少数民族地区所进行的学校教育，也以汉语、汉文的普遍使用和科学技术的普及推广为重要目标。

少数民族人口为了经济生活的富足，就必须学习汉语、汉文甚至外语、外文。汉语作为共同语，是在广泛的社会活动中谋求生存的基本条件。尽管民族语言是传承民族文化的最佳媒介，是民族特点的重要标志，但是即使是在大学从事民族语言教学的少数民族教授们也不能迫使他们在城里出生、城

①云南省人民政府研究室编：云南省人民政府政府工作报告[R]之《关于云南省国民经济和社会发展第十个五年计划纲要的报告——2001 年 2 月 9 日在云南省第九届人民代表大会第四次会议上》，第 153 页。

里长大的后代学习自己民族的语言，这也是一个客观事实。

有学者认为民族文化的保护分为两种：静态保护和动态保护。静态保护就是运用现代化的记录手段把仍然存留而面临消亡危险的民族文化事项记录下来，动态保护是让文化事项继续存活。在我们看来，静态保护是必要的，而且是可行的，但普遍来说，如果客观事物的发展已经使得某种文化事项的保护显得与历史潮流背道而驰，如果民族文化的主要传承者没有感受到保护某种文化事项的必要性，那么动态保护是行不通的。我们不能高估文化官员和文化专家的游说能力，既因为大众自有其价值判断原则，更因为事物有自身的发展规律。

三、文化保护与文化整合性的关系

文化整合是指文化的各个方面作为一个相互联系的整体而发挥功能。整合性是文化的特性之一。新几内亚西部中央高原的卡保库人是山地农业民族，其主要经济活动是种庄稼、养猪。卡保库人文化以财富为中心，一个人的威望和地位不是通过继承、勇敢或宗教知识来取得，而是通过财富积累来取得的。积累财富的唯一手段是养猪。因为农业为养猪提供饲料，所以它不仅创造了财富，也创造了追求社会地位的基础。在卡保库人中，养猪是一件很复杂的事情。饲料多，才可能多养猪。猪饲料是甜薯。种植甜薯的主要劳动由妇女来完成。而且，养猪也是妇女的工作。于是，对于一个卡保库男子来说，为了提高社会地位，就必须多养猪；为了多养猪，最好的办法就是多娶妻子。但娶妻要用猪充当聘金，猪多又成为妻多的前提。卡保库人的一夫多妻不仅为社会所允许，而且为社会所赞赏。①

卡保库人文化中各个方面的相互联系还有更复杂的表现。实行多妻制的基本条件之一是成年男女性比例的失调（女多男少），但是就出生率而言，男女性别比例大致相当。在卡保库人中，战争改变了成年男女的性别比例，从

①Leopold Pospisil：*The Kapauku Papuansof West New Guinea*. Holt，Rinehartand Winston。

而为一夫多妻制创造了条件。另外，卡保库人结婚后妻从夫居，且以男性计算世系。这也有利于多妻制的实行。

因此，养猪、多妻、战争、从夫居、父系继嗣、男女劳动分工等众多互相联系、互相作用的文化要素构成了卡保库人文化的整体，其中任何一个方面的改变都必然导致其他方面发生变化。而要人为地保护卡保库人文化中的任何一个方面，就必须对其整个文化进行全面的保护。但我们知道，这是做不到的。

在口头和非物质文化遗产的清单上，口头文学是一个重要项目。在世界各民族的历史上，口头文学的发达是一个普遍现象。这种现象是由多方面的原因产生的。

第一，学校教育缺乏或不完善。具备一定理解能力的儿童因为不必或不能进学校读书，老人往往就成了他们的陪伴者和监护人。为了把他们吸引在身边，老人就得带着他们游戏，给他们念儿歌、讲故事。童话之所以叫童话，正是因为愿意听故事的儿童们和能够讲故事的老人们的存在。

第二，娱乐方式相对较少。今天的儿童在电视节目的哺育下长大，电视中色彩、声音、画面的交互作用比成年人的口头叙述更迷人。虽然传统民间故事也被改编为电视节目，但与口述的民间文学相比，数量已经大为减少。而且，除了看电视之外，儿童和少年还有电子游戏、网上聊天等等，更不用说学校和家长强加给他们的学习任务了。与传统社会的情况相比，成人的娱乐方式同样也增多了。现在讲故事、唱民歌之类的娱乐行为作为日常生活的重要组成部分，仅仅在偏僻的乡村才比较常见。城市社区或大学校园中的故事讲述，以及文化部门为了其他目的而举办的民歌表演之类，与传统社会中口头文学存在的状态相比，只能算是偶尔的点缀。

第三，闲暇时间相对较多。在交通不发达、物资交流受到较大限制的乡村社会，人们从事自给自足的生产劳动之外，可支配的自由时间很多。在比较贫穷的人们中间，口头文学是最方便的娱乐工具，是不必花费经济代价的消磨时光的好方法。夏衍笔下那些工业社会的包身工之类劳动者，恐怕就没有较多的时间和精力来享受口头文学。

第四，宗教信仰普遍存在。在各民族中都有相当数量的口头文学作品与神圣世界和神圣教训有关。如神话、史诗、圣徒和英雄的传说、因果报应的故事和歌谣等。这些作品在日常生活中的再现或表演，既是生活本身的完整性所需要的，如丧葬仪式上的哭丧歌、送魂词，也是对宗教信仰进行宣传和普及的过程。

正是上述多方面的条件培育了口头文学生存和繁盛的土壤。而随着这些条件的丧失，口头文学的传统也就不可能保持了。

四、民族文化保护理论与实践的关系

人们提出保护传统文化、保护民族文化之类的口号，出于多种动机，涉及政治、经济、文化、心理等方面。

第一，高喊这类口号的人似乎更重视事物相对静止的一面，忽略事物绝对运动的一面。运动就是变化。包括文化事项在内的一切事物都是相对静止和绝对运动的统一体，运动是事物生命的存在形式。

第二，倡导文化保护的人有时把文化形式的存在视为文化本质的直接存在，认为保护了某种文化的形式和躯壳就是保护了文化本质，这在保护民族节日的活动中表现得比较突出。节日展示群体传统文化、增强群体凝聚力、调节生活节奏、刺激消费等价值都需要社会成员广泛参与才能实现。而社会成员之所以愿意参与节日活动，是因为参与本身对他们的身心健康有好处。中国传统的农业社会重视天象、气象和物象，节气是人们安排农事活动的依据，而且因为没有礼拜天的说法，所以节日就成为人们盼望的休息日。参与节日活动不是政府对大众的要求，而是大众自己的愿望。在已经颁布的“《中国非物质文化遗产保护名录》中，春节、清明节、端午节、中秋节、重阳节以及二十四节气等文化事项，都是在尚未找到合适的民间文化遗产传承人的特殊情况下暂以政府的名义申报的”。[1] 如果没有具体实在的节日活动，如果没有群众的广泛参与（而不仅仅是政府官员的讲话和礼仪小姐的招徕），那么尽管有节日的名称，却不具备节日的本质，这是算不得节日的。

第三，我们还要指出倡导保护民族文化的人们的怀旧意识。怀旧意识跟人的生理年龄有关，但主要还是一个世界观问题。对未来持怀疑态度的人们看重既得成就的价值，担心未来的人类不能过更好的生活，所以希望把人类创造出来的产品都留下来，传之永久。但这种做法实际上是根本行不通的。我们承认有继承才有创新，但我们更相信新陈代谢是事物发展规律使然。如果谁不承认互相联系而非与世隔绝不可，继续生活在祖先教他们用篱笆、茅草搭成的窝棚里，那么我们跟他们就很难理性地讨论文化保护问题了。

第四，我们也不得不指出民族文化保护主义者的救世主心理。这些人以为各民族的大众没有眼光，缺乏判断力，需要别人去告诉他们该怎样生活。但不可忘记，无产阶级早就在《国际歌》里唱道：“从来就没有什么救世主，也不靠神仙皇帝。”

民族文化保护的提法如果成立，就有一系列问题需要先回答：究竟应该保护什么？谁来决定应该保护什么？谁来实施保护活动？

首先，究竟应该保护什么。一个民族的文化涉及这个民族社会生活的方方面面，在长期的历史发展中已经积累了多种多样的文化事项。以佤族为例，对坡地的粗放耕种，春种秋收之前的献祭献牲，简易草顶小屋形成的散乱村落，以及木鼓舞、小米酒、鸡肉烂饭等，都是传统的文化事项。在当代的现实生活中，这些事项都在发生程度不同的改变。曾经流行的猎头祭祀习俗被视为陋俗且违背国家法律，在 20 世纪 50 年代末期彻底革除。与猎头习俗相关的其他习俗，如供奉神林、人头桩等，也相应地消失了。粗放耕种是适应人少地多的热带环境的生产方式，在人口增长加快的情况下已不可能长期保持。布局散乱的草屋村落不利于交通、水电、学校、医疗点等公共设施

[1] 苑利：《〈名录〉时代的非物质文化遗产保护问题》，中国民俗学会秘书处编：《中国民俗学会第六届代表大会暨“新世纪的中国民俗学：机遇与挑战”学术研讨会论文集》，第 60 页。[未出版]。

的建设和利用。所以，应该保护什么，这本身就是一个难以回答的问题。

我们还可以用民族服装来说明这个问题。民族服装是具有精神文化的物质载体，也是民族传统文化的重要事项。民族服装如果要继续存在，要被本民族社会成员甚至其他民族的人穿在身上，同样在于它满足人们的需要：认同的需要，实用的需要，审美的需要以及民族服装生产者在经济学上的效益最大化追求等。“据调查，贡山独龙族怒族自治县民族服装厂2000年内销售民族服装仅为50套，西双版纳哈尼族支系僾尼人认为民族服装‘制作耗时费工(经过纺棉、车线、织布、制作、刺绣等)，不易洗涤，洗后容易缩水，生产劳动时穿着不方便，还不利于个人卫生。’以西盟县中课乡窝笼村为例，全村佤族占总人口的89%，却找不到一套完整的佤族服装。”①无论什么民族的什么服装，如果本民族成员不愿意穿着，而且本身又缺乏生产的经济价值，保护之说如何成立？如果一定要保护，为谁保护？

其次，谁来决定应该保护什么。文化的载体是人，是具体的人口群体。民族文化的载体是各个民族的社会成员。民族文化保护这个口号如果成立，那么保护的过程和结果应该受到这个民族的欢迎，保护的决定权也应该由他们来行使。但实际情形往往是，政府官员、非政府官员、掌握书本知识的本族或异族学者是当代社会中控制行政权力、经济权力以及宣传工具的人，他们一般并不生活(更不用说永久生活)在这个群体的文化环境和自然环境中。因此，这些“外来者”所提出来的文化保护的项目与这个民族的意愿是否符合也是一个未知数。中国在“文化大革命”期间曾经由政府出面禁止很多民族的多项民俗活动，现在的文化官员和文化专家对当时的禁令似乎深恶痛绝，但谁又能够预见100年或者200年之后的文化官员和文化专家会如何评价21世纪初的文化保护运动呢？我们或许应该知道，近些年庙会、年节、乐舞之类传统文化的复兴，从根本上说，是基于人们生活的需要而非官员和学者的倡导。以民族服装而言，各民族的社会成员与文化官员、文化专家相比较，谁

①谢沫华、木基元：《论西部大开发中云南民族传统文化的保护与开发》，《民族艺术研究》，2003年第4期，第56页。

更有权利来决定是否应该保护它呢？

再次，谁来实施民族文化保护。民族文化保护的决定者与民族文化保护的实践者在一定程度上的分离，是民族文化保护这一堂皇口号之下暗藏的危险悖论。在某种意义上说，这种保护是强势群体通过经济和政治等手段支配弱势群体的生活。云南大学民族学重点学科在建设过程中建立了六个民族文化生态村。民族文化生态村的建设遵循村民主导、政府领导、专家指导的原则，正确处理了民族文化的主要传承者、政府、专家三者的关系，但这种理性认识远未成为高喊保护民族文化口号的人们的共识。一个民族的普通群众是民族民间文化保护的实施者，但他们往往缺乏强大的话语权。尽管如此，每个民族仍然可以勇敢地面对别人的指挥棒，针对别人提出的民族文化保护的口号，大胆宣称自己的主张：我的文化，我做主。

然而，果真如此，本文的作者是否也成了一个企图行使话语强权的外来者呢？好在我只是说出了我对文化发展规律的理解。一个民族的文化事项中究竟应该保留什么、舍弃什么，最终取决于文化发展的规律。

（原载《西北民族研究》2006 年第 4 期）

云南少数民族文化自尊的保持和重建

[摘要] 文化变迁是一个永恒的现象。在文化变迁的过程中进行民族文化保护，从本质上说，就是要保持或者重建这个民族的文化自尊。文化自尊是民族文化保护的内在动力。缺乏文化自尊的民族会被动地接受外来影响并逐渐丧失民族个性；文化自尊的先决条件是经济自立。云南少数民族文化自尊的保持和重建同样体现出这一规律。

[关键词] 文化自尊　经济自立　文化多样

自尊是一种精神状态，并通过一定的行为方式表现出来。自尊是对自己的生活方式和生存状态的肯定与赞赏。自尊不是虚荣，而是建立在现实基础上的积极评价。任何个人和民族都可能表现出自尊的拥有或者缺乏。文化是一定群体的生活方式。因此，文化自尊是对个人所属群体的生活方式的肯定和赞赏，是珍爱和传承这种文化传统时所体验到的自豪与满足。文化自尊不是“儿不嫌母丑”的被动地接受或盲目地肯定。文化自尊是儿女们用独特的智慧和勤劳的双手使母亲青春永驻的主动的创造。在文化接触的过程中，人们的价值选择要经受严峻的考验。不同的生活方式进入云南少数民族的视野中，刺激他们对自己的传统文化进行反思，并把其他民族的生活方式与本民族祖先留下来的遗产进行比较。这种比较可能是全面的，也可能是片面的；可能是客观的，也可能是主观的。但无论这种比较的范围和性质如何，它都会影响到各少数民族对自己的文化传统的态度。由于国外资本主义生活方式和国内其他民族(主要是汉族)生活方式在物质成就和物质享受方面的诱惑力量，云南许多少数民族的文化自尊受到了不同程度的破坏和打击。但是，一个缺乏文化自尊的民族不可能健康地生存下去。所以保持或者重建文化自尊是中国许多少数民族面临的现实任务，也是一个长期的任务。

一、价值取向与生产行为

价值取向也就是对不同价值的态度。价值取向是由多方面的原因决定的，是人的自然环境和社会环境综合作用的结果。自然环境中有地形、气候、土壤、交通、水源、矿物资源、植物群落、动物群落等因素。社会环境中有人口规模、技术水平、社会风尚、对外联系等因素。自然环境和社会环境的相互作用决定了人的价值选择和生存目的。人们为了实现自己的生存目的，就要采取相应的生产行为。生产行为是指人们为了获得某种结果而采取的故意的行动。由于任何个人或者群体的价值取向实际上都体现为价值选择，即在多种价值中有所取舍，所以，不同的追求方向就形成了不同的生产行为。

一个人可能精力充沛、勤于创造、雄心勃勃；他也可能软弱无力、缺乏创意、死气沉沉。不论他属于何种人格，具有多大能耐，他的创造性——他的生产欲望、生产能力和生产行为的结合——都可以看作是一个有限度的总量。他发挥创造性的同时也是在消耗有限度的生存时间。他可能愿意多获取物质产品，或者他可能喜欢多生养子女。无论如何，他的精力总是需要进行分配。①

在云南少数民族日常生活中，传统的道德观念重视精神生活而较轻视物质生产。意识形态的各个方面，宗教、伦理、习俗、神话、传说以及民间故事等，都强化了道德观念对人们的行为的支配力量。在人们的精神生活中，祖先崇拜是一个重要的驱动力。为了使祖先崇拜得以继续，人们就必须延续

①谢国先：《人类生产行为的结构研究》，《云南教育学院学报》1999 年第 6 期。

家族血脉。子女，特别是男性后代，被认为是延续家庭血脉的工具。所以，人们对生儿育女的重视其实跟宗教信仰和社会伦理有紧密联系。①。

传统的意识形态在人们的日常生活中发挥着重要作用。宗教信仰、道德观念、人生礼仪、文学艺术等构成云南少数民族精神生活的主要内容。在物质产品比较匮乏的情况下，云南各民族代代相传，繁衍生息，不仅展现了人类极为顽强的生命本能，也充分证明了精神产品在人类生存中的重要价值。

云南少数民族重视完善精神世界、重视生儿育女，这种价值取向所决定的生产行为普遍保持到20世纪中后期。新中国成立以后，社会主义制度所提倡的新的生活模式对云南各少数民族产生了极大的影响。改革开放以来，商品观念逐渐普及，交通设施普遍改善，人口流动的规模迅速增长。多种思想观念、多种生存方式都能以一定的形式进入云南少数民族的视野中。对于他们确立新的生活目标产生极大的激励和促进作用。他们必须在新的历史时期调整生产行为的结构，追求在充足的物质财富基础之上的更为丰富的精神生活，应该并且正在成为云南各少数民族主要的生存目的。

二、对外联系与民族语言

越来越多的云南少数民族走出了他们的祖先世世代代居住的地方，抛弃了传统的生产生活方式，参与到中华民族共同的生活之中。汉语是他们在新的社会环境中谋生的必要手段，而民族语言作为交际工具的功能正在降低甚至消失。从农村进入城市的少数民族人口，第一代往往是操双语者，既掌握民族语，也懂汉语；第二代大多数以汉语为母语，掌握少量的民族语；第三代就成了只懂汉语的人。这仅仅是一个普遍的现象，实际的情形要复杂得多。比如，在多民族杂居而少数民族人口很少、汉族人口很多的某些乡村，汉语早已成为地方的共同语，民族语言已经少有使用。这些地方的少数民族青年已经是只懂汉语的人。云南少数民族在语言选择和语言使用方面的基本

①杨知勇：《价值选择与民族文化重组》，第171—172页。昆明：云南民族出版社，1989年。

趋势就是汉语越来越广泛地取代了民族语言的交际功能。

由于云南少数民族绝大多数都跟汉族一样，在人种上同属蒙古人种，体质特征差异并不大，所以民族的区分首先表现为语言的区分。一旦丧失了民族语言，民族身份就难以体现。就世界范围内的情况而言，也有一些例外。犹太人和吉卜赛人都是普遍地丧失了民族语言而仍旧保留民族身份的典型。但犹太人有独特的宗教信仰作为民族凝聚力的核心，欧洲历史上对犹太人的歧视也促进了犹太人内部的团结；吉卜赛人有独特的生活方式和族内通婚的严格规定，所以他们能够长期作为一个与众不同的群体而存在。

在云南历史上，直到明朝末期，云南境内的人口仍以少数民族占绝对多数。当时的昆明郊区也主要是白族和彝族人口居住。明末清初以来，由于汉文化教育和族际婚姻等多种原因的共同作用，云南的少数民族人口大量融合到了汉族人口之中。①

回族在日常生活中使用汉语，但他们仍旧很好地保持了自己的民族身份。这跟他们普遍信仰伊斯兰教有关。而且，阿拉伯语在信仰伊斯兰教的许多国家是官方语言，也作为我国回族的宗教用语长期保存。但是，云南的绝大多数少数民族却不具备这样的条件。对这些少数民族来说，如果民族语言消亡，那么原本不太鲜明的民族特点也就逐渐消亡了。在丧失了民族语言的民族人口中，民族身份的保持就必须依赖于民族内部和外部的其他多种因素，并因此而显得更为困难。

然而，今天的云南少数民族已经普遍接受汉语和汉文教育。国家在城市实行九年义务教育，在农村有普及六年义务教育和九年义务教育的措施与规划。云南省在2000年年底已经“全面普及了六年义务教育，71.6%的人口地区普及了九年义务教育，105个县基本扫除青壮年文盲”。② 我国在少数民族地区所进行的学校教育也以汉语、汉文的普遍使用和科学技术的普及推广为

①谢国先：《明代云南地区的民族融合》，《思想战线》1996年第5期。

②云南省人民政府研究室：《云南省人民政府政府工作报告·关于云南省国民经济和社会发展第十个五年计划纲要的报告——2001年2月9日在云南省第九届人民代表大会第四次会议上》，第153页。

重要目标。这固然有利于少数民族经济的发展，有利于改变少数民族地区的物质贫困的状况。但少数民族的语言却有可能在这一过程中失去交际工具的作用。因此，少数民族人口为了经济生活的富足，就必须学习汉语、汉文甚至外语、外文。共同语言是在广泛的社会活动中谋求生存的手段，民族语言则是传承民族文化的最佳媒介，是民族特点的重要标志。一个民族为了精神世界的圆满，就应该保持他们的民族语言。

在改革开放的历史时代，要充分认识到视民族语言为累赘的思想对于保持民族文化的危害。事实上，民族语言是少数民族从祖先那里继承下来的一笔宝贵遗产，不仅值得当代人珍惜，而且后人也将以之为骄傲。已经不懂民族语言的许多少数民族青年在被问及是否掌握民族语言之类的问题时常常显出无奈的样子。他们对民族语言的态度并不是抛弃了累赘之后的自豪，反而往往让人觉得他们很羡慕那些能用本民族语言相互交流的同胞们。因此，不具备族际交流作用的民族语言仍旧可以作为族内交际手段存在。以民族语言为媒介的族内交际行为，是对民族意识的强化和肯定。

有的专家预计，目前全世界所使用的6000多种语言中，将有3000来种会在一个世纪之内消亡。云南各少数民族中，使用本民族语言的人口数量也在逐渐减少。就民族发展的最终趋势而言，民族融合是一个自然现象。但在民族林立的当今社会，过于迅速地丧失民族语言显然不是一个民族的幸福，而是这个民族的悲哀。语言是文化的组成部分，也是文化的载体。语言的多样性是文化的多样性的重要表现。所以，民族语言的丧失是对人类心理的多样性追求的沉重打击，是全人类共同的悲哀。保护民族语言不仅是世界上各少数民族自己的任务，也是全世界各民族共同的责任。

三、经济自立与文化自尊

任何一个自然环境所能供养的人口数量都是有限的。云南少数民族长期以来都是以较小的人口群体生活于相对广大的自然环境中。而且，由于生产力不发达，人口数量不大，人们对生存质量的要求也不高，所以人们对环境资源的消耗维持着一个较低的速度，甚至还能留给可再生的资源如森林、动物等足够的再生周期。因此，有些在今天看来很落后的生产方式，如刀耕火种等，竟然能够长期存在。

但是，近代以来，越来越多的少数民族地区进入了全国性的、世界性的经济活动领域。资源的地区利用方式被全国利用和世界利用所取代。在世界范围内，生产力发达的地区和国家都把生产力较不发达的地区和国家当作廉价的资源供应地。在少数民族聚居的地方，资源消耗的速度加快了，留给自然界的恢复期限远远不够。沉重的、无节制的榨取的结果之一就是某些植物和动物种类的灭绝，植被的破坏，水资源的短缺，等等。这种状况对当地居民的生存造成严重威胁。生活在这些地方的人们已经失去了传承他们固有文化的物质基础。

更为严重的是，由于少数民族群众的科技知识欠缺，经济能力薄弱，所以他们既难于在已经遭到很大破坏的自然环境中增加创造生活资料的途径，又缺乏在这个环境之外去谋求生存的必要能力。于是，一些少数民族的相对生活水平甚至有下降的趋势，连维持生存都显得非常艰难。

中国共产党和人民政府历来重视少数民族的生存和发展问题，从新中国成立时起，就对我国的少数民族群众实行了比较优惠的政策，给他们提供了许多经济援助。但是，由于在人口发展方面曾经给他们错误的引导而20世纪末期又没有能切实有效地执行合理的人口发展政策，由于没有充分重视少数民族地区的环境保护和资源的合理使用，因此，少数民族地区人口的增长超过了传统生产方式在逐渐贫瘠的土地上所能供养的人口数量。政府对民族地区的长期援助变成了一种经常性的应急手段。有的研究者把这种情况形象地称为输血行为并没有产生造血功能。

20世纪末期以来，云南省委、省政府开始执行一项异地扶贫政策，即把生活在生态环境严重恶化的地区的人口迁移到生态环境较好的地区。一方面，让原来的地区的自然生态能够得到较长的恢复时间；另一方面，移民搬迁到新地方以后，政府从一开始就注意生态环境的保护，把异地扶贫与有效利用资源结合起来。怒江州和昭通市有一万多人迁往思茅市倚象镇。这些新移民免费得到住房和劳动工具，免费接受技术培训，并且在镇政府的统一指导下种植咖啡、茶树等经济作物，成为新时代的农业工人。[①] 除了这种跨地、州的长距离的人口迁移之外，异地扶贫还有就近安置的做法。这种做法被称为易地扶贫开发，即“把失去基本生产生活条件的农民迁移到条件较好的地方安置”。[②] 在昭通市镇雄县，政府把分散在高山陡坡上的人口迁移到县内人口较少、地势较平坦的地方。他们开垦荒地，大面积种植苦丁茶，以便获得一定的经济收入，同时也绿化荒地；此外还种粮食作物，争取粮食自给。

住在生态环境恶化的地方的人口，大多数都是少数民族。作为异(易)地扶贫政策的受益者和主人翁，他们对于政府的这种政策非常拥护。我们有理由相信，只要实施得当，异(易)地扶贫这一做法可以取得很好的实际效果。它不仅有利于生态环境的保护，而且可以充分发挥人们的劳动热情和创造能力，使原来失去了基本生活条件的少数民族人口能够自力更生，重新获得生存和发展的信心。对于世界上其他具有类似情况的地区，中国的异(易)地扶贫、异(易)地开发措施也可以给他们提供可资借鉴的经验。

我国有很好的民族政策，各民族在政治上享有平等地位。但是，经济自立是民族自立的首要前提。任何一个民族，如果不能依靠自己的能力求得生存和发展，如果不能在经济上摆脱受扶持、受救济的状况，就很难体验到自尊、自豪和自信。在这一点上，马克思主义又一次证明了它的伟大和正确：物质决定意识。我们可以补充说明的是，在自给自足的自然经济已经解体，世界各民族政治、经济和文化频繁接触的当今社会，经济的独立才有可能保证民族文化的传承，才有可能保持民族自豪感、自尊心和自信心。这个道理在目前似乎比在以前的任何一个时代都显得更紧要。云南少数民族生产能力的提高和物质财富的积累，是他们为自己的民族身份感到骄傲的必要前提，

①1999 年 2 月，谢国先在思茅市倚象镇调查。

②云南省人民政府研究室：《云南省人民政府政府工作报告·云南省第九届人民政府工作报告》。

也是他们的文化自尊得以保持的物质基础。①

四、全球一体与文化多样

随着商品经济在世界范围内的普及，全世界的每一个地方都正在变成世界市场的有机组成部分。任何一个民族或者群体都已经不能在封闭的状态下脱离对外联系而生存。自然环境和社会环境的变迁已经使得少数民族不能按照他们的传统生活方式求得生存，所以，传统文化发生变化是必然的。但是，传统文化的变化过程应该是自然而然的渐变过程，应该是在改变形式的情况下保持精神实质的过程。云南少数民族所崇尚的平等互助、慷慨好客、热爱自然、敬神向善、乐天安命等价值观念代表了人性中美好的一面，永远也不会失去意义。在新的历史条件下，他们不会因为敬神而把获得幸福的希望完全寄托在求神拜鬼的迷信活动中，但他们也不会因为否定神的存在而随心所欲，为所欲为。他们也许不再把土地和森林视为有生命的存在，但他们也不会把自己看作是大自然的至高无上的主宰。因此他们不会对自然环境采取任意榨取、无情掠夺的态度。于是，我们可以说，在经历漫长的历史发展而形成的民族文化传统中，存在着许多对今天有用、对未来同样有用的成分。各民族都以自己的方式提供了在一定的自然环境和社会环境中求得群体生存和发展的模式。这类模式可能是普遍的，也可能是独特的，但它们都是满足人类物质存在和精神存在的手段，是不同群体对人类文化多样性的贡献。

就云南少数民族而言，在20世纪50年代前，他们的生产力水平是不同的。在不同的生产力水平的基础上所形成的社会制度和意识形态也呈现出很大的差异。封建地主经济、封建领主经济、奴隶制经济等经济形态分别存在于云南的不同地方和民族中。边境山区独龙族、怒族、傈僳族、景颇族、德

①最近，怒江水能资源开发的规划引起了一些争议。有人以保护自然生态和文化遗产为理由反对开发怒江。但是，如果不顾当地人民连基本生活都难以保障这个事实，却希望维持现状从而保护环境、保护文化，那么，这类保护不仅是不可能实现的，而且也是不符合人道主义精神的。

昂族、布朗族、佤族、基诺族、拉祜族等民族的大部分人口则处于原始社会末期，以农业为基本生存手段，但耕作方法甚为粗放，游耕是其典型做法；采集和狩猎是其生计活动的重要补充；土地大多公有，并实行合伙耕种，收获物平分。但在回族、纳西族、白族等民族中已经出现了民族资本家。① 云南各少数民族政治经济发展水平不一致，他们所表现出的意识形态也有差别。即以宗教信仰而言，原始的巫术和复杂的世界性宗教分别存在于不同民族之中，甚至并存于同一地区的同一民族之中。

20 世纪 50 年代之后，云南各民族在政治组织和经济制度方面先后趋于一致，生产力也普遍提高，传统的精神文化也发生了变化，但各民族所经历的自然环境和社会环境的共同作用并不相同，历史上形成的众多差异依旧保持着。这既可以说是传统文化的保守性的结果，也可以说是传统文化的生命力的证明。

忽视民族特点，强行推广资本主义，推广西方世界所奉行的基督教各派信仰，曾是欧美资本主义国家的殖民政策之一，但这种做法已经显出弊端。因为物质文化的不断发展不仅不会自然而然地消除各民族传统文化方面的差异，与之相反，资本主义制度下物质生活领域内不可避免的“相对贫困”“两极分化”的现象总是会刺激各民族的自觉意识。欧美多民族国家少数民族不平等地位的问题日益严重，许多少数民族纷纷提出独立要求。这些现象已经部分证明了经济发展与民族意识之间的关系。我国各民族不分大小都一律平等；社会主义的市场经济虽然允许一部分人先富起来，但以全国各族人民的共同富裕为长远目标。社会主义物质文明和精神文明齐头并进，不可偏废。各民族不仅可以，而且必须在社会主义大家庭内继承和发扬各民族优良传统，创造出符合社会主义精神的、丰富多彩的民族文化。在改革开放的过程中，云南各民族也必须从实际出发，在具体的自然环境和社会环境中不断发展。社会主义市场经济的深圳模式、上海模式绝不可能等同于云南模式。同

---

①《当代中国的云南》编辑部：《当代中国的云南》(上)，第 23—25 页。北京：当代中国出版社，1991 年。

样，社会主义市场经济的基诺族模式也不可能等同于独龙族模式。这是历史差异性所决定的，也是人类文化多样性的必然要求。

文化多样性是崇尚个性和民主的人道主义精神在群体生活方式上的反映。在奴隶制和封建制时代，专制政府往往试图把自己的意志强加于人。资本主义奉行强权政治，同样也难以容忍跟自己不同的生活方式的存在。当今世界，由于资本主义政治、经济和军事势力的强大，所以世界各民族，尤其是弱势民族的生活方式面临被取代的危险。所谓的全球一体化、世界一体化，不仅是指经济的一体化，也包括生活方式等的趋同过程。丰田汽车在有路的地方行驶，百事可乐在世界各地流淌，牛仔裤出现在偏远的乡村，英语进入了非英语国家的小学课堂。这些都是不同民族日常生活中的共同内容。至于唯利是图的资本主义精神在全世界日益扩大地盘，则已经是一个确定不疑的事实。但是，另一方面，民主思想和个人意志从来就是专制政治的孪生兄弟。对自由的向往是人的天性。一个人总是希望能够按照自己所选择的方式来度过一生，有的人甚至为了自由而牺牲生命也在所不惜。所以，多样性是人的存在的基本特点之一。体现在民族文化方面，一个民族同样需要按照自己的选择来书写它的历史。它有责任和愿望要把祖先的文化遗产代代相传。只要它有所选择而不是随波逐流，那么，它就能站稳脚跟，不被世界一体化的洪流冲倒。正因为如此，我们今天才能欣赏到历史上不同民族、不同群体的种种文化发明和创造。支撑一个民族自立于世界民族之林的精神会在各个方面表现出来。就政治自由而言，这种精神是“楚虽三户，亡秦必楚”的信念和决心。就宗教自由而言，这种精神是面壁十年图破壁的坚韧和执着。为独立而奋斗的东帝汶人，拒绝被同化的吉普赛人，都是维护民族文化的典型。

今天的人类为了可持续发展的需要，主张保护生物的多样性。同时，为了人类自身的生理健康和心理健康的需要，也希望保护文化的多样性。但我们或许可以说，保护生物多样性比保护文化多样性简单得多。因为，保护生物多样性是主体对客体所采取的行为，主要涉及人对自然的态度和自然科学的知识。而保护文化多样性是主体对主体所采取的行为，主要涉及不同的文化群体之间的人道主义的宽容。于是，在强大的民族一方，应该具有文化相对论的思想，不以自己的标准去评判其他民族的生活方式；在弱小的民族一方，不以别人的生活方式来批判自己的现实。只有这样，文化的多样性才能得到尊重和保护，人类心理对多样性的要求，才能在文化方面得到满足。

（原载《云南民族大学学报》2005年第5期）

文化整合与社会变革

［摘要］ 文化整合是指文化的各个方面作为一个相互联系的整体而发挥功能。人类学提倡把每一个文化现象放到其赖以生存的总体环境中加以研究，注重各种文化现象的互相作用和共生状态。任何一种文化现象的改变，都会引起总的文化状况发生变化。在对民族文化进行评价并进而决定取舍时必须采取负责的、慎重的态度。

［关键词］ 文化整合　社会变革　计划生育　殡葬　酗酒

文化整合是指文化的各个方面作为一个相互联系的整体而发挥功能。整合性是文化的特性之一。

新几内亚西部中央高原的卡保库人是山地农业民族，其主要经济活动是作物栽培和养猪。① 卡保库人文化以财富为中心。一个人的威望和地位不是通过继承、勇敢或宗教知识来取得，而是通过财富积累来取得的。积累财富的唯一手段是养猪。因为农业为养猪提供饲料，所以它不仅创造了财富，也创造了追求社会地位的基础。在卡保库人中，养猪是一件很复杂的事情。饲料多，才可能多养猪。猪饲料是甜薯，种植甜薯的主要活动由妇女来完成。而且，养猪也是妇女的工作。于是，对于一个卡保库男子来说，为了提高社会地位，就必须多养猪；为了多多养猪，最好的办法就是多娶妻子。但娶妻

①Leopold Pospisil：*The Kapauku Papuans of West New Guinea*. Holt Rinehart and Winston. New York，Chicago，San Francisco，Toronto，London，1964。

要用猪支付聘金，猪多又以妻多为前提。卡保库人的一夫多妻不仅为社会所允许，而且为社会所赞赏。

卡保库人文化中各个方面的相互联系还有更复杂的表现。实行多妻制的基本条件之一是成年男女性比例的失调(女多男少)。但是就出生率而言，男女性比例大致相当。在卡保库人中，战争改变了成年男女性比例，从而为一夫多妻制创造了条件。另外，卡保库人结婚后从夫居，且以男性计算世系。这也有利于多妻制的实行。

因此，养猪、多妻、战争、从夫居、父系继嗣、男女劳动分工等众多互相联系、互相作用的文化要素构成了卡保库人文化的整体。其中任何一个方面的改变都必然导致其他方面发生变化；而要改革卡保库人文化中的任何一个方面，又都必须对其整个文化进行或多或少的改变。

云南各民族传统文化的整合性特征虽不如上述例子那么典型，但却具有自己的表现形式。对这类表现形式略做说明，或许有助于我们讨论传统文化的改造和保护之类宏伟规划。

人口压力是现代社会所面临的一个重要问题。计划生育是我国的一项基本国策，但这一政策在云南许多民族中的实施并不十分顺利。从某种意义上说，计划生育是一种官方的(或者可称为外来的)文化规范。这种文化规范必须与云南各民族传统的人口再生产活动相互兼容，才能成为他们的自觉行为。计划生育政策与传统生育活动之间的矛盾，从根本上说，是新的文化规范与原有的文化传统未能整合的结果。

首先，云南的许多民族普遍信仰灵魂观念，保持祖先崇拜，定期或不定期地祭祀祖先。因为大多数民族都实行父系继嗣，所以绝大多数家庭或家族中主持祭祖仪式者均为男性家长。因此，对这些家庭来说，男性后代的缺乏即意味着继嗣链环的断绝。即是说，未能生育儿子的夫妇在死亡之后将难享祭祀，其祖先的灵魂也会因此而成为野鬼游魂。许多夫妇之所以不生男儿不罢休，就是因为这种顾虑是根深蒂固的。在现实生活中，靠女儿颐养天年的老年夫妇处处可见；儿孙成群却晚境凄凉的情况也不乏其例。但种种现实例证都难以消除人们对无后的恐惧。对死后灵魂寄托的关心甚至使人们淡忘了现实生活中养育子女的艰难。

第二，云南的许多民族对生活质量的低限度要求也使他们的生育行为与计划生育的根本目的相抵触。计划生育的根本目的是控制人口数量，提高人口素质。人口数量的控制在无后的威胁下打了折扣。人口素质的提高要求父母为子女的身体健康和能力培养提供比较充足的物质财富与比较优越的教育条件。但在云南许多民族中，父母在养育子女时的职责往往只是把子女养大成人，基本的道德原则和生存技能的传授代替了能力培养的广泛内容。

第三，云南的许多民族都生活在山区和半山区。物质生产活动对劳动人口数量的要求超过了对劳动人口质量的重视。而且，这些地方的人口压力在当地人看来尚未成为重要的现实威胁。他们对人口问题的理论认识又未超越其生存环境的限制。所以，来自专家或官方的理论宣传难以为他们所接受。

第四，云南许多民族的生产行为在结构上是不平衡的。马克思主义认为人类的生产包括物的生产和种的繁衍(人口生产)。在云南乡村，传统的道德观念重视精神生活，轻视物质生产。意识形态的各个方面，宗教、伦理、习俗、神话、传说以及民间故事等，都强化了道德观念对人们行为的支配力量。人际关系更多依赖于血缘和婚姻。生儿育女的行为给父母们带来了一种优越感，一种支配地位。更重要的是，父母与子女的关系是不可变更、不可逆转的。直到今天，云南的某些民族仍然把子女看作父母可以支配的对象。父母甚至不跟子女商量就可以决定子女的婚姻。换句话说，生儿育女使父母们的创造性和支配欲得以表现，从而淡化了他们在其他方面的追求。

灵魂观念、祖先崇拜、父系继嗣、粗放的综合经济、较低的生活质量、人际关系的狭隘性、全球意识的淡漠甚至缺乏等，这些互相联系的文化因素的共同作用决定了云南各民族传统生育行为的基本内容：重男轻女，宁滥勿缺。

目前，很多地方的行政官员往往以强制性的、惩罚性的方式保证计划生育政策的执行。这固然可以收到立竿见影的效果。但是，计划生育要成为云南各民族的自觉行为，就需要把传统生育行为放在他们总的文化环境中加以考察，即充分考虑文化的各方面作为一个相互联系的整体而发挥功能这一特征。“越穷越生，越生越穷”仅仅是一个表面现象，“生”与“穷”之间其实并无直接联系。如果片面认识贫穷与超生的关系，就无法理解下列现象：超生罚款构成了某些乡村行政支出的重要来源，计划生育的政策在这些地方实际上演变为“用钱购买超生权”的现实；更不用说，农村的一些先富起来者在交钱超生中发挥了带头作用。反之，城市同样也有相对贫困者，他们的贫穷不仅不因为超生，也极少导致超生现象。

废除土葬而实行火化，是我国殡葬制度改革的重要内容。尽管有各级领导干部率先垂范，但这一措施在从城市到农村的推广过程中却遇到了不少困难。在农村者，多半仍以棺木土葬；个别大户人家甚至人未死亡即先修石棺，抢占风水。在城市者，或先行火化，再以骨灰择地安葬；或为逃避火化而设法半夜出殡。此类例子不仅见诸报刊，而且传于口耳。人们为了土葬而绞尽脑汁，既非穷的结果，也不是愚的表现。

在各种处置遗体的方式中，土葬是最普遍的一种。一个民族或群体采用何种方式，自有其社会历史原因。但可以说，一个民族或群体所采用的葬式是他们心目中的较恰当的方式。

各种葬式都跟人们对生死、灵魂、祖先、鬼神、祸福等现象的认识密切相关。“在那些相信有一个死后世界的人心目中，死亡是生命周期的一个环节，而不是生命周期的终点”。① 云南各民族普遍相信死后世界的存在，并且认为死后世界与现实世界相互联系。传统葬式就是保证这种联系的手段之一，葬式的改变则是对这种联系的破坏。

所以，葬式所体现的主要是精神生活内容而非物质生活内容。对死后世界的信仰与物质生产的发达程度和接受学校教育的多少均无直接联系。世界观才是最重要的决定要素。只有完全彻底的唯物主义者，才可能对自己和亲人的葬式无所计较。

然而，葬式选择虽然主要是精神活动所决定的，但却是在一定的物质条

①汪宁生：《文化人类学调查——正确认识社会的方法》，第 220 页。北京：文物出版社，1996 年。

件下进行的。明代以前，云南某些少数民族，如彝族、纳西族，葬用火化。明朝开始，法律严禁火化。于是云南棺椁坟茔封树之礼埒于中华。对此，当时的一些有识之士即提出异议，欲复火葬。李元阳说："一坟所占不过十步，而有力之人广图风水，遂致占田为坟，而刀耕火种之民无从措手，恐非长久之策也。"①李元阳的预言在今天的部分地方已成为严峻现实。一旦真正到了死人与活人争夺地盘的时候，活人必定会更关心自己的生存而不以安抚死人为头等大事。客观条件的限制已使得土葬不可能在城市中普遍进行，就是一个证明。但群众自己塑造的菩萨最终还得由他们自己去推倒。强制性的推行火化未必能收到政府所预期的效果。因为骨灰盒仍可择地埋葬，古老的衣冠冢也有可能在新的形势下复活。

长时期以来，云南各民族(尤其是少数民族)对烈酒的消费受到许多学者和官员的指责。有人甚至认为，喝酒是导致少数民族贫困状况的一个重要原因。

但是，对各民族中酒的消费不能简单地进行是非评判，既要看到酒在各民族社会生活中的积极作用，也要充分认识饮酒习俗普遍存在的社会心理背景。一般而言，社会地位越低、对生活越不满意的人，越容易沉溺于酒精的麻醉作用。中国有"借酒浇愁"的俗话，部分地说明了酒与心情的关系。对1964—1965年度美国人饮酒活动的一项调查表明，"那些教育程度和职业地位低下的人最有可能成为暴饮者"。② 在谈到种族、族群关系、社会经济地位与疾病的关系时，波普诺指出，穷人文化中酗酒和药物滥用是常见现象。③也有人认为，美国西南部的祖尼人的酗酒现象至少部分而言是来自外界的破坏性影响的结果。④ 在加拿大，印第安人酗酒的比率是白人酗酒比率的十三倍；该国西北地区，十分之一的居民每年至少有一次因酒后犯法而被监禁。⑤

①李元阳：《云南通志》卷一《地理志·全省土风》。

②弗斯卡·皮蒂著，刘泰生，张世灏译，郭边校：《美国社会问题》，第270页。中国社会科学出版社，1986年。

③David：Popenoe：*Sociology*. sixth edition. p318. Prentice-Hall 1986.

④Richley H. Crapo：*Cultural Anthropology*. 2nd edition. p29. The Dushking Publishing Group Inc. 1990.

⑤Wayne C，Thompson：*Canada 1990*. 6th Annual edition. Stryker Post Publications，Washington，D. C. Hampers Ferry，WV。

酗酒现象的背后是居高不下的失业率。即使不算保留地以外的印第安人，印第安人的失业率也总是在60%至90%之间。[①] 实际上，在酗酒和失业、犯罪、教育程度低之类因素之间具有共生关系，因此酗酒也就不是一个可以单独解决的孤立的问题，而是当代加拿大印第安人所面临的总问题的一个组成部分。

云南许多民族中都能够见到的酗酒现象也是由众多原因促成的。虽然我国目前已经处于社会主义初级阶段，党和国家正在为各民族的共同富裕而努力工作，但是，在各民族之间，在同一民族的不同个体之间，都存在着事实上的不平等。一些人由于社会地位较低，自尊心难以满足，自信心缺乏支持，所以屈服于酒精的作用而求得心理庇护。热情好客的传统习俗又为饮酒罩上了一层美丽的光环；自然环境的限制和社会评价的推动也使得俭省发家既没有多少可能性，亦缺乏社会意义。

然而，我国是一个不发达的农业国家。以大量粮食用于生产白酒，这种消费行为不算明智。目前戒绝白酒的时机尚不成熟，而只能逐步采取措施减轻白酒对国计民生的危害。[②] 但是，减少白酒生产、提高白酒价格等做法只是治标而非治本。要使各民族的白酒消费达到自由程度，即人支配酒而不是酒支配人，最根本的途径是发展社会生产力，提高各族群众的社会地位，使他们能够在实际生活中而非酒醉状态下获得心理满足的机会。把酗酒的原因过多地归咎于个人品质的缺陷是没有意义的。

计划生育、埋葬方式、白酒消费等方面的问题，其实并不是云南的汉族和少数民族所特有的问题。中国各地各民族的普通群众大概都会碰到此类问题。我们最好在时代要求或现行政策与各地区、各民族的传统文化现象之间寻找更多可以契合的地方，以顺利实现文化改良。而且，我们为了某种方便，固然可以把物质文明和精神文明看作某一社会中两个方面的文化内容，但它们其实是不能人为地割裂开来加以考察的，犹如一个人的肉体和精神不

---

①Menno Boldt：*Surviving as Indians：the Challenge of Self－Government*. p231. University of Toronto Press. Toronto Buffalo London. 1994.

②王志刚：《绿色食品：宜请白酒出列》，《光明日报》，1997－2－24(5)。

可分离。既然每一个文化现象都是总的文化状况的组成部分之一，各部分构成一个有机的整体，那么，任何一个新的文化现象的产生、任何一个旧的文化现象的消亡，都会使总的文化状况产生变化。而这种变化是好还是坏，变革者对此应有所预见。澳大利亚伊尔约龙特人中钢斧取代石斧所产生的灾难性后果就是一个值得注意的例子。伊尔约龙特人是狩猎和采集民族，原来的工具是石斧。只有成年男子才能制造并拥有石斧。妇女、小孩和没有石斧的人常常需要这种工具，于是只好向拥有石斧的男性亲属借用。这一过程加强了作为社会基础的亲属制度的权威，石斧也成了男子气概的象征，代表着男性在社会生活和经济生活中的支配地位。欧洲的传教士引进了效率更高的钢斧，想改善土著居民的生活状况并帮助他们进步。由于传教士的努力，妇女、年轻男子甚至小孩都得到了属于他们自己的钢斧。成年男子的权威一落千丈；经济体制也受到打击，因为他们从前与相邻民族的贸易正是建立在对石斧原料的需求的基础上；伴有贸易活动的年节聚会丧失其重要性。一个男子会发现，让他老婆去卖春，然后从白人那儿弄来钢斧，远比用过去的办法制造石斧容易得多。这种后果是欧洲的传教士们始料未及的。[①] 因此，我们在对任何一种传统文化产品进行评价并进而决定取舍时，必须首先理解文化的整合性的含义，采取负责的、慎重的态度。

马克思主义的唯物辩证法指导我们正确理解物质与意识之间的关系。人类学提倡把每一个文化现象放到其赖以生存的总体环境中加以研究，注重各种文化现象的互相作用和共生关系。我们在解决任何一个看似孤立的现实问题时，都应该具有这种态度。

（原载《民族艺术研究》2003 年第 2 期）

①Richley H. Crapo：*Cultural Anthropology*. 2nd edition pp277 – 279. The Dushking Publishing Group Inc. 1990。

明代云南各民族的生计类型

［**摘要**］ 生计类型是指人们获取直接生活资料的基本手段，是物质文化研究的重要内容。明代云南各民族的生计类型因居住环境、生产水平等方面的差异而各具特色。集约农业、粗放农业和游耕是明代云南农业生产的三种层次，但它们并不互相排斥而是互为补充。畜牧业在藏族、普米族、纳西族和彝族中甚为发达，并有走场畜牧业和定居畜牧业两种形式。畜牧业在汉族、白族等民族中还有圈养这一形式。狩猎-采集在绝大多数民族中都仅仅是其他经济活动的补充。明代云南各民族普遍兼有农业、畜牧业、狩猎-采集、捕鱼、手工业、贸易等多种经济活动。

［**关键词**］ 明代云南 生计类型 集约农业 粗放农业

生计类型是指人们获取直接生活资料的基本手段。生计类型的不同导致物质文化的差异，并常常决定精神文化的不同特点。

一、农　业

明代，云南大多数民族以农业为主要生计，但在发展水平上却显示出不同的层次。

1. 集约农业。集约农业至少有两方面的含义：就作物经营方式和土地利用而言，它是精耕细作的，作物生长所需水量主要通过人工灌溉来获得，自然降雨退居次要地位。由于较多人口居住在自然条件较好而相对狭窄的地方，产量的增加主要依赖于对土地进行充分利用，而不能指望在邻近地方扩大种植面积。

明代云南从事集约农业的地方主要是自然条件较好的平坝地区，包括各府、州、县城所在地及其周围。以此方式为生的是汉族、白族、蒙古族、回族的大多数人口，以及壮族、彝族的部分人口。

汉族以屯田戍边而留居云南，以农为本，自不待言，与汉族入滇经历类似的蒙古族和回族，也以农业为主要生计。汉族、蒙古族和回族大多居住在平坝地区。明代较大规模的水利设施也都建在上述民族地区，其农业生产的发展水平或与内地无异。白族是云南中部、东部坝区的土著居民，具有悠久的农耕传统。到了明代，他们“习俗与华人不甚远，上者能读书，其他力田务本，或服役公府，庶几一变至道者也”。[①] 以汉族、白族、蒙古族、回族为主要居民的地方也都留下了农耕为本的记载。万历《云南通志》卷二《地理志·云南府》说：“郡属风俗大抵相同。安分务农，女工纺织。”同书卷三《澄江府》引《旧志》说：“民间蚕衣耕食，勤生力本。”天启《滇志》卷三《地理志·风俗》说：临安府“士秀而文，崇尚节气，民专稼穑。”“农骈于野，旅溢于廛”；永昌府“男事耕艺，女务纺织”；曲靖府“黾勉耕织，兼事商贾”；澄江府“民务耕织，勤生力本”；姚安府“尽力畎亩，家有常给”；广西府“士知向学，民勤耕织”。

在明代云南各民族中，彝族分布最广泛，所在地区既有平坝，也有山地和高寒山地，自然条件差异极大。彝族中从事集约农业的那部分人口多与汉族、白族等民族相邻而居。姚安军民府郡中多夷罗，“境内之地平衍肥饶，宜粳秫，其民尽力畎亩，岁有常收而家给者众”。[②] 楚雄坝子也是彝族与白族、汉族等的共居区，景泰《云南图经志书》说，其地“土俗同川陕，衣冠拟汉唐。松毛迎使客，鸡骨卜灾祥。天地开昌运，山河属圣皇。舆图今混一，

①天启《滇志》卷三〇。古永继校点本。

②景泰《云南图经志书》卷四《姚安军民府》。

礼乐自昭彰。洪洽民风变，甄陶士习良。科名常应选，忠正旧名坊。商贩通川陆，农耕足稻粱。"[①]松毛迎客、鸡骨占卜，是彝族、白族等少数民族传统习俗的反映；商贩往来、农耕足食，是汉、白、彝各民族共同生活的写照。云南府、澄江府、曲靖府、大理府和永昌府等地坝子中与汉族、白族杂居的少量彝族人口，在明代已有了较为发达的集约农业。

2. 粗放农业。明代云南各民族中主要经营粗放农业者包括傣族、壮族、彝族、哈尼族的大部分人口，以及蒲人、纳西族的部分人口。

傣族、壮族居住于热带河谷平坝地区。此类地区不仅雨量充沛，而且灌溉方便，其农业生产所需要的劳动量与云南内地汉族、白族等地区相比，则要少些。所以《云南志略》记载说，傣族男子"不事稼穑，唯护小儿"，而傣族妇女则"尽力农事、勤苦不辍"。[②]《百夷传》说，云南西南边疆傣族地区"地多平川，土沃人繁，村有巨者，户以千百计。然民不勤于务本，不用牛耕，惟妇人用镢锄之，故不能尽地利"。[③] 其实，所谓"不勤于务本"，应该理解为大自然对傣族人民特别青睐，恩赐尤多。元江府"境内皆百夷"，"四时多热，一岁再收"，[④] 也是这种自然厚爱的结果。广南府、广西府一带，侬人"习俗大略与僰夷同"，沙人"习俗多同侬人"。[⑤] 侬人、沙人俱为壮族。虽言其习俗大略与傣族同，但毕竟有些差异；广南府侬人、沙人男女同事犁锄，广西府"沙人善治田"，[⑥] 说明壮族男子并不如傣族男子清闲；而壮族的农业生产集约化程度也高些。

明代云南彝族已普遍以农业为主要生计，但集约化程度并不高，耕作方式较粗放。陆凉州"罗罗乃其土著之民也，居止(址)多在深山。虽高冈硗垄亦力垦之，以种甜、苦二荞自赡"。[⑦] 明代彝族多分布在山区。陆凉州的耕种

---

①景泰《云南图经志书》卷四《楚雄府》引陈鲑《即事诗》。

②《大理行记校注·云南志略辑校》。王叔武校注本。

③景泰《云南图经志书》卷一〇。

④天启《滇志》卷三《地理志·风俗》。古永继校点本。

⑤天启《滇志》卷三〇。古永继校点本。

⑥正德《云南志》卷七。

⑦景泰《云南图经志书》卷二《曲靖府·陆凉州》。

方式是其典型。嘉靖《寻甸府志》卷上说：“乾罗罗，……出入常佩刀剑，好战斗，亦耕种，自食其力。……”天启《滇志》卷三〇说：“撒弥猡猡，滇池上诸州邑皆有之，拙于治生，无盗贼。居山林，耕瘠土，贩薪于市，终岁勤动。”撒完猡猡居蒙自，“勤于耕作，捕食虫豸及鼠类而甘之”；扯苏居于楚雄郭雪山，“耕山种荞麦”。康熙《新平县志》卷二《风俗附种人》说：“山苏，性多柔软。住深箐中，不耕田，开山地种荞稗度日，编竹器生理。”永昌府西部山区彝族“俗皆勤苦垦山，五鼓辄起，昏黑乃归，所垦皆硗瘠之地，仅种燕麦、荞麦而已，无稻田也”。[①]

哈尼族分布于滇南临安府、元江府一带。天启《滇志》卷三〇未提到哈尼族的生产活动，但说他们“食无箸，以手抟饭。勤生啬用……”。《续蒙自县志》卷三《社会·彝俗》说他们“所居多茅屋，男耕女织。春用牛耕，耕毕则放之野，秋成获稻亦贮之陌上”。康熙《元江府志》卷二《彝人种类》说：“阿泥，秉性俭朴，食茹饮淡。男勤耕，女勤织……服食居处多与汉人同”。[②] 可见明末清初哈尼族农业生产已由粗放的耕作方式向较高的田间管理过渡。

顺宁府人口以蒲人为主，“境内男耕女织，渐习文字”。[③] 府城西北十五里有乐平山，山中有天泽塘，土知府猛寅凿塘注水，“自是农人不复熯旱之忧矣”。[④] 说明部分地区已有了灌溉之利。

元代李京《云南志略》说，纳西族“俗甚俭约，饮食疏薄，一岁之粮，圆根已半实粮也”。景泰《云南图经志书》卷五《丽江军民府》的记录与此略同。万历《云南通志》卷四《丽江军民府》仍说当地“饮食俭约”。有明一代，纳西族农业生产发展水平普遍较低。

3. 游耕。就土地利用和田间管理而言，游耕或可归入“粗放农业”。但游耕的实施以大量轮歇地的存在为前提，其田间管理以刀耕火种为最大特征。而且，由于对新土地的不断需求，游耕往往伴以耕作者在一定土地范围

①《徐霞客游记·滇游日记十一》。朱惠荣校注本。

②转引自尤中《中国西南的古代民族》，第349页。云南人民出版社，1980年。

③万历《云南通志》卷四《顺宁府·风俗》。

④万历《云南通志》卷四《顺宁府·提闸》。

内的迁徙移居。

明代在不同程度上以游耕为生产活动的民族包括佤族、景颇族、怒族、苗族、瑶族的大部分人口和彝族、哈尼族、阿昌族、蒲人的部分人口。

钱古训、李思聪《百夷传》说："蒲人、阿昌、哈剌、哈杜、怒人皆居山巅，种苦荞为食。"①未言其耕种方式。景泰《云南图经志书》卷六《腾冲司》则说：哈剌蛮者，"巢居山中，刀耕火种，多旱谷"。天启《滇志》卷三〇说："峨昌，一名阿昌，性畏暑湿，好居高山，刀耕火种，形貌紫黑。"《明英宗实录》卷一五亦载，金齿司永平县土官县丞马震奏："本县地居边境，诸种夷民，刀耕火种……"上述民族分布在滇西到滇西南山区。当地人少地多，土地植被茂盛，游耕是适应环境的生产方式。康熙《大理府志》卷一二《风俗·云龙州》说："阿猖，……男女戴竹笠，饰以熊皮，簪以猪牙雉尾，麻布为衣，刀弩不去身，以畜牧耕种为业。"

苗族和瑶族在隋唐时期从湘、鄂、川、黔交界处一带迁入云南东南部。元明时期，云南的苗族、瑶族较少见于文献记录。从清代记录来推断，明朝时期苗族、瑶族的生产活动应是以游耕为主。乾隆《镇雄州志》卷三《风俗》说："苗类，镇雄四境皆有。好山居，男女任力，刀耕火种以供食用。"②乾隆《开化府志》卷九说："瑶人……自耕而食，少入城市。……所居之处不四五年即迁。"③

明代以游耕为主要生计活动的彝族人口并不少。天启《滇志》卷三〇说，阿者猡猡居于江川、通海、宾川等处，而"耕山捕猎，性好迁徙"这一特点则"诸处略同"；母鸡辖于宁州及王弄山，"迁徙无常，居多用竹屋，耕山食荞麦，暇则射猎，捕食猿狙"。景泰《云南图经志书》卷三《马龙他郎甸长官司·风俗》说，境内有车苏即蒲剌，"居高山之上，垦山为田；艺荞稗不资水利。然山地硗薄，一岁一移其居以就地利"。《续蒙自县志》卷三《社会·风俗》说："朴剌，性略驯于母鸡，居必深林密箐，刀耕火种，不治水田，岁易

---

①景泰《云南图经志书》卷一〇。

②转引自尤中《中国西南的古代民族》，第 474 页。云南人民出版社，1980 年。

③转引自尤中《中国西南的古代民族》，第 478 页。云南人民出版社，1980 年。

其土，以养地力。三年复耕旧陇，五谷兼种。”雍正《阿迷州志》卷一一《沿革》说：“朴刺，……山居火种，迁徙靡常。”

明代云南哈尼族的游耕未见于明确记载，但《明宣宗实录》卷一〇六记南安州乡老言：“本州俱是罗舞、和泥、乌蛮杂类，禀性顽犷。因无土官管束，多致流移。”其易于迁动正是游耕的特点之一。而且，直到清朝中后期，今滇南墨江一带哈尼族仍是“性情纯朴，火种刀耕”。[①] 明人何应春《蒙自目则山》一诗有“夷民村落常更置，几处荒苔蔓草芊”之句，[②] 正是滇南彝族、哈尼族等民族游耕生活的写照。

明代部分蒲人游耕的证明，首推《滇略》卷九的记载：“蒲人，散居山谷，无定所。……皆勤力，耐劳苦，事耕锄，所种荞麦、棉花、黑豆。”居无定所，是与游耕这一生产方式相适应的居住习俗。永昌府北有一平缓山脊，“有庐三楹横于冈上，曰茶庵，土人又呼为蒲蛮寨，而实无寨也”。[③] 名实不符，是游徙的结果。而且明朝后期部分蒲人流入新兴、禄丰、阿迷、镇南等地，既是改土归流的结果，也可视为蒲人自身游耕生活的反映。

明代云南各民族的农业生产方式虽可分为集约农业、粗放农业和游耕三种情况，但它们并不完全互相排斥。汉族、白族、回族对水田的利用是集约化的，但对山地的耕种或较粗放；傣族、壮族对河坝水田有一定的田间管理，对坡度较大的山地即实行刀耕火种。

二、畜牧业

明代云南各民族中，较多从事畜牧业者包括普米族、藏族的大部分人口以及纳西族、彝族的部分人口，但他们的经营方式并不相同。

1. 走场畜牧业。走场畜牧业以游牧为特征，逐水草而居。以普米族为

---

①道光《他郎厅志》。转引自尤中《中国西南的古代民族》，第 351 页。云南人民出版社，1980 年。

②天启《滇志》卷二八。古永继校点本。

③徐霞客游记。《滇游日记十一》。朱惠荣校注本。

典型。

明朝时期普米族被记录为“西番”。天启《滇志》卷三〇说：“西番：永宁、北胜、蒗蕖，凡在金沙江北者皆是。辮发，杂以玛瑙、铜珠为缀，三年一栉之。衣杂布革，腰束文花毳带，披琵琶毡，富者至二三领，暑热不去。住山腰，以板覆屋。俗尚勇力，善射。和酥酪于茶。有缅字经，以叶书之，祀神逐鬼取而诵，为厌胜。性最暴悍，随畜迁徙。又有野西番者，倏去倏来，尤不可制。”一般普米族有木板盖顶的房屋，作为半永久的住所；所谓“野西番”则仅有临时住所，但随牲畜迁徙是其经济生活的共同之处。这种状况是从明朝前期延续下来的。景泰《云南图经志书》卷四《永宁府》说：“所辖四长官司多西番民，性最暴悍，佩刀披毡，无室屋。夏则山颠，冬则平野以居。而畜多牛马。有草则往，无草则移，初无定所。”从景泰(1450—1457)到天启(1621—1627)的七八十年间，普米族游牧生产的方式或略有改变，但以走场畜牧业为主，却是一致的。

藏族在明代汉文记录中为“古宗”，他们的游牧方式与普米族略同，但其居地已具有较永久的性质。天启《滇志》卷三〇说：“古宗，西番之别种。滇之西北与吐蕃接壤，流入境内。丽江、鹤庆皆间有之。男子辮发百缕，披垂前后，经年不栉沐，栉必以牲祭，披长毡裳，以牦牛［毛］①或羊尾［毛］②织之。妇人青白磁珠与砗磲相杂，悬于首。其食生肉、蔓菁、麦稗。”蔓菁、麦稗进入其日常饮食中，必以一定时间的定居耕种为前提；其住所可能分为放牧营地和耕种住所两种。

2. 定居畜牧业。定居畜牧业以长时间居住一地为特征。畜牧业活动虽然重要，但已有粗放农业或游耕作为补充。部分彝族的畜牧活动为这一类型的代表。

据景泰《云南图经志书》卷二《曲靖军民府》记载，陆凉州彝族从事粗放农业，“又以畜马为生，牧养蕃息，剔去尾骨二节，谓之雕尾，以此为贵”。

①依景泰《云南图经志书》卷五《丽江府・巨津州》补。

②依景泰《云南图经志书》卷五《丽江府・巨律州》改。

同书卷四《楚雄府》载，“有曰罗舞蛮者，又名罗胡，居山林高阜处，以牧养为业”。天启《滇志》卷三〇说，罗舞即罗婺，“楚雄、姚安、永宁、罗次皆有之”“居山林高阜处，牧养为业”。万历《云南通志》卷四《寻甸府》说：“近郡之夷名黑猡猡，以畜牧为生。”在明朝镇压各种性质的彝族反叛时，往往有获牛羊之数的记录，说明在部分彝族的经济产品中牲畜占有较大比重。①

纳西族地区畜牧业也十分发达。李京《云南志略》即说，纳西族“多羊马及麝香，名铁”。天启《滇志》卷三〇说，他们“好畜牛羊。产麝香，名马，能制坚甲利刃”。景泰《云南图经志书》卷五《丽江府·宝山州》提到纳西族有人死焚骨之俗，“当焚骨之际，则以鞍辔玩好付诸火，其马则以斧击杀之”。马也被视为个人财产。纳西族所饲养的牲畜中，牦牛数量或较多。万历《云南通志》卷四《丽江军民府》说，府境兰州有老君山，“土人常放牦牛，为放牛山”，通安州有马左墅他郎场山，“土人常放牦牛羊在此，为牧地”。同书同卷《永宁府》对当地土产的记载也特别提及牦牛。

定居畜牧业在汉族、回族、蒙古族、白族、彝族等民族中已发展出了圈养这一形式。尤其是在人口较密集、农业生产条件较好的平坝地区，不仅是游动的走场畜牧业已不可能进行，就连定居的放牧也受到农用地的限制，而不得不采取放牧与圈养相结合的形式。而除回族之外的其他民族普遍饲养的肥猪，由于对牧地依赖较少而其饲料多为粮食，所以更多地采用圈养的方式。

三、狩猎-采集

除个别群体外，狩猎-采集在绝大多数民族中都仅是其经济活动的补充，“甜、苦二荞凭火种，夏秋两税指山供”。② 是刀耕火种以求生存，狩猎采集以完赋税。但狩猎-采集的广泛性值得注意。景泰《云南图经志书》卷六《金

①如《明太祖实录》卷一九五说，平阿资叛，获牛羊五千三百余头；《明世宗实录》卷八九说，平定安铨、凤朝文叛乱，获牛羊无算。

②彭纲《广通道中》，正德《云南志》卷二四。

齿军民指挥使司》说，当地蒲蛮“以采猎为务”；卷五《蒙化府》说“境内有曰摩察者，乃黑爨之别种也。……平常执木弓药矢，遇有鸟兽则射之，鲜不获者”；同卷《云龙州》说，境内峨昌蛮“以孳畜佃种为生。好食蛇，赤手握之，置之于器，负而卖之，不畏其啮……”；卷四《澜沧卫军民指挥使司·北胜州》说：“有名栗些者，亦罗罗之别种也。居山林，无室屋，不事产业。常带药箭弓弩猎取禽兽。其妇人则掘取草木之根以给日食。”同卷《顺宁府》说，蒲蛮“酷嗜犬鼠。其土蜂、蛇虺、蛤蟆、蜻蜓、蜘蛛、蝼蚁、水虫无不食之”；同卷《楚雄府·南安州》说，州境哈尼族妇女“不谙女红，惟打鼠捕雀以供其夫焉”；卷三《元江军民府·马龙他郎甸长官司》说，境内蒲剌以游耕为主要生计，“暇则猎兽而食之”；同卷《广南府》说，当地依人“饮食无美味，尝醢鼷鼠、捕飞虫而啖之”；广西府的沙蛮则“掘鼠而食之”；同卷《临安府》说，境内朴剌“以采猎为生业，获禽多者为同类之最也”。万历《云南通志》卷三《楚雄府》说，府西南有和泥蛮，“以捕雀打鼠供日用”。即便是在农业较为发达的地区，狩猎-采集活动也依然存在。景泰《云南图经志书》卷一《云南府·昆阳州》说，滇池中产蓴菜，“上青下白，长丈余，季秋之月浮于水面。土人采而烹食之”；同书卷五《大理府》说，苍山上产海菜，五六月间军民采食。《滇略》卷三说：“乌昧者，野燕麦也。滇中沾益一路有之。土人亦皆采食，谓之鬼麦。”昆明坝子西北边有溶洞，“洞中野鸽甚多，俱巢于洞顶，见人飞扰不定，而土人设机关以取之”。[①] 万历《云南通志》卷二《临安府》说，目则山在临安府蒙自东北三十里。“有蜂数万，营户其阳，土人利之。”候鸟移栖的规律亦为云南各民族所认识。这种认识的宗教色彩并未掩盖其在狩猎-采集活动中的实用价值。万历《云南通志》卷三《蒙化府》说，当地有凤凰山，相传“有凤凰死此。每岁季冬，众鸟哀吊其上。土人于鸟来夜燃炬候之，鸟辄赴火死”。《滇略》卷二说邓川、浪穹之间有鸟吊山，“每九月至十一月，夜中万鸟群聚，居民烛而罗之，所获万计”。天启《滇志》卷三《地理志·山川》说，永昌府北三十五里有打莺山，春莺多集于上。地名的由

---

①《徐霞客游记·滇游日记四》。朱惠荣校注本。

来亦与狩猎活动有关。

渔业与狩猎-采集一样，以获取自然产物为特征。明代云南各民族中较多从事渔业经济的仅有滇池、洱海等湖泊周围的少量人口，民族成分则为汉族、彝族、白族。徐霞客在龙门下的滇池边见到“有村氓数十家，俱网罟为业”。① 景泰《云南图经志书》卷一《云南府·昆阳州》说：“有濒池捕鱼者名普特，亦罗罗之别种。茅茨倚岸，不庇风雨。日食生螺，出入水中得鱼换米以输税。”同书卷三《临安府·建水州》说：“其居水滨者名些袁蛮，非爨非僰，不务耕稼，惟好捕鱼，得即食之。以此为生，无求于世。”杨慎《点苍山记》说洱海边岩壁下石窟中住有渔家妇子。②

四、综合经济

明代云南各民族的生计活动较好地适应了各自的环境，宜农则农，宜牧则牧。虽然可以说某个民族的某一群体以畜牧为生，但并不排除这一群体也仍从事其他活动作为畜牧业的补充。实际上，明代云南各民族普遍兼有农业、畜牧业、狩猎-采集、捕鱼、手工业、贸易等多种经济活动。只是由于他们的生产力发展水平和所处自然环境的差异，而各有侧重，因而各民族（或同一民族的不同部分）的谋生手段呈现出不同类型。

（原载《云南教育学院学报》1996年第4期）

①《徐霞客游记·游太华山记》。朱惠荣校注本。

②万历《云南通志》卷二《大理府》。

民族理论与政策研究

民族主义与苏联的解体

苏联是在俄罗斯帝国的基础上产生的一个庞大国家。在莫斯科公国到俄罗斯帝国的扩张与四国联盟到十五国联盟的发展之间，有不可忽视的相似性。

女皇叶卡捷琳娜二世没有活到二百岁，俄国(俄罗斯人统治的国家)也没有能统治整个欧洲。[①] 但至十月革命前，俄罗斯人的红、蓝、白三色旗早已在欧亚大陆上高高飘扬。

苏联继承了俄罗斯帝国的辽阔版图和版图上散布的众多民族。俄罗斯人也带着他们在革命前的优越感(俄罗斯民族相对于非俄罗斯民族的优越感)走进了社会主义大家庭。

20 世纪 20 年代，苏维埃重视民族平等和民族自决。1922 年，苏联成立时，包括四个加盟共和国：俄罗斯、乌克兰、白俄罗斯和外高加索。按照列宁的建议，苏联是各苏维埃共和国在自愿、平等的基础上联合而成的国家，每一共和国都保留有自由退出“联盟”的权利。

列宁的逝世把斯大林推上了政治舞台的前沿。法西斯德国的侵略威胁促成了苏联“东方战线”的建立：1939 年 11 月，西白俄罗斯和西乌克兰并入苏联；1940 年 8 月，波罗的海沿岸三国成为苏联的加盟共和国；同月，原属罗马尼亚的比萨拉比亚和北布科维纳分别并入苏联的摩尔达维亚共和国和乌克兰共和国。“东方战线”把苏联的西部疆界向西推移了二三百公里。作为捍卫

①蒋国维、向群、高同明：《世界史纲・上》，第 359 页。贵州人民出版社，1985 年。

人类历史上第一个社会主义国家的权宜之计，这种兼并具有一定的合理性，但也为二战结束后和平发展时期的民族矛盾埋下了隐患。

斯大林时代逐渐使用“苏联人民”(Soviet People)以表示苏联境内的所有公民，强调民族差异之上的一致性。按照这一官方说法，苏联各民族构成了一个整体，有统一的世界观，忠于马列主义、忠于党和国家。[①] 斯大林在政治上实行中央集权，文化上大搞俄罗斯化(Russification)。加盟共和国和自治地区的权力被削减。二战中有些民族的人口，如克里米亚鞑靼人、卡尔梅克人、车臣-印古什人，伏尔加德意志人等，或被消灭，或被强行迁徙。国家历史重新修订，以强调俄罗斯帝国的进步性。而且不再批判大俄罗斯沙文主义。[②]

斯大林去世后，赫鲁晓夫开始了对斯大林的否定和贬损，也审慎地、有选择地重新评价了斯大林民族政策的影响。到了 20 世纪 80 年代初期，当勃列日涅夫试图避免改革者的激进和冲动时，处理民族问题的传统方式已经不起作用了。

戈尔巴乔夫大概没有料到，他所发起的改革开放会对苏联各民族自我意识的觉醒产生多么大的影响。改革的目的是使苏联实现现代化，繁荣富强。但开放与建立强大统一的苏联这一初衷是背道而驰的：开放，特别是作为其重要内容的民主化、公开化原则，鼓励俄罗斯民族和非俄罗斯民族充分表达其民族意愿。不仅如此，它们还强化了存在已久的民族主义(见于俄罗斯人、亚美尼亚人、乌克兰人、波罗的海沿岸各民族)，刺激了新的民族主义的产生(见于白俄罗斯人、摩尔达维亚人)。就连默默无闻的加告兹人也受到了鼓舞，要求文化自治。

然而，在民族主义道路上走得最远的首先是俄罗斯人。早在沙皇俄国时代，俄罗斯人即以统治民族自傲。十月革命后，俄罗斯人又自认为是平等的加盟共和国的老大(first among equals)[苏共在国际共产主义运动中以老子

---

①Lubomyr Hajda and Mark Beissinger. eds.: *The Nationlities factor in Soviet Politics and Society*, p8. Westview Press, U. S. A. 1990.

②Alexander Dallin and Gail W. Lapidus. eds.: *The Soviet System in Crisis*. p433. Westview Press. U. S. A. 1991.

党、领导党自居，似可同样视为沙俄遗风]。苏联化(Sovietization)往往等同于俄罗斯化。

苏联共有130多种民族语言，其中70多种语言有自己的文字。语言同化是民族同化的一个极为重要的方面，甚至常常可以看作是民族同化的标志。1936年的苏联宪法即明确规定，各民族有使用本民族语言进行学校教育的权利。但这种语言平等原则在实际生活中却遭到了破坏。1938年，俄语即成为所有非俄罗斯人学校中的必修课。俄语是苏联官方语言。仅掌握本民族语言的人，在就业、从军等社会生活领域大受限制。语言平等原则让位于语言效益原则。而且，各种非俄罗斯语言在苏联所占有的地位与操这些语言的人在俄罗斯政治生活中的地位是一致的。某种民族享有的政治自治权力越大(自治区、自治州、自治共和国、加盟共和国等)，其语言的使用范围也越大，受重视的程度也越高。

苏联经济是通过行政机构来管理的，而联盟中央以下的各级行政机构都是在民族和民族区域的基础上建立起来的。中央集权与地方(民族)自治的矛盾、各地区(民族)之间在资源获取与产品贡献等方面的问题长期以来未能很好地解决，严重挫伤了各民族生产的积极性。投资的分配似乎也具有俄罗斯民族主义色彩，如西伯利亚引水工程的争论。①

苏联武装力量是由多民族构成的。军队被视为一所学校，来自不同民族和文化的青年在这里被培养成模范军人——新的“苏联人”的原型。但这样一个模范军人却是十足的罗斯人。早在1923年，乌克兰共产党即公开指责苏联军队的俄罗斯化。为了保证军队俄罗斯化的顺利进行，苏联把征兵对象分为四类。A类：态度和功能上的融合者，即采用俄语作为母语的人(态度上亲近俄罗斯人的人)和把俄语作为第二语言来掌握的人(在现实生活中会融合于俄罗斯人中的人)；B类：功能上的融合者；C类：未融合者，即不会说俄语的人；D类：持不同意见者。A类包括俄罗斯和俄罗斯化的所有民族，

①Lubomyr Hajda and Mark Beissinger. eds.: *The Nationlities factor in Soviet Politics and Society*, p268, p313. Westview Press, U. S. A. 1990.

如乌克兰人、白俄罗斯人、犹太人、德意志人、波兰人等；B 类包括乌克兰人和白俄罗斯人中的操双语者，还包括亚美尼亚人、格鲁吉亚人、波罗的海沿岸三国主体民族以及部分穆斯林；C 类包括绝大多数穆斯林、其他只操本民族语言的非俄罗斯民族，如格鲁吉亚人、亚美尼亚人、摩尔达维亚人，以及三分之一的乌克兰人和五分之一的白俄罗斯人，等等；D 类包括西部的乌克兰人、白俄罗斯人，以及波罗的海沿岸三国的部分居民，部分犹太人，克里米亚鞑靼人等。① 这种区分具有一定的客观性，反映了苏联军队乃至苏联社会生活中各民族之间的矛盾，反映了俄罗斯化与各民族对俄罗斯化的不同态度之间的矛盾。到了八十年代，这类矛盾变得更加尖锐，一是因为军队中 C 类成分，尤其是穆斯林成分增多(战后中亚地区人口增长率最高)，二是因为阿富汗战争使军队中的穆斯林和非穆斯林的对立情绪恶化。一方面，是军队不愿淡化其俄罗斯色彩，另一方面，是穆斯林和其他一些非俄罗斯人不愿学习俄语，更不愿充当职业战士。这种状况极大地影响苏联军队的战斗力，影响他们在维护国内和平时行动的一致性。

在宗教信仰上，既有赫鲁晓夫等官方领导人发起的反宗教运动，也有俄罗斯人把俄罗斯东正教视为国教的强烈愿望和在非俄罗斯民族中广纳信徒的积极行动。这在一个多种宗教信仰并存的国家中造成了一般教徒与无神论者之间以及不同宗教之间的抵触情绪。宗教界限与民族界限的一致性，又使宗教冲突演变为民族冲突，或者，民族冲突大多带上了宗教冲突的特点。如高加索地区的格-阿矛盾、纳-卡冲突。

改革开放的时代精神与民族参与政治生活之间出现了越来越大的距离。1986 年 11 月，戈尔巴乔夫任命吉纳迪·科尔宾(GennadiKolbin)[俄罗斯人]取代丁穆哈麦德·库纳耶夫(Dinmukhamed Kunayev)[哈萨克人]成为哈萨克斯坦共产党第一书记，引发了阿拉木图的群众骚乱。② 但这并未引起戈尔巴

---

①Lubomyr Hajda and Mark Beissinger. eds.: *The Nationlities factor in Soviet Politics and Society*, p76, p77. Westview Press, U. S. A. 1990.

②Alexander Dallin and Gail W. Lapidus. eds.: *The Soviet System in Crisis*. p434. Westview Press. U. S. A. 1991.

乔夫的高度重视，苏联最高领导层继续俄罗斯化。1988年，苏联最高领导层的俄罗斯化是苏联有史以来最突出的。1982年，非俄罗斯人占政治局委员的38%，1988年下降为15%；相应地，俄罗斯人在政治局委员中的比例则由1982年的62%上升为1988年的85%(与这种情况相反，俄罗斯人的人口数量在苏联总人口中的比例是：1978年，52.4%；1989年，51.1%，呈下降趋势)。[①] 非俄罗斯人中，政治局委员人数减少最多的又是非斯拉夫人(苏联的斯拉夫人共有三个民族：俄罗斯人、白俄罗斯人和乌克兰人。而乌克兰人又被称为小俄罗斯人。三个民族在历史、语言和文化上有密切联系)。1982年，非斯拉夫人占政治局委员的24%，1988年降为5%(1978年，非斯拉夫人占苏联总人口的26.6%)。在中央委员会中，非俄罗斯人的代表由1981年的33%降为1986年的31%，而俄罗斯人的代表则由1981年的67%升到1986年的69%。[②]

苏联解体的原因是多方面的。经济结构的畸形，财政状况的恶化，对斯大林全盘否定所造成的信仰危机，戈尔巴乔夫人道的、民主的社会主义所产生的思想混乱，美国等资本主义国家的干预，等等，都可以从不同方面为苏联的解体找到理由。但或许可以说，上述原因能够解释苏联为何由社会主义演变成了资本主义，但却不足以说明苏联为何由一个统一的国家分裂为众多国家。基于本文的简要分析，或许可以进一步说，从沙俄以来长期存在、在戈尔巴乔夫改革开放的气候下风起云涌的民族主义才能较好地说明苏联的分裂和解体。如果回顾一下俄罗斯联邦在苏联解体过程中所起的重要作用，我们就能更好地明白这一点了。

(原载《云南学术探索》1995年第3期)

---

①Lubomyr Hajda and Mark Beissinger. eds.: *The Nationlities factor in Soviet Politics and Society*, p262. Westview Press, U. S. A. 1990.

②Lubomyr Hajda and Mark Beissinger. eds.: *The Nationlities factor in Soviet Politics and Society*, p312. Westview Press, U. S. A. 1990.

再论民族主义与苏联的解体

民族主义就其本质而言，是对本民族利益的重视。当本民族处于统治地位时，便将本民族的利益看得高于一切，而把本民族的文化规范作为衡量被统治民族是否进步的标准，进而或有强迫同化的行动。当本民族处于被统治地位时，则以民族解放为口号，激励本民族成员采取各种斗争方式以实现民族独立、民族平等。①

民族主义在不同历史时期、不同国家及不同民族身上均有不同表现，其作用也呈现出从进步到反动的各种差异。

一般而言，单一民族国家的民族主义表现不甚明显，对社会稳定难以构成威胁，② 而多民族国家的民族主义，则是国家社会生活中一个不断再现的难题，甚至影响社会的稳定和国家的统一。

苏联是多民族的社会主义国家。它从统一到解体的过程是众多原因促成的。本文试图说明民族主义在苏联到独联体这一变化过程中的作用。

俄罗斯帝国与苏联

苏联的前身是俄罗斯帝国。这是一段不能忘记更无法割断的历史。

---

①中国大百科全书总编辑委员会：《中国大百科全书·民族》，第 330 页。上海：中国大百科全书出版社，1986 年。

②Rubenstein, james M. and Robert S. Bacon: *The Cultural Landscape: An Introduction to Human Geography*. pp421-424. Saint Paul · New York · Los Angeles · San Francisco: West Publishing Company, 1983.

15 世纪末 16 世纪初，俄罗斯人以莫斯科为中心建立了俄罗斯中央集权制国家，称莫斯科大公国。它摆脱了蒙古金帐汗国的统治，兼并了诺夫哥罗德、特维尔、普斯科夫、斯摩棱斯克、梁赞诸国。尽管如此，莫斯科大公国的领土也仅有 280 万平方公里，限于东北欧一角。16 世纪中期，伊凡四世加冕为沙皇(莫斯科大公国从此被称为沙皇俄国，简称沙俄)，随即开始了一系列军事征服活动。先是消灭了蒙古人建立的诸汗国。1552 年，征服了伏尔加河中游的喀山汗国。1556 年，吞并伏尔加河下游的阿斯特拉罕汗国和伏尔加河与乌拉尔河之间的诺盖汗国。接着，沙俄又向西伯利亚、中亚和高加索扩张。1560 年，把北高加索置于自己的保护之下。1595 年，兼并中亚北部(哈萨克汗国)，1598 年，征服西伯利亚西部，1639 年，侵占西伯利亚东部。1721 年，沙俄发起的旨在争夺波罗的海出海口的俄瑞北方战争结束，俄国从瑞典夺得里加湾、芬兰湾、卡累利阿的一部分、爱沙尼亚和拉脱维亚等大片领土，彼得一世也因此获皇帝称号。从此沙皇俄国正式称为俄罗斯帝国。18 世纪下半期，女皇叶卡捷琳娜二世统治下的俄国瓜分了波兰的大部分领土，吞并了全部立陶宛、白俄罗斯和大部分乌克兰。从 1801 年兼并格鲁吉亚到 1829 年第二次俄土战争结束，整个南高加索被俄国武装兼并。1865 年至 1885 年间，又吞并了中亚诸汗国。此外，俄国还占有了中国东北部和西部共 150 多万平方公里的领土。从 16 世纪到 20 世纪，沙俄领土扩大了八倍。

苏联继承了俄罗斯帝国横跨欧亚大陆的辽阔版图及其众多民族；俄罗斯人也带着他们在十月革命前的优越感走进了社会主义大家庭。

20 世纪 20 年代，苏维埃重视民族平等和自决。1922 年苏联成立时，包括四个加盟共和国：俄罗斯、乌克兰、白俄罗斯和外高加索。按照列宁的建议，苏联是各苏维埃共和国在自愿、平等的基础上联合成的国家；每一共和国都保留有自由退出联盟的权力。这也就意味着俄罗斯人也只是苏联各民族中平等的组成部分之一。

列宁的逝世把斯大林推到了政治舞台的前沿，法西斯德国的侵略威胁促成了苏联“东方战线”的建立：1939 年 11 月，西白俄罗斯和西乌克兰并入苏联；1940 年 8 月，波罗的海沿岸三国成为苏联的加盟共和国；同月，原属罗马尼亚的比萨拉比亚和北布科维纳分别并入苏联的摩尔达维亚共和国和乌克兰共和国。东方战线把苏联的西部疆界向西推移了二三百公里。虽然这种兼并可以看作是捍卫历史上第一个社会主义国家的权宜之计，但它却为二战结束后和平时期的民族矛盾埋下了隐患。

在莫斯科大公国到俄罗斯帝国的扩张和四国联盟到十五国联盟的发展之间，存在着不可忽视的相似性。前一阶段，俄罗斯帝国使俄罗斯人的民族主义得到了充分表现。而在后一阶段，在捍卫和发展苏维埃的旗帜之下，俄罗斯人的民族主义则是涌动不息的强大暗流。

民族主义的具体表现

苏联成立伊始，面临被资本主义阵营所颠覆的危险。“一切为了苏维埃”“一切为了前线”成了团结苏联各民族的有效手段。作为指导思想的马克思列宁主义倡导无产阶级的国际主义，致力于全世界无产阶级的共同解放。苏联各民族(特别是俄罗斯人)的民族主义得到了成功的抑制。而且，基于反法西斯战争和社会主义建设的共同经历，各族人民在这一社会主义大家庭中的凝聚力有所增强。所以，斯大林时代逐渐使用“苏联人民”(Soviet People)一词以表示苏联的所有公民，强调民族差异之上的一致性。按照这一官方说法，苏联各民族形成了一个整体，有共同的世界观，忠于马列主义，忠于党和国家。[①] 但是，与其说这一乐观态度正确地反映了民族融合的趋势，不如说它巧妙地掩饰了各民族之间存在的巨大差异。其目的是消除民族因素对中央集权的斯大林体制的妨碍。

斯大林在政治上实行中央集权，加盟共和国和自治地方的权力被削减。在文化上则推行苏维埃化(Sovietization)，而苏维埃化又往往等同于俄罗斯化(Russificacion)。国家历史重新修订，以突出俄罗斯帝国的进步性，而且不

①Lubomyr Hajda and Mark Beissinger, eds.: *The Nationalities Factor in Soviet Politics and Society*. p8. Boulder · San Francisco · Oxford · Westview Press, 1990.

再批判大俄罗斯沙文主义。[1] 尤其是对波罗的海沿岸三国、西白俄罗斯等地的强行兼并让人联想到俄罗斯帝国的扩张历程。

赫鲁晓夫上台后开始了对斯大林的否定，也审慎地评价了斯大林的民族政策。到了80年代初期，当勃列日涅夫试图避免改革者的激进和冲动时，处理民族问题的传统方式已经不起作用了。

戈尔巴乔夫大概没有料到他所倡导的改革开放政策会对苏联各族人民自我意识的觉醒产生多么大的影响。改革的目的是使苏联实现现代化，繁荣富强。然而，开放与建立强大统一的苏联这一初衷又是背道而驰的。开放，特别是作为其重要内容的公开性原则，鼓励俄罗斯民族和非俄罗斯民族充分表达其民族意愿，进而为形形色色的民族主义提供了表现场所。[2] 它强化了存在已久的民族主义(见于波罗的海沿岸各民族、乌克兰人、亚美尼亚人)，刺激了新民族主义的产生(见于白俄罗斯人、摩尔达维亚人)。就连素来默默无闻的加告兹人也受到了鼓舞，要求文化自治。[3] 然而，在民族主义道路上走得最远的首先是俄罗斯人。

早在沙皇俄国时代，俄罗斯人即以统治民族自傲。十月革命后，俄罗斯人又自认为是“平等的各民族中的老大”。[4]

苏联有100多个民族、130多种语言。其中70多种语言有自己的文字。语言同化是民族同化的一个极其重要的方面，甚至往往被当作民族同化的标志之一。1936年的苏联宪法即明确规定，各民族有使用本民族语言进行学校教育的权力。但这种语言平等原则在实际生活中遭到了破坏。1938年，俄语即成为所有非俄罗斯人学校中的必修课。俄语是苏联官方语言。仅掌握本族

---

①Alexander Dallin and Gail W. Lapidus. eds.: *The Soviet System in Crisis*. p433, p444. Westview Press. U. S. A. 1991.

②Seweryn Bialer, ed.: *Politics, Society, and Nationality inside Gorbachev's Russia*. pp161 - 162; pp198-199. Boulder & London: Westview Press, 1989.

③Lubomyr Hajda and Mark Beissinger, eds.: *The Nationalities Factor in Soviet Politics and Society*. p313. Boulder · San Francisco · Oxford · Westview Press, 1990.

④Lubomyr Hajda and Mark Beissinger, eds.: *The Nationalities Factor in Soviet Politics and Society*. p289. Boulder · San Francisco · Oxford · Westview Press, 1990.

语言的人在就业、从军等社会生活领域大受限制。语言平等原则让位于语言效益原则。① 自愿的语言同化现象是一种自然的过程，但强迫性的语言同化则会引起被同化民族对未来命运的担心。苏联领导人希望把俄语作为苏联非俄罗斯民族的第二母语，从70年代末到80年代中期，在全国发起了推广俄罗斯语运动，主要针对各斯拉夫共和国(即俄罗斯联邦、白俄罗斯共和国和乌克兰共和国，因俄罗斯人、白俄罗斯人和乌克兰人[又称为小俄罗斯人]都是东斯拉夫语支的民族，故名)和中亚地区。白俄罗斯人和乌克兰人在历史、语言和文化上都跟俄罗斯人有密切联系，所以被当成了可以优先同化的对象。中亚地区人口增长率高，为苏联未来发展储备了大量的潜在劳动力，但这一地区的人口操俄罗斯语言的能力又极低。② 语言同化政策并未被所有当地民族接受。中亚各国要求给民族语言以官方语言的地位，并在自己的共和国内对所有学生进行民族语言教育。波罗的海三国则于80年代末停止向幼儿园小孩和低年级学生教授俄罗斯语，并宣布当地语言为官方语言。③ 但这一政策在乌克兰却较有成效。城乡青年学说俄罗斯语，以提高自己的社会地位。60年代中期，接受乌克兰语教育的学龄儿童比例是62%，1987年这一数字降为50.5%，而同期接受俄罗斯语教育的学龄儿童则由37.2%升为48.7%。在白俄罗斯共和国，语言的俄罗斯化更成功。60年代中期接受白俄罗斯语教育的学龄儿童比例是51.6%，1989年降为20.6%，而1989年有77.7%的学龄儿童接受俄罗斯语教育。④

苏联武装力量是由多民族构成的。军队被视为一所学校，来自不同民族和文化的青年在这儿培养成模范军人——新的苏联人的原型。但这样一个模

①Lubomyr Hajda and Mark Beissinger, eds.: *The Nationalities Factor in Soviet Politics and Society*. pp98-99. Boulder · San Francisco · Oxford · Westview Press, 1990.

②Lubomyr Hajda and Mark Beissinger, eds.: *The Nationalities Factor in Soviet Politics and Society*. pp262-263. Boulder · San Francisco · Oxford · Westview Press, 1990.

③Lubomyr Hajda and Mark Beissinger, eds.: *The Nationalities Factor in Soviet Politics and Society*. p219. Boulder · San Francisco · Oxford · Westview Press, 1990.

④Lubomyr Hajda and Mark Beissinger, eds.: *The Nationalities Factor in Soviet Politics and Society*. pp188-189. Boulder · San Francisco · Oxford · Westview Press, 1990.

范军人却是十足的俄罗斯人。早在1923年，乌克兰共产党即公开批评苏联红军是俄罗斯化的工具。① 苏联军队的俄罗斯化首先表现在军官的民族构成上。1976年至1978年，苏军各级军官中俄罗斯人占61.37%，1979年俄罗斯人占全苏总人口的52.42%。如果把斯拉夫人作为整体来考察，则1976年至1978年间，苏军中斯拉夫人军官占92.75%，但1979年斯拉夫人只占全苏总人口的72.78%。② 为了保证军队俄罗斯化的顺利进行，苏联根据语言同化程度把非俄罗斯人的征兵对象分成四类。一类：态度和功能的融合者，即采用俄罗斯语作为母语的人(态度上亲近者)和把俄罗斯语作为双语之一加以掌握的人(在现实活动中会融合者)。这一类人有乌克兰人、白俄罗斯人、犹太人、德意志人、波兰人等。二类：功能的融合者，即操双语(本民族语和俄罗斯语)者，其中有乌克兰人、白俄罗斯人、亚美尼亚人、格鲁吉亚人、波罗的海沿岸各民族及部分穆斯林。三类：未融合者，即不会说俄罗斯语的人，包括绝大多数穆斯林、只操本族语言的格鲁吉亚人、亚美尼亚人、摩尔达维亚人，以及三分之一的乌克兰人和五分之一的白俄罗斯人等。四类：持不同意见者，包括西部的乌克兰人和白俄罗斯人、波罗的海沿岸三国的部分居民、部分犹太人、克里米亚鞑靼人等。③ 这种区分表现了以俄罗斯语为标准对其他民族进行评价的俄罗斯中心主义，客观上也反映了苏联军队乃至苏联社会生活中各民族之间的矛盾。到了80年代，这种矛盾更加尖锐。一是因为军队中第三类成分增多(尤其是穆斯林增多)，二是因为阿富汗战争使军队中的穆斯林与非穆斯林的对立情绪恶化。一方面，军队不愿淡化其俄罗斯性质，另一方面，穆斯林和其他一些非俄罗斯人不愿学习俄罗斯语，更不愿

①Lubomyr Hajda and Mark Beissinger, eds.: *The Nationalities Factor in Soviet Politics and Society*. p73. Boulder · San Francisco · Oxford · Westview Press, 1990.

②Lubomyr Hajda and Mark Beissinger, eds.: *The Nationalities Factor in Soviet Politics and Society*. p88. Boulder · San Francisco · Oxford · Westview Press, 1990.

③Lubomyr Hajda and Mark Beissinger, eds.: *The Nationalities Factor in Soviet Politics and Society*. pp77-78. Boulder · San Francisco · Oxford · Westview Press, 1990.

充当职业战士。[①]

从斯大林时代以来，苏联党和政府进行了一系列反宗教宣传，但这种宣传主要是针对俄罗斯东正教之外的其他宗教派别和宗教组织而进行的。[②] 直到 1986 年苏联宣传机构还在批判宗教和民族主义的联系。如在中亚的反宗教宣传的目的是打破地方宗教(伊斯兰教)和民族主义之间的联系。对俄罗斯东正教，苏联官方尽管也有责难，但更多的却是认可其在苏联的非俄罗斯人地区的融合作用和爱国主义作用。苏联当局甚至把俄罗斯东正教当成天然盟友以抵抗“反俄罗斯”的宗教势力：天主教、伊斯兰教、原教旨主义的新教极端分子以及国际犹太复国主义。于是，俄罗斯东正教几乎获得了跟在沙俄时代一样重要的地位。[③] 在俄罗斯人心目中，俄罗斯东正教是他们的民族宗教，但俄罗斯东正教本身从来就不把自己的信徒局限在俄罗斯人中。十月革命前俄罗斯东正教随着帝国的扩张而广纳信徒，因而它又是帝国的宗教。帝国的宗教具有多民族的包容性，而民族的宗教强调并规定其信徒对自己民族的忠诚。十月革命前俄罗斯东正教的这种双重性是以统治民族俄罗斯人对被统治民族的同化而达到一致的，但十月革命后这种双重性却难以统一。苏联政府与俄罗斯东正教同唱一个调子，禁止白俄罗斯东正教和乌克兰东正教的独立存在；俄罗斯东正教甚至把这两个斯拉夫民族视为俄罗斯人的一部分。而且，苏联政府还禁止东仪天主教(乌克兰天主教)的存在。于是，一般教徒与无神论者之间、不同宗教(尤其是俄罗斯东正教与其他宗教)之间的抵触和仇恨都增加了。在宗教界限与民族界限一致的地方，宗教冲突往往演变为民族冲突。

苏联是各加盟共和国的联盟，各加盟共和国有主题民族(titular

---

①Melanie Newton, ed.: *The USSR in 1990: A Record of Events*. p118, p130, p141. Boulder · San Francisco · Oxford · Westview Press, 1992.

②Lubomyr Hajda and Mark Beissinger, eds.: *The Nationalities Factor in Soviet Politics and Society*. pp159-161. Boulder · San Francisco · Oxford · Westview Press, 1990.

③Lubomyr Hajda and Mark Beissinger, eds.: *The Nationalities Factor in Soviet Politics and Society*. p15. Boulder · San Francisco · Oxford · Westview Press, 1990.

nationality)，其政府名称由民族名称而得来，如哈萨克斯坦即以哈萨克人而得名。类似称呼还有主题地区(titular area)，指以民族名称命名的地区如加盟共和国、自治共和国、自治州等。主题民族往往占该国人口的多数或绝对多数，如1989年土库曼人占其共和国人口的71.8%，亚美尼亚人占其共和国人口的93.27%。即使主题民族在该国人口中未过半数，也是该国人数最多的民族，如哈萨克人占其共和国人口的39.68%，第二大民族俄罗斯人占37.82%。[①] 加盟共和国之下的行政单位往往又是按民族来设立的自治地方。苏联经济正是由这一套基于民族和民族地区的行政机构来管理的。直到60年代初，苏联共产党和联盟中央仍十分重视各民族的平等发展，要求较富裕的共和国向较贫困的共和国运送资源，帮助提高其劳动人口的教育水平和技能。1961年，苏联共产党仍宣告要保障各民族的实际平等，要特别重视落后地区的发展。二十五年后，指导思想发生了极大变化。1986年，党纲宣布过去遗留的民族问题已经成功地解决了，并强调全联盟利益的首要地位，提倡在各共和国之间进行劳力分配。新党纲还说，既要注意进一步提高各共和国和自治地方的地位，又要坚决反对地方观念和民族狭隘心理的各种表现。[②] 指导思想的这种变化实际上是不重视各民族在经济发展水平上的差异。因而，原来就存在的中央集权与地方自治之间的矛盾进一步加剧了。而且，在资源配置上总难以消除俄罗斯民族主义色彩。就1961年至1985年各共和国得到的固定资本投入比率而言，俄罗斯联邦和白俄罗斯共和国有持续增长，乌克兰共和国和哈萨克斯坦共和国则减少，中亚其他共和国略有增长，波罗的海沿岸三国大致持平。[③] 但如考虑到人口变化因素，则仍是人口增长较慢的俄罗斯联邦和白俄罗斯共和国得到的投资份额最多。乌克兰共和国、哈萨克斯坦及中亚其余共和国的相对位置都大大地落后了。

---

①Lubomyr Hajda and Mark Beissinger, eds.: *The Nationalities Factor in Soviet Politics and Society*. p45, pp128-130. Boulder · San Francisco · Oxford · Westview Press, 1990.

②Lubomyr Hajda and Mark Beissinger, eds.: *The Nationalities Factor in Soviet Politics and Society*. p64. Boulder · San Francisco · Oxford · Westview Press, 1990.

③Lubomyr Hajda and Mark Beissinger, eds.: *The Nationalities Factor in Soviet Politics and Society*. pp53-54. Boulder · San Francisco · Oxford · Westview Press, 1990.

资源分配是人为的，因而资源竞争(或可广而言之，经济竞争、文化竞争等)实际上是决策权力的竞争。但改革开放的时代精神与各民族参与政治生活之间也出现了越来越大的距离。1986 年 11 月，戈尔巴乔夫任命根纳季·科尔宾(俄罗斯人)取代丁穆罕默德·库纳耶夫(哈萨克人)，作为哈萨克斯坦共产党第一书记。这一事件引发了阿拉木图的群众骚乱。① 但这并未引起他的高度重视，苏联最高领导层继续俄罗斯化，并于 1988 年达到前所未有的程度。1982 年，俄罗斯人占政治局委员的 62%，1988 年上升为 85%；同期，非俄罗斯人在政治局委员中的比例则由 38%降为 15%，而下降最多的又是非斯拉夫人。1982 年，非斯拉夫人占政治局委员的 24%，1988 年降为 5%。在中央委员会中，非俄罗斯人的代表由 1981 年的 33%下降为 1986 年的 31%。② 与此相对的是苏联人口民族构成的变化趋势：1979 年，俄罗斯人占全苏人口的 52. 42%，1989 年降为 50. 78%；1979 年，非斯拉夫人口占全苏人口的 27. 81%，1989 年上升为 30. 26%。③

俄罗斯人的民族主义不仅表现在政治、经济、军事、语言、宗教等方面，影响官方政策的制定和执行，而且也表现在日常生活中，表现在大众传播媒介对帝国时代俄罗斯英雄们开疆拓土的高度颂扬和俄罗斯人民间组织对其传统文化的狂热鼓吹等行为中。

与之相对的，是占全苏人口近一半的非俄罗斯人对俄罗斯人的民族主义的抵制及形形色色的民族主义的复兴。波罗的海沿岸三国是独特的西方化的国家，其文化具有欧洲传统。在被苏联兼并之前，他们有自己独立的民族国家，因此他们的民族意识与苏联其他地区相比较更为强烈。随着赫鲁晓夫对斯大林的批判和意识形态领域内的“解冻”，波罗的海沿岸三国对苏联统治的不满情绪公开表现出来。1956 年秋，立陶宛首都维尔纽斯出现了群众游行。

---

①Alexander Dallin and Gail W. Lapidus. eds.: *The Soviet System in Crisis*. p434. Boulder · San Francisco · Oxford · Westview Press. 1991.

②Lubomyr Hajda and Mark Beissinger, eds.: *The Nationalities Factor in Soviet Politics and Society*. p312. Boulder · San Francisco · Oxford · Westview Press, 1990.

③Lubomyr Hajda and Mark Beissinger, eds.: *The Nationalities Factor in Soviet Politics and Society*. p262. Boulder · San Francisco · Oxford · Westview Press, 1990.

1972年，该国第二大城市考那斯爆发大规模群众骚乱，不得不调入特种部队和克格勃。1980年，爱沙尼亚首都塔林的大、中学生发起了一系列游行示威活动，随后这类活动在爱沙尼亚和拉脱维亚经常出现，伴以土著居民与俄罗斯人之间的冲突。1985年，拉脱维亚首都里加的学生们集会游行，举出了“打倒共产党，打倒俄罗斯人”的标语。从70年代以来，具有民族主义倾向的组织和活动在波罗的海沿岸出现(如爱沙尼亚民族阵线和爱沙尼亚民主运动)。70年代人民生活水平的增长虽然缓慢，但却缓和了地方的不满情绪。进入80年代，经济发展受阻，加之又出现了新的俄罗斯化浪潮和移民活动，波罗的海沿岸三国把移民活动看作是对自己民族生存的威胁，于是对联盟中央的愤怒有增无减。至80年代后期，该地区带有民族主义色彩的政治运动往往还得到当地政府的支持。1988年11月，爱沙尼亚最高苏维埃非常会议决定，苏联法律必须经爱沙尼亚最高苏维埃主席团批准后才能生效；1989年8月，三国的非正式组织“人民阵线”联合组织示威游行，约200万人手拉手形成一条长达600公里的人链将三国首都连接起来。年底，三国共产党先后宣布脱离苏共。1990年3月，立陶宛率先宣布脱离苏联而独立。① 民族分离由思潮变成了现实。

白俄罗斯、乌克兰和摩尔达维亚三国与波罗的海沿岸三国一道构成了苏联的西部地区。因为白俄罗斯人和乌克兰人都是斯拉夫民族，而且其大部分地区长时期以来一直是俄罗斯帝国的一部分，所以俄罗斯人认为他们与这两个民族有特殊联系，甚至难分彼此，是一个“神圣的统一体”。② 但乌克兰人和白俄罗斯人却有不同看法。从60年代起，乌克兰不断发生旨在争取民族权利和宗教权利的群众运动。80年代初，乌克兰有组织的群众运动仍在要求当局确立乌克兰天主教的合法地位。白俄罗斯人以前较少进行这类活动，而且其语言的俄罗斯化比较普遍，但并不能因此就说他们的民族意识淡薄。在

---

①Lubomyr Hajda and Mark Beissinger, eds.: *The Nationalities Factor in Soviet Politics and Society*. pp221-224. Boulder · San Francisco · Oxford · Westview Press, 1990.

②Lubomyr Hajda and Mark Beissinger, eds.: *The Nationalities Factor in Soviet Politics and Society*. pp186-187. Boulder · San Francisco · Oxford · Westview Press, 1990.

戈尔巴乔夫公开性原则的影响下，在其他民族自我意识的呐喊声中，也能听到白俄罗斯人的声音。1991 年 12 月 8 日，《关于建立独立国家联合体的协议》正是在白俄罗斯首都明斯克签署的。三个斯拉夫共和国解散了联盟。

摩尔达维亚共和国原为罗马尼亚的比萨拉比亚地区。因此长期以来苏联和罗马尼亚之间就此地区的归属问题有争议。在摩尔达维亚共和国人口构成中，摩尔达维亚人占 64.42%，乌克兰人占 13.84%，俄罗斯人占 12.94%。但在党的各级领导机构中，俄罗斯人所占的比例是其总人口比例的两倍。1988 年，摩尔达维亚党中央拒绝了摩尔达维亚人语言活动家的三项要求，即：确立摩尔达维亚语的官方语言地位，承认摩尔达维亚语与罗马尼亚语是同族语，恢复使用拉丁字母。1989 年中期，摩尔达维亚人民阵线就语言问题领导了群众示威游行，而操俄罗斯语的人则组织了针锋相对的反示威活动，民族之间的紧张情绪加剧。11 月，首都基什尼奥夫实施紧急状态法，并从联盟中央派来了军队，摩尔达维亚党中央书记谢苗·格罗斯被“调任其他工作”。[①] 民族主义呼声在摩尔达维亚首先表现为语言的要求，但同其他非俄罗斯人的语言要求一样，其意义远远超出了语言问题本身。[②]

高加索是苏联民族成分最复杂的地区，共生活着 50 多个民族，分别建立了三个加盟共和国：格鲁吉亚、阿塞拜疆和亚美尼亚。其下还有十一个自治共和国和自治州。高加索地区语言复杂，文化多样。主题民族凝聚力日益增强。亚美尼亚人和阿塞拜疆人人口出生率高，俄罗斯人和格鲁吉亚犹太人迁出，亚美尼亚人和阿塞拜疆人从其他共和国迁回本国。这些都造成了各共和国民族成分单一化程度的增加。高加索各共和国主题民族语言俄罗斯化的现象并不严重，引人注目的是，该地区各种形式的民族主义和民族之间的冲突。而处理这些问题时又无法摆脱各民族文化和宗教的紧密联系这一事实。得到知识分子和大众拥护的、存在于党和政府内的官方民族主义，少数人权

①Lubomyr Hajda and Mark Beissinger, eds.: *The Nationalities Factor in Soviet Politics and Society*. p192. Boulder · San Francisco · Oxford · Westview Press, 1990.

②Seweryn Bialer, ed.: *Politics, Society, and Nationality inside Gorbachev's Russia*. p163. Boulder & London: Westview Press, 1989.

活动家和分立主义者所表现的“非正统的民族主义”，以及少数民族不满主体民族的歧视而产生的反民族主义等，决定了该地区民族问题的复杂性。1978年，因格鲁吉亚政府计划修改宪法中关于格鲁吉亚语是格鲁吉亚官方语言的条文，首都第比利斯出现了学生和群众示威。格鲁吉亚党中央书记谢瓦尔德纳泽不得不两次对示威者讲话。格鲁吉亚政府以及抱有类似计划的亚美尼亚和阿塞拜疆两国政府都只好对群众让步。[①] 如果说官方民族主义是各共和国主题民族意愿的合法表现，非正统的民族主义是超出苏联当局允许范围之外表达民族意愿，那么，反民族主义则是各国的少数民族对挫折和歧视的反应。格鲁吉亚共和国的阿布哈兹人反对格鲁吉亚人干涉其民族生活，并对第比利斯未能有效地发展阿布哈兹文化和经济表示不满。1978 年，一万多名阿布哈兹人集会要求允许阿布哈兹自治共和国退出格鲁吉亚，加入俄罗斯联邦。莫斯科派要员勘处，阿布哈兹自治共和国党的领导人被撤职。改革开放以来阿布哈兹人要求脱离的呼声更高，格鲁吉亚人则进行反对其脱离的示威。从 1989 年夏天起，两个民族之间开始了不断升级的武装冲突。[②]

民族冲突较激烈的另一地区是纳戈尔诺-卡拉巴赫自治州（简称纳卡州）。该州隶属于阿塞拜疆共和国，但其居民主要是亚美尼亚人（1959 年占该州人口的 85%，1979 年下降为 75%）。[③] 当地亚美尼亚人声称阿塞拜疆政府造成了纳卡州的落后状况，因此鼓励亚美尼亚人迁离。60 年代起，纳卡州和亚美尼亚的活动分子即怂恿纳卡州并入亚美尼亚共和国。1988 年 3 月，纳卡州的亚美尼亚人开始了一系列游行示威活动重申这一要求。亚美尼亚共和国首都埃里温出现了支持纳卡州的游行。纳卡州苏维埃以 110 票对 17 票决定就并入亚美尼亚共和国一事向苏联最高苏维埃求情。示威规模增大，苏军进入埃里温。5 月，亚美尼亚共和国最高苏维埃投票决定把纳卡州并入自己

---

①Lubomyr Hajda and Mark Beissinger, eds.: *The Nationalities Factor in Soviet Politics and Society*. pp241-243. Boulder · San Francisco · Oxford · Westview Press, 1990.

②Melanie Newton, ed.: *The USSR in 1990: A Record of Events*. p244. Boulder · San Francisco · Oxford · Westview Press, 1992.

③Lubomyr Hajda and Mark Beissinger, eds.: *The Nationalities Factor in Soviet Politics and Society*. p245. Boulder · San Francisco · Oxford · Westview Press, 1990.

的版图。阿塞拜疆最高苏维埃则投票否决了这一提议。决定权交到了莫斯科。苏联最高苏维埃主席团决定不改变纳卡州隶属关系，武装冲突升级。1989 年 2 月，莫斯科决定直接管理纳卡州，却导致争端双方对中央的不满。各种民族主义的相互作用使矛盾错综复杂，不可能有皆大欢喜的结局。①

中亚土著民族信奉伊斯兰教，统称穆斯林，但各民族对穆斯林的理解并不相同。而且，牧地和水资源的短缺又加剧了他们之间的竞争。历史上他们并未形成一个统一体。19 世纪后半期，俄罗斯人开始了对中亚的殖民统治，但殖民当局甚至连自己的统治对象是谁都分不清。如哈萨克人被称为吉尔吉斯人，而真正的吉尔吉斯人又被称为卡拉吉尔吉斯人(黑吉尔吉斯人)，其余人口则被归入土耳其斯坦人或萨尔特人。② 1924 年中亚成立了五个民族共和国。这对渴望建立一个独立统一的中亚国家的泛突厥主义者和泛伊斯兰主义者是一个致命打击。

中亚快速增长的人口被苏联当局视为潜在的劳动力，因而该地区被当作语言俄罗斯化的重点，于是中亚各国民族权利要求主要表现为语言要求。

水资源短缺制约了中亚经济的发展。中亚人迫切希望能从鄂毕河和额尔齐斯河下游(均在俄罗斯联邦境内)引水至中亚，但莫斯科则认为，对中亚现有灌溉系统和水资源的充分利用可以缓解中亚水紧张状况。③

为了达到意识形态的一致，莫斯科在中亚的反宗教宣传从未停息。而被苏联当局视为“过激”的诸多行为，在中亚领导人看来却是穆斯林的正常活动。1987 年以后莫斯科重新评价了自己的反宗教政策，指望伊斯兰教的领袖们帮助避免反社会主义的、反苏维埃的行为。但苏联当局对中亚地区民族权利的敏感性又时时暴露出来，阿拉木图骚乱之后尤其如此。

---

①Melanie Newton, ed.: *The USSR in 1990: A Record of Events*. pp532－535. Boulder · San Francisco · Oxford · Westview Press, 1992.

②Lubomyr Hajda and Mark Beissinger, eds.: *The Nationalities Factor in Soviet Politics and Society*. p255. Boulder · San Francisco · Oxford · Westview Press, 1990.

③Melanie Newton, ed.: *The USSR in 1990: A Record of Events*. p174. Boulder · San Francisco · Oxford · Westview Press, 1992.

结　语

苏联解体的原因是多方面的。经济结构的畸形，财政状况的恶化，对斯大林全盘否定所造成的信仰危机，戈尔巴乔夫提出的人道的、民主的社会主义所产生的思想混乱，等等，都可以从不同方面解释苏联的解体。但或许可以说，从沙俄时代以来长期存在，在戈尔巴乔夫改革开放的气候下风起云涌的民族主义运动无疑加速了苏联的分裂和解体。

（原载尤中主编、王文光副主编《中国民族史》第一辑，云南大学出版社，1997 年 7 月）

民族政策与民族认同：土家族确认过程的几点启示

［摘要］ 1957年初，土家族作为一个民族而得到国家确认。20世纪80年代，部分土家族人口的民族身份得以恢复。不论是作为群体还是作为个体，土家族民族身份的确认都证明了中华人民共和国民族政策的优越性。历史上受到封建统治阶级压制的民族意识和民族感情，现在能够得到合理、合法的表达，是民族平等的重要表现。民族平等既不允许不同民族之间的歧视，也不允许同一民族内部不同成员之间的歧视。

［关键词］ 土家族　民族身份　民族认同　恢复　启示

根据我国2010年人口普查结果，土家族人口已超过830万，是全国人口最多的10个民族之一。然而，这样一个人口较多的少数民族，在1957年1月3日以前，其民族身份甚至还没有得到国家的认可。①土家族的人口发展历史虽然有其独特性，但在全国民族发展的总体格局中，仍有一定程度的代表性。

土家族的确认过程包括两个方面：一是确认土家族的存在，二是确认谁是土家族。这两方面的确认都充满困难，甚至有人为之蒙冤受屈。这段历史可以促使我们珍惜自然、平静的生活，所以值得记住。

1950年国庆前夕，周恩来总理邀请首届全国少数民族参观团到北京参加

①田荆贵：《土家纵横谈》，第1页。西安：未来出版社，2007年。

国庆观礼活动。参加这次国庆观礼的一位湖南苗族代表田心桃在中央领导面前郑重表明，自己不是苗族而是土家族，引起重视。[①] 从理论上说，这个参观团中没有土家族的代表，因为土家族尚未由国家确定为一个单一民族。田心桃出席国庆观礼活动时的身份是苗族代表。

然而，当时全国的土家族既有散居区，也有聚居区，人口并不稀少。[②]而且现今土家族分布的地区当时都已经解放，成立了地方政府，不像尚未解放的西藏藏族地区和四川彝族地区等。照常理，新中国成立已有一年，土家族作为一个民族群体应该得到各级政府的承认。这个群体的民族身份为何被忽略了？从问题提出到土家族被认定，用了六年多的时间。除了“个别人”[③]“湖南省某负责人”[④]的反对和阻挠之外，是否还有什么更普遍、更深刻的历史原因和社会原因，导致土家族民族身份确认困难重重？

历史上，土家族主要居住在现今的湘、鄂、渝、黔连接地带，这种分布状况一直持续到现在。古代王朝在土家族地区建郡设治始于秦汉，这片地区与中原地区的文化交流伴随政治管理的深入和经济联系的加强而逐渐频繁。土司制度在湘鄂西土家族地区于清朝雍正年间废除，封建中央任命的流官开始进入这片地区。随着各级学校的建立，以儒学为核心的汉族文化在土家族地区进一步扩大影响。政治统治所强化的王朝正统观念逐渐深入人心。土家族语言和习俗都经历重大变化。学习和接受官方推广的儒家文化也成为一种有意识或潜意识的生活态度。彭世麒献大木，彭翼南抗倭寇，证明土家族对国家的政治忠诚；田舜年演南戏，彭秋潭咏蟾枝，表现当时土家族上层的儒学修养。

中国封建时代的土家族分布地域较广，发展也不平衡。虽然核心地区的土家族自称为“毕兹卡”，但这个称谓似乎并未普遍地出现于历史记录中。而现在有人认为，已将土家族包括在内的“土人”“土民”“土丁”或“土蛮”之类

①田荆贵：《土家纵横谈》，第 2 页。西安：未来出版社，2007 年。
②田荆贵：《土家纵横谈》，第 9 页。西安：未来出版社，2007 年。
③田荆贵：《土家纵横谈》，第 4 页。西安：未来出版社，2007 年。
④田荆贵：《土家纵横谈》，第 64 页。西安：未来出版社，2007 年。

称谓，显然不是土家族的专名。

中国历代封建统治者所实施的民族政策主要是军事打击与政治教化，正所谓恩威并重；而以夷制夷与以礼化夷，土司制度与改土归流等等，无非是随历史发展而采取的越来越深入的统治方式。在这样的社会背景中，少数民族(尤其是与汉族人口密切接触的少数民族)的民族意识受到压抑，并在日常生活中被淡化，成为了一个普遍现象。然而，这种被压抑、被淡化是特定历史条件下民族意识的特定存在方式，而不意味着民族意识的消亡。多民族国家中少数民族对主体民族所代表的主流文化的认同并不等于少数民族在群体的民族身份上对主体民族的认同。少数民族广泛接受汉族文化，并不意味着他们已经认同于汉族。但是，封建帝国时代的统治阶级往往把主体民族所代表的主流文化在少数民族地区的普遍传播看作是少数民族认同于主体民族的反映。甚至在新中国成立后仍有一些官员持这种观点，说“如果土家是少数民族，全中国都是少数民族，我也是少数民族”。①

民族认同是指社会成员以一定方式表明自己是某个民族的成员。服装、语言、宗教、饮食等都可能表现民族身份，但自由生存状态下的自我宣称才是民族认同的明确表达。然而，民族认同的意愿和行为都是一定历史条件下的产物。一方面，在政治、经济、军事和文化各方面力量都非常强大的统治者所实施的压迫性的、歧视性的民族政策，会导致少数民族不得不遏制、压抑自己的民族意识，隐藏民族认同的真实意愿，从而为自己争取基本的生存空间。民族起义遭受镇压之后幸存的少数民族成员要么在远离统治阶级权力中心和军事中心的地方继续保持其民族身份，要么在统治阶级的势力范围内淡化、隐藏甚至改变自己的民族认同意愿以求生存，就是这个方面的极端例子。另一方面，统治阶级在少数民族地区推广的地主经济和儒家文化与这些地区原有的经济方式和文化传统相比确实具有一定的先进性，所以少数民族经过艰难适应之后往往愿意接受新的生产和生活方式，为自己谋取更好的发展机会。

---

①田荆贵：《土家纵横谈》，第4页。西安：未来出版社，2007年。

历代封建王朝对少数民族进行军事镇压和文化同化的政策虽然有其合理性，但与新中国实行的平等的民族政策相比，其弊端显而易见。封建时代受到遏制和淡化而不可从表面观察的民族意识，在本质上却并未丧失生命力，在新中国的合适土壤中自然就会萌芽生长。而且，历代封建王朝在中国少数民族地区的设置经营程度不同，少数民族接受儒家文化的程度也不相同。杂居区的少数民族与聚居区的少数民族，民族传统保存的情况存在差异，民族意识的强烈程度也不相同。于是，在新中国民族政策的感召和刺激下，同一少数民族群体的不同部分有先有后地、或强或弱地表现自己的民族意识、宣称他们的民族认同倾向，就是一件合乎历史发展规律的事情，也是一件可以让新中国的各级领导感到自豪和光荣的事情。曾经不敢或不愿公开自己民族身份的少数民族，现在能够公开表明自己的民族认同意愿，正是新中国民族政策取得成功的标志。

民族识别是民族身份的确认。它本身就是实施民族政策的重要步骤，同时又是民族政策的其他方面得以实施的前提。因为民族的所有特点都是在具体的历史条件下表现出来的，封建社会的政策对现时社会有一些影响。反对确认土家族为单一民族的那位湖南官员，显然简单而孤立地理解了民族的定义和民族识别的标准，而未充分考虑中国封建时代统治阶级的民族政策对少数民族的民族认同所造成的负面影响。

如果没有这类错误认识的影响，土家族一定会更快地被确认为单一民族。

既已确认土家族为单一民族，认定哪些人可算是土家族就应该是一件顺理成章的事情。但是，“反右”扩大化与“文化大革命”将这个过程延误了，绝大多数土家族人口的民族身份并未得到确认。

20 世纪 80 年代恢复或改正民族成分，是民族识别工作上的拨乱反正。数以百万计的土家族人口的民族成分得到恢复或改正。在 1957 年成立的湘西土家族苗族自治州之外，1983 年新成立了鄂西土家族苗族自治州(1993 年更名为恩施土家族苗族自治州)，还有长阳、五峰、石柱、沿河等土家族自治县，以及酉阳、秀山、印江等土家族苗族自治县。

土家族人口从20世纪50年代确认的数十万变为现在的830多万，是一件令人高兴的事情。新中国的成立为各民族发展提供了平等条件，使得各少数民族可以公开承认自己的民族身份，本来就是历史的进步。只不过，这种进步在“反右”扩大化和“文化大革命”中走了一段弯路。就土家族的情况而言，数百人因言获罪，不愿再讲“民族问题”。“特别是湘鄂川黔边境部分土家族群众不敢再报自己是土家族，因而，他们本来的民族成分没得到及时的确定，成为后来的一个遗留问题。”①这个遗留问题最终得以妥善解决，是党和国家民族政策的胜利，更是土家族的幸事。

土家族的确认过程给我们提供了多方面的启示。

对少数民族来说，不论是悄然淡化自己的民族意识还是公开宣称自己的民族身份，都应以获得较好的生存和发展条件为原则。

对民族政策的制订者、实施者来说，不考虑中国封建时代民族压迫和民族歧视的事实，拘泥于用民族特点之类来考察某个群体对民族成分的主张和要求，不符合历史唯物主义精神。

我国至今还存在部分人口的民族识别问题。除了新中国成立以前的历史因素外，新中国成立以来的多次“运动”对民族传统的破坏，1978年以来改革开放带来的空前的文化交流和文化影响，都不同程度地改变了民族的面貌。因此，在讨论现阶段的民族问题时同样不宜过分强调民族特点，而应当充分考虑民族认同本身的重要性。

民族成分一旦经过国家认定，就具有法律的和政治的意义。不论生活在什么地方，也不论保持的民族特点有多少，同一民族的成员具有同样的民族身份。然而，在许多场合，甚至在学术会议的会场，我们会听到一些少数民族成员这样宣称：“我是真正的……族”。这样一种宣称极为不妥。因为，“我是真正的……族”就意味着同样被确认为……族的其他人并不是真正的……族，而是假的……族。这样一种“真”“假”划分不仅伤害同一民族成员之间的感情，而且是对国家民族识别的权威性的挑战，所以应该引起重视。

---

①田荆贵：《土家纵横谈》，第22页。西安：未来出版社，2007年。

中国古代统治阶级曾经对同一民族的不同成员进行划分。“生”与“熟”是我们在古籍中经常看到的标签。

《宋史》中有这样的例子。

(咸平)六年四月，丁谓等言，高州义军务头角田承进等擒生蛮六百六十馀人，夺所略汉口四百馀人。初，益州军乱，议者恐缘江下峡，乃集施、黔、高、溪蛮豪子弟捍御，群蛮因熟汉路，寇略而归。谓等至，即召与盟，令还汉口。既而有生蛮违约，谓遣承进率众及发州兵擒获之，焚其室庐，皆震慑伏罪。谓乃置尖木砦施州界，以控扼之，自是寇钞始息，边溪峒田民得耕种。①

这段话中的“生蛮”，指的是今鄂渝交界处的土家族等少数民族群体。一般而言，“生蛮”是泛称，而不是固定地、专门地指称某个具体的少数民族。

“平州初隶融州，亦羁縻州明也。旧通湖北渠阳军，置融江砦及文村、临溪、浮江堡，后以地隔生蛮，遂废。”②

此处的“生蛮”指的是广西北部的壮族等少数民族群体。

用于泛称的词语，除了“生蛮”之外，还有“生獠”“生夷”等。

“生獠”：

治平中，熟夷李光吉、梁秀等三族据其地，各有众数千家。间以威势胁诱汉户，有不从者屠之，没入土田。往往投充客户，谓之纳身，税赋皆里胥代偿。藏匿亡命，数以其徒伪为生獠劫边民，官军追捕，辄遁去，习以为常，密赂黠民觇守令动静，稍筑城堡，缮

①[元]脱脱，等撰：《宋史·蛮夷传》，第10931—10932页。北京：中华书局，2000年。
②[元]脱脱，等撰：《宋史·蛮夷传》，第10957页。北京：中华书局，2000年。

器甲。远近患之。①

虽然说的是“伪为生獠”，但仍可证明该地确实生活着“生獠”。

“生夷”：

乌蛮有二酋领……二酋浸强大，擅劫晏州山外六姓及纳溪二十四姓生夷。夷弱小，皆相与供其宝。②

“生蛮”所生活的地方，被称为“生界”。

乾道十一年(1175)：“沅州生界仡伶副峒官吴自由子三人，货丹砂麻阳县，巡检唐人杰诬为盗，执之送狱，自由率峒官杨友禄等谋为乱。”③

与“生”相对的形容词，是“熟”，于是有“熟夷”这个称谓。

施州蛮者，夔路徼外熟夷，南接牂牁诸蛮，又与顺、富、高、溪四州蛮相错，盖唐彭水蛮也。④

关于“生”与“熟”的区分标准，《宋史》说得很明确：

俗呼山岭为“黎”，居其间者号曰黎人，弓刀未尝去手。弓以竹为弦。今儋崖、万安皆与黎为境，其服属州县者为熟黎，其居山洞无征徭者为生黎，时出与郡人互市⑤

可见，“生”者未加管理，不输租税，不服徭役；“熟”者由政府管理，

①〔元〕脱脱，等撰：《宋史·蛮夷传》，第 10976 页。北京：中华书局，2000 年。

②〔元〕脱脱，等撰：《宋史·蛮夷传》，第 10979 页。北京：中华书局，2000 年。

③〔元〕脱脱，等撰：《宋史·蛮夷传》，第 10946 页。北京：中华书局，2000 年。

④〔元〕脱脱，等撰：《宋史·蛮夷传》，第 10977—10978 页。北京：中华书局，2000 年。

⑤〔元〕脱脱，等撰：《宋史·蛮夷传》，第 10962 页。北京：中华书局，2000 年。

输租服役。

宋代不仅有“生蛮”“生獠”“生夷”和“熟夷”等泛称，也出现了“生黎”“熟黎”等专称。到了明代，以“生”和“熟”对某一少数民族中的不同群体进行区分就很常见了。于是，有“生羌”“生番”“熟番”,① 有“生苗”,② 有“生瑶”,③ 有“生黎”,④ 有“熟黎”,⑤ 等等。

当然，所谓泛称和专称都是相对的。史书中的“生……”和“熟……”具体指当时的哪一个民族或哪一些民族，要依据上下文才能确定。

历史上封建统治阶级以“生”“熟”为标记来划分少数民族的不同群体，有其政治、军事、经济和文化等多方面的用意。这种做法已经成为历史。中华人民共和国的成立为中国各民族提供了平等的发展空间。不同民族身份的个体都是国家的平等成员；同一民族身份的个体也是该民族中的平等成员。同一民族中的不同成员之间，有保存和接受本民族文化多寡之分，但没有民族身份的真假之别。正如汉族就是汉族，不能说读过《论语》《孟子》《道德经》的汉族是真汉族，没读过这些书的汉族就是假汉族；也不能说，某地的汉族是真汉族，其他地方的汉族是假汉族。连海外华人都被视为我们的同胞，国内同一民族的成员之间更应珍惜同胞情谊，而不可擅做有伤感情的区分。

更为重要的是，民族身份是国家的民族政策和个人的民族认同相结合的产物。民族身份的存在既有其合理性，也有其严肃性。每个人的民族身份都应该得到社会的尊重，更应该得到同民族内其他成员的尊重。

（原载《铜仁学院学报》2016 年第 6 期）

①［清］张廷玉，等撰：《明史・土司传》。第 5374 页。北京：中华书局，2000 年。

②［清］张廷玉，等撰：《明史・土司传》。第 5379 页。北京：中华书局，2000 年。

③［清］张廷玉，等撰：《明史・土司传》。第 5501 年。北京：中华书局，2000 年。

④［清］张廷玉，等撰：《明史・土司传》。第 5537、5540 页。北京：中华书局，2000 年。

⑤［清］张廷玉，等撰：《明史・土司传》。第 5537、5540 页。北京：中华书局，2000 年。

土司制度的根本性质

——论多民族国家民族自治与间接统治的必然性与普遍性

[摘要] 间接统治就是通过少数民族中的上层人物对少数民族基本群众进行统治，是与国家派遣官员直接管理被统治民族相对而言的一个概念。在多民族国家内，间接统治是一种比较温和的民族政策，因而其施行比较容易为被统治民族所接受。中国元明清时期的土司制度历经700多年，是间接统治的一种完备形式，可视为世界各国间接统治的代表样式。间接统治可以为直接统治准备条件，是自然的民族融合所必然经历的过程。当代世界中，民族关系的处理可以从历史上的间接统治情况中获得宝贵的经验。

[关键词] 土司制度　性质　间接统治　必要性　普遍性

土司制度是元、明、清时期在中国西南边疆地区和南方少数民族聚居区普遍实行的一种民族管理制度。按照尤中的说法："它最基本的特征是：封建中央统治阶级在政治上利用各少数民族中旧有的贵族分子进行统治；经济上让原来的生产方式继续保留而通过当地贵族分子进行贡纳的征收。"①一个多民族国家在民族差异较大的情况下，实施这样一种对各民族区别对待的管理制度，既能维护国家统一，又照顾到少数民族的特殊性。可见，这种制度

①尤中：《中国西南民族史》，第366页。昆明：云南人民出版社，1985年。

有其进步作用。因为，“如果不是采取实行土司制度来进行统一的办法，那么，在当时，若非诛灭殆尽而统一，便只能是脱离封建王朝而分裂。”①世界上多民族国家占多数，近邻如泰国、印度，远方有巴西、南非等。就连欧洲所谓的民族国家，如法国、德国、荷兰、葡萄牙等，也曾在非洲、亚洲、美洲占有殖民地。作为多民族国家的中国曾经实行的土司制度既然有其合理性，就不该是一种孤立现象。换句话说，世界上的多民族国家在对其少数民族进行管理时应该产生出与中国的土司制度类似的做法。因此，我们不可拘泥于多民族国家民族政策中的特殊用语，而应该站在世界各国的民族政策角度看到与中国土司制度相同的本质，从而为当今社会处理国内民族关系提供有用的参考。

一、直接统治与间接统治

不论是就一个国家对不同地区的统治而言，还是就一个民族对众多民族的统治而言，我们都可以在统治方法上做出一个简单的区分：或是直接统治，或是间接统治。直接统治和间接统治的差别，主要表现在三个方面。

首先，统治对象身份不同。直接统治是将统治对象纳入国家的一般管理模式进行管理，编入国家的户口管理系统，种地者完粮，经商者纳税，战时则不论农商均有义务为国从征，国家大兴土木时国民也要服从征调。间接统治则并未将被统治者编入国家的户口管理系统，被统治者也就没有或少有对国家承担具体的责任和义务。或者说，接受间接统治的对象仅仅是国家的准臣民。既是准臣民，身份就比臣民低，对国家义务少，权利也少。

其次，统治者身份不同。直接统治是国家派遣官员组成地方政府对当地人进行管理，间接统治则是国家委任当地人中的首领对当地人进行管理。实施直接统治的官员只有一种身份，即他是政府的代表。实施间接统治的官员具有双重身份：他本来就是当地人的首领，后来又得到国家的委任。因此，

①尤中：《中国西南民族史》，第367页。昆明：云南人民出版社，1985年。

他既是统治对象的代表，也是国家这一抽象的统治者的代表。身份不同，地位也就不同。实施直接统治的官员任满后，国家派遣其他官员接替其职位，但实施间接统治的官员不仅享受职务的终身制，而且通常还在家族内部维持职务的世袭制。

最后，直接统治的对象通常认同国家的主流文化，但间接统治的对象未必认同国家的主流文化。实际上，正是因为少数民族保持其自身较为特殊的文化传统，国家才对他们实施间接统治。

当然，也要看到，一方面，间接统治与直接统治之间存在这些质的差异，二者不可混淆；另一方面，统治效果的量的积累通常会带来两种转化：间接统治或深入发展，向直接统治转化；或难以为继，向失去统治转化。

二、中国封建社会的土司制度是一种间接统治

中国对土司制度的研究历史百有余年，成果很多，含论文、著作、史料整理、谱牒搜集等形式，其中论文近600篇。① 这些研究涉及的方面非常广博，尽管在很多问题上尚未达成一致的意见，但研究者尽可借助已有的成果，深入探讨自己感兴趣的话题。

《明史·土司传》追溯土司制度的起源，认为汉代虽置都尉县属，但仍令诸蛮自保，这或许就是“土官、土吏之所始。”②所谓土官，顾名思义就是土著官员，是封建中央王朝委任世袭的少数民族首领作为其民族和地方群体的官员。元、明、清时期，这类土官从高到低有宣慰司的宣慰使、长官司的长官等不同名目、不同等级。土官是与外地派来且不可世袭的官员相对而言的一个名称。

中国封建中央王朝任命少数民族中原有的首领为土官对当地民族实施统治，从土官和他所代表的少数民族来看，这种管理是一种民族自治；对以汉

①李良品：中国土司制度百年学术史回顾，《贵州民族研究》2011年第4期。

②〔清〕张廷玉等：《明史·土司传》，第5345页，北京：中华书局，2000年。

族为主体的统治民族来说，这种管理是一种间接统治。民族自治与间接统治的结合是土司制度的根本性质之所在。司马相如说："盖闻天子之于夷狄也，其义羁縻勿绝而已。"①"羁"是马笼头，"縻"是牛鼻绳。这话虽有大民族统治阶级把少数民族贬低为牛马的嫌疑，但却把统治者对待少数民族的态度说得很形象：对他们就该像借助马笼头和牛鼻绳赶马、牵牛一样，只需借助其首领对整个少数民族群体进行牵制、控制，不使其放纵失控即可。《明史·土司传》总结土司制度的发展时说："然其道在于羁縻。"②"羁縻"二字说出了土司制度的要害。由汉及清，以"羁縻"为要义的间接统治，是中国封建中央王朝对少数民族进行管理的主要方式。

元、明、清时期中国在西南和南方少数民族地区实行以土司制度为名目的这样一种间接统治，出于多种原因。首先，当时的国内和国际形势需要土司制度。以明朝而论，元朝末年，中原经历多年战乱，人口流失，而江南相对安定，人丁兴旺。明朝建立后，北方蒙古贵族屡为边患。明洪武(1368—1398)、永乐(1404—1424)两朝都在北方进行了大规模的屯田，旨在加强北方经济建设，增强防御力量，并力求改变当时中国人口南多北少的不合理状况。正因为如此，明代三种方式的屯田，即军屯、民屯和商屯，重点分布区域都在北方。实际上，北方少数民族对明朝政权的威胁不仅一直存在，还曾有皇帝被掳的事实。与之相反，在明朝的西南和南部边疆地区，各少数民族的军事行为或是互相争斗，或是局部地区的动荡，对明朝政权并未构成什么大的威胁。所以，明朝向西南和南方地区的移民规模终归有限。即以云南而言，直到明末，汉族人口的数量也没有超过少数民族人口。没有足够的汉族人口，就缺乏直接统治的群众基础。

其次，统治阶级的认识需要土司制度。朱元璋等人认识到少数民族自身有其特殊性。比如，他说："自古云南诸夷叛服不常，盖以其地险而远，其民富而狠也。"③又说：西南少数民族"仰巢颠崖，俯饮川涧，兽形夷面，俗

①[汉]司马迁：《史记·司马相如传》，第2322页。北京：中华书局，2000年。

②[清]张廷玉等：《明史·土司传》，第5345页。北京：中华书局，2000年。

③《明太祖实录》卷二四二。

无伦理”。[①] 如果少数民族纯粹是愚昧无知，也许不难治理，但在以朱元璋为代表的明朝统治者看来，“边夷土官，皆世袭其职，鲜知礼仪。治之则激，纵之则玩”。[②] 也就是说，管得紧了，就反叛滋事；一点不管，就目中无人。不论朝廷的这些认识是否准确，但它们决定了统治者对少数民族的管理方式，即“蛮夷之人，其性无常，不可以中国治之，但羁縻之足矣”。[③]

最后，西南和南方地区社会生产力和生产关系的发展水平需要土司制度。元、明、清时期，西南和南方少数民族地区社会生产力不发达，物质积累不丰富，阶级分化受到限制，社会生活中的血缘关系和地缘关系非常重要。少数民族的传统首领是在地方的历史发展中产生出来的，具有较为深厚的群众基础。民众在对外关系中把民族首领当作自己的代表，国家臣民的意识并不强烈。

当然，对少数民族地区实行间接统治或是直接统治，从根本上说，取决于封建国家对少数民族长期实施的具体管理的能力。封建国家一旦具备这种能力，就不会因为少数民族社会历史的特殊性任凭间接统治持续下去。这是封建国家剥削人民的本性所决定的。清雍正年间(1723—1735)在云南改土归流的历史，基本上就是一部杀戮的历史。历史上，强大的封建国家对弱小的民族群体为所欲为，不足为奇。

三、欧洲对其非洲、美洲等地的殖民管理是间接统治

地理大发现之后，欧洲许多国家在非洲、美洲、亚洲、大洋洲建立了自己的殖民地。从 15 世纪起，欧洲人就开始有计划地勘察非洲海岸。19 世纪中期以后，欧洲人开始在非洲建立殖民地，1884 年则开始瓜分非洲。到 1920 年，除埃塞俄比亚、利比里亚和南非联邦之外，非洲其余地方均已成为比利时、英国、德国、法国、意大利、葡萄牙、西班牙等欧洲国家的殖民地

①《明太祖实录》卷一九八。

②《明太祖实录》卷二三九。

③《明太祖实录》卷二三〇。

或被保护国。

对于来自强大的异民族的征服和统治，少数民族也有各种不同的反应，奋起反抗则是其中最为常见的一种。反抗可能招致更大规模的镇压，但有时反抗者宁愿丧失生命，也要维护独立。非洲东南尧人国王马琴巴 1890 年这样回答德国司令官的命令：

> 我已经听到你讲的话，但是我没有理由一定要服从你——我宁愿先去死……而决不拜倒在你的脚下，因为正和我一样，你也是上帝创造的……在我的国土上，我是素丹；在你那里，你是国土上的素丹。听着，我没有叫你必须服从我，因为我知道你是一个自由人……至于我，我不会向你屈服，如果你有足够的力量，那么你来杀死我吧。①

将新占领的土地上的少数民族斩尽杀绝，并不一定符合欧洲人的利益，因为人是劳动力，而劳动可以创造财富。于是，只要少数民族表示服从，欧洲人就设法寻找少数民族可以接受的统治方式，并愿意尊重传统，因俗而治。

中国封建中央王朝花费了一千年甚至二千年，才将其对少数民族的主要管理方式从间接统治转化为直接统治。欧洲人突然登陆新的领土，要管理新的民族，除间接统治外，同样没有更好的方法。

虽然在非洲如何进行殖民统治起初并没有普遍公认的方法，然而大多数思路却集中在可以称之为联合行政管理的办法上(通常称为间接统治)。这种方法使非洲当权者在传统的或者欧洲人强加的政治任务中同殖民政府联合起来，但处于明显的从属地位。之所以普遍赞同这种广泛的统治原则，其原因是多种多样的。第一，19 世纪后期夺取殖民地的历史模式是一个构成因素，

---

①[加纳]A·A·博亨：《非洲通史》(第七卷)之《1880—1935 年殖民统治下的非洲》，第 44 页。北京：中国对外翻译出版公司，2013 年。

因为单是面积这一点，就给殖民统治增添了新的问题。第二，对非洲内陆的渗透很快就使得可用于管理新占领地区的欧洲人人数无法跟上需要。由于这种向非洲内陆的渗透扩展到了欧洲文化尚未触及的许多地区，于是，任何类型的直接统治都成了一种前所未有的尝试，因而不是马上就能行得通的。正如一些评论家早已指出的，主要由于这些情况，作为沿海小块领地特征的直接统治就让位给了在内地较大领地行之有效的间接统治。①

英国的卢加德勋爵这样解释他们对非洲的政策："为了取得成功并促进人民的幸福和福利，各种机构体制和统治方法都必须深深扎根在他们的传统和成见之中。"②他甚至相信："利用当地已有的机构体制是进行殖民统治的最好方法。"③

法国的殖民部长乔治·格莱在 1906 年也说："我们殖民政策的基本原则就是必须严格尊重被征服或被保护的民族的信仰、习惯和传统。"④

间接统治并非统治者优先选择的统治方式，而是在统治者因种种原因不能实行直接统治时不得不采用的一种统治方式。就欧洲人对非洲的统治而言，"19 世纪盛行的同化政策或者直接管理政策的失败"，才导致他们在 20 世纪全都采用"联合行政管理制度"，⑤ 即欧洲官员和他的欧洲部属与已经纳入殖民政府的非洲当局共同对当地居民进行管理。

> 的确，在非洲的各个殖民政权都依靠酋长(不论是传统的还是委任的)，他们是行政结构的基本要素。法国殖民行政官员罗贝尔

①[加纳]A·A·博亨：《非洲通史》(第七卷)之《1880—1935 年殖民统治下的非洲》，第 283—284 页。北京：中国对外翻译出版公司，2013 年。

②[加纳]A·A·博亨：《非洲通史》(第七卷)之《1880—1935 年殖民统治下的非洲》，第 284 页。北京：中国对外翻译出版公司，2013 年。

③[加纳]A·A·博亨：《非洲通史》(第七卷)之《1880—1935 年殖民统治下的非洲》，第 287 页。北京：中国对外翻译出版公司，2013 年。

④[加纳]A·A·博亨：《非洲通史》(第七卷)之《1880—1935 年殖民统治下的非洲》，第 284 页。北京：中国对外翻译出版公司，2013 年。

⑤[加纳]A·A·博亨：《非洲通史》(第七卷)之《1880—1935 年殖民统治下的非洲》，第 284 页。北京：中国对外翻译出版公司，2013 年。

·德拉维涅简明地解释了这种制度的性质(从某个方面讲不仅适用于法属西非的情况),他写道:任何殖民化都少不了土著人政策,任何土著人政策都少不了领土的控制,任何领土的控制都少不了在殖民政权同居民之间起着联系作用的本地酋长。①

其实,建立殖民地的过程本身也是通过少数民族的首领才得以完成的。加拿大政府依靠印第安人的酋长才得以实现购买印第安人土地的目的。通过与印第安人签订的 11 个条约,加拿大政府获得了对阿尔伯塔省、不列颠哥伦比亚省、马尼托巴省、萨斯喀彻温省和西北地区的土地所有权,并逐步地在这些地方进行殖民活动。

因为加拿大印第安人(现在他们更愿意被称为第一民族)的各个部落并没有一个总代表,所以在签订土地条约的过程中,政府只能跟各个部落单独签约。印第安人迫切需要食品和工具,政府答应提供,却向他们索要土地作为回报。在征得自己部落人民的意见之后,印第安人的酋长作为部落的代表跟政府谈判。加拿大政府与印第安人签订土地条约的过程,实际上是政府跟印第安人酋长打交道的过程。如果不通过这些酋长,加拿大政府根本不可能合法地从印第安人手中获得土地。②

英国人在新西兰建立殖民地的情形同样如此。1840 年 2 月 6 日,几名英国殖民官员和 45 名毛利酋长在《怀唐伊条约》的毛利文译本上签字画押,毛利人同意将土地交由英格兰女王管理。后来,500 多位家族首领在英文副本上签字。③ 尽管还有一些强大的酋长未在条约上签字,但条约本身却使殖民者索要土地的行为合法化并取得成功。

---

①[加纳]A·A·博亨:《非洲通史》(第七卷)之《1880—1935 年殖民统治下的非洲》,第 286—287 页。北京:中国对外翻译出版公司,2013 年。

②John L. Tobias: Canada's Subjugation of the Plains Cree: 1879 - 1885, in *Out of the Background: Readings on Canadian Native History*. Pp190 - 210. Robin Fisher and Kenneth Coates, editors. Copp Clark Pitman Ltd. 1988.

③[美]菲利帕·梅因·史密斯著,傅有强译:《新西兰史》,第 51—54 页。上海:中国出版集团·商务印书馆,2009 年。

虽然欧洲人与其殖民地的关系并不等同于中国封建中央王朝与中国西南和南方少数民族的关系，但两者都涉及一种文化群体对另一种文化群体的统治，而且统治者都没有把陌生的统治方式贸然强加于被统治民族身上，而是选用被统治民族的首领(不论他们原来有什么称号)作为媒介和工具(不论国家给他们什么称号)，由这些媒介和工具代表国家对少数民族进行管理。

中国元、明、清的统治者给少数民族首领的官职是宣慰使、宣抚使、安抚使、长官司长官等，英国-埃及共管的苏丹给努尔人首领的官职是“政府任命的酋长”(government chiefs;[①] a Government chief[②])。名称有异，本质相同。

四、其他主体民族对少数民族的成功管理是间接统治

如果认为欧洲人对其海外殖民地采取间接统治的管理方式是特例，不足以说明问题；那么，历史上其他多民族国家对少数民族或属国的管理方式与我国土司制度的相似之处则更多。

18—19 世纪的早期曼谷帝国包括今泰国、柬埔寨和马来半岛的大部分地方。1782—1809 年国王拉玛一世执政，国家对核心区以外的地方实行间接统治的方针十分明显：

> 如果整体观察拉玛一世帝国的话，它的最明显的特点之一就是曾经有大量的权力中心存在。从外围往里看，我们首先遇到的是一圈半独立的统治者，他们定期向曼谷朝贡并且也经常向其他国家朝贡……第二层的王国，也许更恰当地说是公国，相对地整合到暹罗体系中。除了朝贡，他们还经常被要求向暹罗提供战争或者公共工

---

①E · E · Evans-Prichard: *The Nuer: A Description of the Modes of Livelihood and Political Institutions of A Nilotic People*. p180. Oxford University Press. New York and Oxford. 1969.

②E · E · Evans-Prichard: *The Nuer: A Description of the Modes of Livelihood and Political Institutions of A Nilotic People*. p186. Oxford University Press. New York and Oxford. 1969.

程所需要的劳动力，以及进贡相对多的东西，有时候他们与暹罗皇族联姻，而且他们的内部事务有时候受到干涉……再下一层的王国由暹罗周边的大的地区中心组成，他们由昭披耶统治并且被认为是主要的半独立省份……第四层主要是一个呵叻高原现象……主要是通过接受小的统治者和他们小的村落联合体的顺从，承诺给予他们保护来换取他们名义上的朝贡和必要时候的劳动力……在暹罗的体系内，它们的统治者被称为披耶而且等级为总督，但是他们的统治通常是世袭的。最后，王国的内部核心严格来说是由省组成的，由首都任命的官员来统治(尽管这些位置可能由一个强大的当地家族一代代传下去)，并且中央政府通过国家的主要部门来管理它们。①

由此观之，泰国拉玛一世的间接统治中还分为不同层次，值得进一步研究。

被统治民族保持半独立状态或自治状态，这种情况在非洲古国中也不少见。15 世纪下半叶，阿卜杜拉领导的阿拉伯人在苏丹东部建立了阿卜杜拉比国。16 世纪初，信仰伊斯兰教的黑人游牧民族丰吉人打败了阿卜杜拉比人，建立了自己的丰吉素丹国。丰吉素丹国把阿卜杜拉比国降为属国。“阿卜杜拉比谢赫(首领)在先前的领地上保持着实际上的自治，同时也成了丰吉人的封臣，并有着丰吉君主赐给其主要臣属的‘曼吉尔’(Māndjil)或‘曼朱卢克’(Māndjuluk)的称号。”②

16 世纪，尼日尔河中游的桑海人建立了著名的桑海帝国。帝国境内有直接行政区和非直接行政区。直接行政区是被征服的地区，皇帝任命行政长官，而非直接行政区则像我国的土司地区。

①[美]戴维·K·怀亚特著，郭继光译：《泰国史》，第 145 页。上海：中国出版集团·东方出版中心，2009 年。

②E·E·Evans-Prichard：*The Nuer*：*A Description of the Modes of Livelihood and Political Institutions of A Nilotic People*. p150. Oxford University Press. New York and Oxford. 1969.

> 非直接行政区包括附庸国或进贡国，其首领根据地方习俗产生，然后经阿斯基亚(1492 年阿斯基亚王朝首任皇帝的自称，后指该王朝皇帝——引者)认可。但时有发生争当首领的纷争或反抗帝国权力的叛乱。在此情况下，阿斯基亚就要进行干预，强令该处接受他所指定的候选人。①

被统治民族向国家朝贡，他们的首领地位得到国家认可，国家在必要时可以更换被统治民族的首领……这些都与中国土司制度的情形完全相同。

17 世纪的俄罗斯帝国在东扩过程中，同样对少数民族实行间接统治。

> 一旦俄国镇压了那些早期旨在复辟帝国的叛乱，俄国政府便对当地主要的少数民族，如马里人、楚瓦什人、切列米斯人、摩尔达维亚人和乌德穆尔特人采取宽容的政策。他们赋予了这些民族一个新的身份——“爱莎克人”，即缴纳贡品的人，意思是说他们不会沦为农奴或奴隶。政府要求官员不要给那些人增加痛苦，在收集贡品的时候对他们和蔼友善。②

然而，缴纳贡品实际上是一种经济剥削，也会遭到纳贡者的抵制。俄国政府于是利用其首领来控制少数民族。

俄国利用一切可以利用的力量，残酷镇压这些部落的抵抗和叛乱。从那以后，殖民者、后来的军政长官和他们的官员开始补选部落首领作为他们的代理商来收集爱莎克人质。直到上缴完要求数量的毛皮，从每个部落抓来的人质才能被放回去。③ 所谓“补选部落首领”是因为以前的部落首领或被镇

①[肯尼亚]B·A·奥戈特：《非洲通史》(第五卷)之《十六世纪至十八世纪的非洲》，第 186 页。北京：中国对外翻译出版公司，2013 年。

②[英]杰弗里·霍斯金著，李国庆，宫齐，周佩虹，郭燕青译：《俄罗斯史》，第 135 页。广州：南方日报出版社，2013 年。

③[英]杰弗里·霍斯金著，李国庆，宫齐，周佩虹，郭燕青译：《俄罗斯史》，第 137 页。广州：南方日报出版社，2013 年。

压，或不符合俄国政府的要求。让这些补选出来的首领作为“代理商”(此处的“代理商”，从上下文来看，似应为“代理人”——引者)去完成征收毛皮的任务，可以理解为间接统治的初级形式。俄国官员尽力地避免疏远和激怒当地人。“在很大程度上，他们都没有触及当地人的信仰、传统和法律系统，虽然爱莎克人的税收不可避免地制造了一些紧张气氛。”①对新纳入国家版图的少数民族实施间接统治，是多民族国家的一贯做法。这种间接统治持续的时间或长或短，往往都会向直接统治过渡。

五、当代世界处理民族关系的不同形式及其启示

统治阶级对被统治的少数民族采取不同的政策，是为了实现不同的目的。这些目的可以概括为以下四种：消灭、同化、羁縻、共存。政策与目的的一致性，使我们有时可以同时在这两个意义上使用这些术语。如羁縻既是政策，也是这种政策所要实现的目的。

消灭是在生物学意义上减少乃至根除被统治少数民族的人口，如欧洲各国在美洲、非洲等地就曾经实行过这种政策。大民族统治阶级对弱小民族实行消灭政策，并非统治者天性残忍，而是因为弱小民族不愿臣服。历史上，统治者要实现对土地的占领和管理，却又得不到原住民族的许可，于是就只有征服。但遇到宁死不屈的民族，征服就不是精神意义的压服，而是表现为生物学意义上的消灭。历史上，俄罗斯的大民族统治阶级对高加索地区的少数民族怀着非友即敌的态度。相应的民族政策就是“要么饮茶，要么拔剑”，② 但最终还是选择了“拔剑”。今天有历史学家在总结 19 世纪中期俄国对高加索地区切尔克斯人和高加索人的军事镇压和强制驱逐时说：

---

①[英]杰弗里·霍斯金著，李国庆，宫齐，周佩虹，郭燕青译：《俄罗斯史》，第 137 页。广州：南方日报出版社，2013 年。

②[英]杰弗里·霍斯金著，李国庆，宫齐，周佩虹，郭燕青译：《俄罗斯史》，第 225 页。广州：南方日报出版社，2013 年。

> 总的来说，俄国当局近几个世纪以来在草原地区所采取的政策运转很好，但是这些措施却激起了山区民族的强烈抵抗，迫使俄国对山区民族采取了种族灭绝政策。俄国的这次胜利引发了现代历史上第一次大规模的驱逐离境，留下了持续的仇恨和对复仇的渴望，使得高加索地区成为俄国永久的伤痛。①

欧洲人对新大陆的征服同样伴随着消灭原住民族印第安人的行为。西班牙人胡安·德·奥尼亚特代表西班牙建立了新墨西哥省。印第安人要向领主进贡，要完成领主委派的任务，甚至要提供性服务。如果反叛，就会遭到镇压：

> 在建省的第一年年末前，印第安人奋起反抗，杀死了几名西班牙士兵，这使奥尼亚特勃然大怒。经过整整三天残酷屠杀，军队杀死了500名普韦布洛男人，还有300名妇女和儿童。幸存者则沦落为奴。为了彻底恐吓住印第安人，使他们再也不敢逃跑或反抗，在公开的宗教仪式上，所有25岁以上的普韦布洛男子都被砍断了一只脚。孩子们被从父母身边带走，统一交由天主教方济各会的传教士抚养。②

幸运的是，普韦布洛印第安人至今仍存，而有的印第安民族却彻底消亡了。在英国人建立的新英格兰，拒绝放弃土地的印第安人遭到殖民者的暴力驱逐。1636年，马萨诸塞的移民定居者控告一名佩科特人谋杀了一名殖民者，引起殖民者的烧杀和佩科特人的反抗。

---

①[英]杰弗里·霍斯金著，李国庆，宫齐，周佩虹，郭燕青译：《俄罗斯史》，第226—227页。广州：南方日报出版社，2013年。

②[美]乔治·布朗·廷德尔，大卫·埃默里·施著，宫齐等译：《美国史》(第1卷)，第27页。广州：南方日报出版社，2012年。

血淋淋的惨痛经历，使佩科特幸存者深刻地洞悉英国殖民者的用意——“我们已经清楚地看到，他们最主要的目的就是要掠夺我们的土地，把我们彻底毁灭。”的确，殖民者俘获了绝大多数佩科特的幸存者，并把他们卖到百慕大群岛为奴。根据1638年颁布的《哈特福德条约》，佩科特民族被宣布不复存在。①

消灭异民族的最新且最著名的案例是20年前卢旺达对图西族人口的大屠杀。从1994年4月7日开始，到7月15日，差不多100天时间，大约80万—100万人被杀，受害者绝大多数是图西族人，还有少数同情图西族的胡图族人。直到卢旺达爱国阵线控制全国局势，大屠杀才被制止。②

这场仇杀的近因是一次谋杀。1994年4月6日，卢旺达总统哈比亚利马纳和布隆迪总统恩塔里亚米拉的飞机在卢旺达首都基加利附近被击落，两位胡图族总统遇难。许多胡图族人认为，这是图西族策划的谋杀行为。4月7日，由胡图族士兵组成的总统卫队杀害了卢旺达女总理、图西族人乌维林吉伊姆扎纳和三名部长。民间层次的屠杀同时展开。

这场大屠杀的远因则是胡图族与图西族在历史上和现实中政治权利、经济利益等方面的尖锐矛盾。胡图族从11世纪起在今卢旺达和布隆迪一带从事农耕，并建立了许多小国家。15世纪时从北方来了图西族牧民，分为九个氏族。到15世纪末，图西族的一支建立了一个具有中央权力机构的国家。③在17—19世纪，从事游牧的图西族与从事农业的胡图族之间原有的贸易关系发展成更广泛的等级关系。在这些地区，每个国家“君主都对住地附近地区实行直接控制。对其他地方则任命酋长。酋长们往往是具有王族血统的王子，通常由当地最有影响的家族(农民或牧民)的代表加以辅佐。贡物以劳动

①[美]乔治·布朗·廷德尔，大卫·埃默里·施著，宫齐等译：《美国史》(第1卷)，第66—67页。广州：南方日报出版社，2012年。

②谢国先：《胡图族和图西族：历史纠纷与现实矛盾》，《今日民族》2002年第8期。

③[塞内加尔]D·T·尼昂：《非洲通史》(第四卷)之《十二世纪至十六世纪的非洲》，第472—475页。北京：中国对外翻译出版公司，2013年。

或实物（牛、几筐粮食和盐、蜂蜜、武器等特殊产品）形式交给宫廷”。[①] 19世纪末，卢旺达和布隆迪成为德国殖民地。第一次世界大战结束后，国际联盟（联合国的前身）命令德国把卢旺达和布隆迪交给比利时。德国和比利时都对这片地方实行间接统治，即任用图西族国王和图西族官员管理当地事务。直到这个时候，胡图族和图西族虽有争斗，但矛盾尚可控制。从15世纪到欧洲人建立殖民地，再到1962年欧洲人离开，两族之间并未爆发种族灭绝式的大屠杀。欧洲人统治期间，先是德国人看中图西族人，后来又是比利时人青睐胡图族人，这无疑为卢旺达的民族仇恨火上浇油。

1962年，卢旺达和布隆迪各自获得独立之后，胡图族和图西族均积极地争夺各项权力。两国境土相连，同胞跨境而居，矛盾错综复杂，最终导致仇杀。

同化是在文化意义上减少或根除被统治的少数民族的人口。这是古今中外普遍实行的一种政策。从语言和宗教入手同化少数民族，是大民族统治阶级采用的常见方式。

羁縻是放任被统治的少数民族在生物学意义和文化意义上独立存在而尽量不加干预。它往往是在统治阶级尚无能力对被统治的少数民族加以根本改变时奉行的一种过渡性政策。一旦被统治的少数民族的生活方式与统治阶级的利益发生重大冲突，且统治阶级具备对被统治的少数民族进行彻底改造的能力，羁縻政策就转化为消灭或同化政策。羁縻政策的表现形式之一就是中国的土司制度，也就是其他国家所称的间接统治。

共存是当代世界普遍实行的一种民族政策。它在现代民主和人权思想的基础上，强调各民族平等生存的权利，倡导各民族在国家宪法框架内的自由发展。

消灭、同化、羁縻、共存四种政策组合成一条伦理学意义的善恶直线。善的一端是共存，恶的一端是消灭。采取消灭政策，就没有统治的基础和前

---

①［肯尼亚］B·A·奥戈特：《非洲通史》（第五卷）之《十六世纪至十八世纪的非洲》，第727页。北京：中国对外翻译出版公司，2013年。

提。同化、羁縻、共存均含有一定的统治形式。同化的典型做法是直接统治，即由国家派遣官员就像管理自己民族的群体一样管理异民族群体。羁縻和共存则不必直接统治，仅需间接统治，即由国家任命异民族中的首领按照其传统的方式或该民族可以接受的方式管理其土地上的人民。当然，即使是在羁縻和共存状态下，国家主流意识形态也会通过学校教育等手段向被统治的民族渗透。

对异民族进行直接统治的失败案例在历史上较为常见。清雍正年间(1724—1735)鄂尔泰在云南东北部的改土归流便是一例。统治阶级以军事镇压扑灭了少数民族的反叛，并不能证明改土归流符合历史潮流，而只能证明丛林法则的胜利。前述胡图族对图西族的仇杀，是当代世界中主体民族对少数民族强行实施直接统治的极端案例。

多民族国家，权力分配是一个非常敏感的问题。在各级权力机关中，各民族的代表份额既是一个象征，也具有实质性意义。民族聚居地区的民族自治，是国家对少数民族实行间接统治的必要手段。强行在少数民族聚居区实施直接统治，实际上就是割断各民族发展的历史而强求一律，是封建帝王的独裁者思维的产物。当代多民族国家普遍实行多元文化政策，就是尊重各民族历史状况并顺应其现实要求的民族政策。任用各民族中的代表人物对各民族实施间接统治，这种经验在处理当代各种社会环境中的民族关系都有借鉴意义。例如，在世界性的大企业、大学校、大组织中，来自不同国家(民族)的成员如果尚未融合为一种共同的文化群体，那么各自国家(民族)的成员结合为小群体就是一种常见现象。最高管理层通过这些小群体中自然产生的首领或任命的首领来对其成员进行管理，就是一种有效的间接管理方式。

不论是在历史上还是在现实中，多民族国家对少数民族实施间接统治是各民族共同发展的必然要求。因此，间接统治就是一种普遍现象。尽管间接统治可能最终转化为直接统治，但这一转化应该在耐心寻求统治者和被统治者双方共同利益的过程中逐步完成。

(原载《长江师范学院学报》2016 年第 4 期)

罗香林“客家民系”概念的实质与影响

[摘要] 世界上只有具体的民族支系，没有抽象的民族支系。汉族的支系可以称为汉系(汉族支系)，不能称为“民系”(民族支系)。客家人不是抽象的“民族”的支系，而是汉族中一个有地方特点的支系，所以，可以称客家人为汉族支系(汉系)，而不可称客家人为民族支系(民系)。“客家民系”概念在逻辑上、语用上都存在内在缺陷，是一个不能成立的概念。

[关键词] 罗香林；客家民系；概念；缺陷

20世纪30年代，罗香林新造“民系”一词，发明“客家民系”概念。到了今天，研究客家人的论著中，“客家民系”似乎已经成为学术话语中的关键词。然而，学者们在接受罗香林的这项发明时，似乎并未仔细研究这个概念的实质，更未从应用语言学的角度分析这个概念的内在缺陷。为了更好地对客家人进行研究，有必要考察“客家民系”这一概念的实质并评判其影响。

一、“客家民系”概念的实质

要认识“客家民系”概念的实质，必须分析发明者罗香林的话语。“客家民系”的创新之处是“民系”，而罗香林对“民系”的“含义和界说言之甚详”的那篇文章，即《民族与民族的研究》,① 我现在没有看到。不过，据说罗香林在那篇文章中对“民系”概念的专门阐述，与他在《客家研究导论》中所表达的基本意思一致。② 于是，我们可以根据《客家研究导论》中“民系”和“客家民系”的使用语境，分析“民系”概念的含义，并进而分析“客家民系”概念的实质。

> 南部中国，有一种富有新兴气象，特殊精神，极其活跃有为的民系，一般人称他为“客家”(Hakkas)，他们自己也称为“客家”。他们是汉族里头一个系统分明的支派，也是中西诸社会学家，人类学家，文化学家，极为注意的一个汉族里的支派。[1]1

罗香林说，客家是南部中国的一种“民系”；客家是汉族里头的一个支派。在该书为“民系”所做注释中，罗香林说：

> “民系”一词，是我个人新造出来用以解释民族里头种种支派的。[1]24

于此可知，罗香林所谓的“民系”，也就是“民族的支派”。

支派就是分支，是总体的一部分。如果径直使用“支派”一词来指称客家人，就不会造成歧义。但这个含义明确的“支派”，在《客家研究导论》中其实少有出现。在该用“支派”的地方，罗香林常用“民系”。而对于民族与“民系”的区分，罗香林似乎并不在意。

> 中国前代的学者，原不喜欢考覆各民族民系实在的情形，对于华南各民族或民系，更是只知鄙视而不知检验考察为何物。他们虽

①罗香林：《客家研究导论》，第 24 页。南天书局，1992 年。

②黄志繁、肖文评、周伟华：《明清时期赣闽粤边界毗邻区生态、族群与“客家文化”——晚晴客家族群认同建构的历史背景》，第 3 页。中国社会科学出版社，2015 年。

> 然有时也要提到华南各族各系的情况，然而所喜出口的亦不过“南蛮鴃舌”一类成语罢了；至问其以那些族系源流变革，及其在人群上占何地位的问题，那就不知怎样回答好了。①

这段话中民族和“民系”的组合方式包括：“民族民系”“民族或民系”“各族各系”以及“族系”。这些组合方式值得注意。

两个名词并排，而其间并无连接词，则两个名词之间可能是从属关系，也可能是并列关系。“民族民系”是“民族的民系”呢，还是“民族和民系”呢？“各族各系”“族系”，其语义的含混逻辑与此相同。

至于“民族或民系”则暗含将民族与“民系”的地位同等看待的用意。“或”意为“或者”，表示选择。用于选择的两项乃至多项之间，并不存在从属关系。即以“民族或民系”而言，因为并不存在游离于民族之外的“民系”，所以，提及民族自然就已经将“民系”包含在内了。如既要说民族，又要强调民族之下的“民系”，还要避免歧义，那么，“民族或民系”就应当说成“民族或民族的民系”。但这样一来，又出现了更大的语用问题：“民族或民族的民系”是什么意思？“民系”如果是“民族的支派”的简称，那么，“民族或民族的民族支派”又是什么意思？关于语用的问题，还不止于此。

罗香林发明“民系”以后，常常把它跟客家连在一起，构成一个合成词：“客家民系”。

> 迨至道光末年，（西元一八五一），客家民系跳出个洪（秀全）杨（秀清），……曾未几时，即为曾李诸人所平灭，然其所表现的民族特性和魄力，则已为中外人士所称道，当时中西文的记录，虽还没有特辟专篇以论述客家问题的，然而，于陈述洪杨发难的事实时，多半都能注意客家民系的发展了。②

---

①罗香林：《客家研究导论》，第 2 页。南天书局，1992 年。

②罗香林：《客家研究导论》，第 2—3 页。南天书局，1992 年。

罗香林使用“民系”一词，不可避免地产生了两个难以解决的矛盾。

首先，前文说明，罗香林的“民系”，表示“民族的支派”。那么，“客家民系”就是“客家民族的支派”，而“客家民族的支派”这个短语中的客家，俨然成了一个民族的名称。罗香林并没有明确说客家是一个民族。因此，“客家民系”即“客家民族的支派”所暗含的视客家为一民族的思想，与罗香林所要论证的客家是“汉族里的支派”这一公开宣称的初衷不相符合。

其次，“客家民系”即“客家民族的支派”指的是“客家民族”之下的一个“支派”。“客家”是整体，“客家民族的支派”是部分。“客家”与“客家民族的支派”之间的关系，是整体与部分之间的关系。于是，我们要问，在“客家民系”，即“客家民族的支派”中，这个“支派”指的是谁？

有人可能会替罗香林辩解说，“客家民系”这一短语中，“客家”与“民系”之间是同位语关系，也就是说，“客家”就是“民系”。对此解释，我们要问，如果这里的“民系”是“民族支系”的简称，那么，世界上是否存在不属于任何具体民族的抽象的“民族支系”？如果存在这样的“民系”，应该有实例。如果不存在这样的“民系”，这样的新造词除了引起认识的混乱之外，还有什么意义？

罗香林本来要说客家是汉族中的一个支派，但上述分析可以证明，他发明的“客家民系”一词违背了他自己公开宣称的主张。症结在于：“民系”是一个不能跟“支派”直接连称的生造词。

普遍而言，用“民系”表示“民族里头种种支派”①是说得通的。但是，在具体谈论从属于某个“民族”的某个“支派”时，“民系”一词就显出结构累赘、语义含混的弊端。因此，在称呼一个民族下面的支派时，为了明确系属关系，我们通常将民族和支派的名称都说出来。如：

彝族支系撒尼人

黎族支系美孚人

纳西族支系摩梭人

①罗香林：《客家研究导论》，第24页。南天书局，1992年。

如果嫌短语太长而不够精练，我们可以将其简化，称：

撒尼彝族，或撒尼彝人

美孚黎族，或美孚黎人

摩梭纳西族，或摩梭纳西人

讨论支派时，如果支派所属的民族已经交代清楚而不必时时提及，则仅说支派名称亦可。如：

撒尼人

美孚人

摩梭人

同理，如果我们要以名词短语的形式表达客家人是汉族中的一个支派，我们就该说：

汉族支派客家人

为了简练，也可以说成：客家汉族，或客家汉人

或者径直称之为：客家人

前面的分析已经证明，“民系”是一个笼统的概念，表示“民族支系”。世界上没有哪个人群从属于笼统的“民族”。世界上的所有人群都从属于具体的“……族”。客家人也不例外。他们从属于汉族，所以是“客家汉族支系”，可以简称为“客家汉系”。他们并非从属于笼统的、普遍意义上的“民族”。所以，世界上不存在“客家民系，即客家民族支系”这样一个群体。

罗香林是历史学家。从《客家研究导论》中有关客家语的描述和分析来看，也可以说他是语言学家。对客家人的历史，对汉语的语用，他都表现出高深的见识。他知道“客家民系”是什么含义。他故意新造这个词语，也达到了他虽未公开宣称、但实际上希望达到的目的。

二、罗香林提出“客家民系”的目的

《客家研究导论》对客家人生活方式的叙述，体现了“客家民系”这个概念的根本含义。罗香林新造“客家民系”这个概念的目的，在一定程度上也可

以说，就是他撰写《客家研究导论》的目的。

朱希祖在该书《序》中有这样一句话：

> 今日人类平等，不当自尊而卑人，罗君之为此书，所以正客家不当作(犬+客)……。[①]

这话其实只说对了一半。罗香林撰写《客家研究导论》，一半的目的确实是为了证明客家人不是少数民族，所以不应当写作“犬+客”。罗香林的这个著书目的，出于当时及以前人们对客家人的民族属性的误会。这些人把客家人当少数民族看待，还在书面记录中按照称呼其他少数民族的惯例，在“客”的左边加上了一个“犬”字旁，以示轻蔑和侮辱。

有意思的是，罗香林证明客家人不是少数民族，故客不应写为“犬+客”，但他仍旧把少数民族名称记录为“猺”“獞”。[②] 这个做法，连为他写《序》的朱希祖都看不下去。[③]

罗香林既要证明客家人不是少数民族，又要同时证明客家人是汉族的一个支派。后者是罗香林著书目的的另一半。证明客家人不是少数民族，罗香林态度鲜明，简明扼要。证明客家人是汉族的一个支派，罗香林深谋远虑，迂回婉转。因为，在人们看来，汉族也分中原腹地的汉族和边远地区的汉族。通俗点说，有文明的汉族，也有不那么文明的汉族。罗香林通过客家人的家谱、客家人的语言、客家人的文教等，证明客家人不仅是汉族，而且是汉族中的文明人。既然客家人是汉族中的文明人，就该与一般的汉族有所区别。罗香林于是要努力寻找使客家人超越一般汉族的区别性特征。

> 客家是最喜劳动的民系，……。他们……负担普通汉人所不能胜任的劳役，……。又他们最喜爱洁净，虽以经济限人，饮食居

①罗香林：《客家研究导论》，第11页。南天书局，1992年。

②罗香林：《客家研究导论》，第39页。南天书局，1992年。

③罗香林：《客家研究导论》，第12页。南天书局，1992年。

> 住，不能纯合卫生原则，然其对于身体及衣服器用的洗涜，实较一般汉人为留意。……而卧具的曝晒，家私的清除，亦较一般汉人有恒；……。①
>
> 客家民系，最富革命性质，及种族思想，……。……其军人亦最勇敢善战……。②

我们固然不必计较罗香林对“最”字的偏爱，但我们不能不注意到他在将客家人与“普通汉人”“一般汉人”进行比较时，把客家人置于优势地位的良苦用心。我们也可以自然而然地以他发明的“民系”概念来问他一个简单的问题：他所谓的“普通汉人”“一般汉人”到底是什么“民系”？

罗香林证明了客家人不是少数民族，而是汉族中的一个支派（但他并不称之为客家支系、客家支派，而要称之为“客家民系”）。然而，因为他认为客家人优于一般汉人，所以，把客家人简单地称为汉族支系就不符合他心目中的事实，因此也就委屈了客家人。于是他坚决地选用“客家民系”一词。如果人们把“民系”理解为“民族支系”，那么“客家民系”就是“客家民族支系”。客家直接跟“民族”发生联系，而无须作为汉族中的一个支派或支系才能跟民族发生联系。这正是罗香林发明“客家民系”一词所要追求的语用效果。

罗香林称客家人为“客家民系”而不是“客家汉族支系”（简称“客家汉系”），使客家获得了一种“准民族”的地位。他没有说客家人是一个单独的民族，但他可以借别人的口这样说：

> 故客家妇女是家庭的重心，家庭组织赖之巩固，子女教育赖之维系，男子事业赖之鼓励，而客族之光荣，亦赖之发扬……。③

这是别人文章中的一段话。其中称客家人为“客族”。这里的“客族”显

---

①罗香林：《客家研究导论》，第243页。南天书局，1992年。

②罗香林：《客家研究导论》，第9页。南天书局，1992年。

③罗香林：《客家研究导论》，第242页。南天书局，1992年。

然不是指“客家人家族”，也不是“客家人氏族”“客家人宗族”，而是指“客家民族”。罗香林的著作论述客家人的民族身份，他当然不会不知道别人文章中“客族”的含义。不过，他并没有说明这个含义与自己的论述是否矛盾。

其实，罗香林自己就含蓄地称客家人为“民族”。他在书中经常提到“民族或民系”，使“民系”具有跟“民族”平等的语法地位，将“民族”与“民系”当作可替换概念。但我们已经证明，“民族”和“民系”是不可互相替换的概念：“民族”是整体，“民系”是部分。作为部分的“民系”，只能在特定的语境中，才可以代表作为整体的“民族”。某个人口群体是“民族”，就不可能是该“民族”之下的一个“民系”；是“民系”，就不可能是包含该“民系”的“民族”。

而且，尽管他并未宣称客家是一个“民族”，但这并不妨碍他探讨客家人的“民族特性”“民族意识”“民族思想”，甚而至于客家人的“种族思想”。

罗香林在探讨“客家民系”的文教时，这样开始列举：

> 第一为爱国保族思想的表现：客家民系最富爱国保族的思想，这因他们先人，昔年，曾受北部异族，强烈压迫，向南迁徙，非出己愿；当其辗转达至大江南北岸时候，已不知经了几多流离，几多颠顿，而后九死一生，幸存着一部分系裔，追怀往痛，旧恨难消，父以传子，子以传孙，一种嫉愤外族的情怀，遂致历久不释，这许就是他们民族思想的来源吧！①

说客家人“爱国”，读者都能理解是什么意思。但说“客家民系”“保族”，则我们要问：这里的“族”是什么含义？可以肯定的是，它不指“家族”“氏族”，当然也不指抽象的“民族”。既然说“幸存着一部分系裔”(这“系”显然指“客家民系”)，而不是族裔(跟这个语境中的“异族”相对应，指汉族后裔)，则客家人所保的，并不是一般的“汉族”而是“客家民系”。本来是“客

①罗香林：《客家研究导论》，第158页。南天书局，1992年。

家民系"爱国保系，却要说成"客家民系""爱国保族"，可见，罗香林是把客家人当一个民族来看待的。于是，"客家民系"的思想也就可以成为"他们（客家民系）民族思想"了。

我们可以把罗香林的相关话语汇集在一起，综合分析：

> 客家为富有民族意识的一个民系，其所以能繁衍至于今日者，正因其有此特性。①
>
> 客家民系，最足令人注意的，为狭义的种族思想及由此思想所表现的种种活动或行为。②
>
> 客家民系，因富狭义的种族思想，最好负气，最不肯下人，所以每为邻居民系所嫉视，而不欲听他们自由地扩展；……。③

这几段话中的"民族意识""种族思想"，其实都只是"民系意识""民系思想"。上引最后一段话中，与"邻居民系"相对应的"客家民系"所表现的只能是"民系"思想而不是民族思想，更不是种族思想。

某个民族中的某个支系，可以同时具有民族意识和支系意识。民族意识和支系意识是在不同情境之下表现出来的两种意识。罗香林强调的是与其他"民系"有别的"客家民系"，是跟"一般汉人"不同的"客家民系"。这时，客家人表现出来的当然是"客家民系意识"。

我们可以谈论汉族的民族特点、民族意识、民族思想……，因为汉族是一个民族。但我们不可以谈论汉族某个支系的"民族特点""民族意识""民族思想"，因为这个支系并不是"民族"。一旦汉族中的某个群体因为自身特点而被称为支系，我们谈论这个支系时所谓的特点，就是"支系特点"而非"民族特点"或"汉族特点"。

从逻辑上说，如果一个民族包含许多支系，那么，对这些支系的特性进

---

①罗香林：《客家研究导论》，第 19 页。南天书局，1992 年。

②罗香林：《客家研究导论》，第 277 页。南天书局，1992 年。

③罗香林：《客家研究导论》，第 283 页。南天书局，1992 年。

行概括，可以归纳出整个民族的特性。就像一个更小的人群，比如一支足球队，各个队员、教练员的特点互相融合，形成一个整体，我们可以逐一分析其中的每个成员，找出个性，从而总结出这支足球队的风格、特点。当我们谈论这支足球队的特点时，我们会优先选择代表性更强的特征，而不会优先选择代表性较弱的特征。换句话说，真正能够代表这支足球队特点的人，既不是队中最优秀的人，也不是队中最差的人。分析一个民族的特点，跟分析一支足球队的特点道理相同。

如果我们认同罗香林的判断，承认客家人是“最……的民系”，那么，我们就得承认，罗香林所谈论的所谓客家人的“民族特性”“民族意识”“民族思想”，其实仅仅是客家人的“民系特性”“民系意识”“民系思想”。

三、“客家民系”概念的影响

罗香林的“民系”概念得到客家研究者的广泛认同。值得注意的是，罗香林多把“民系”跟客家人连在一起使用，称为“客家民系”；他提到中国境内别的群体，则往往只说“……系”而不说“……民系”，如“广府系”,① “本地系”,② “福老系”③等等。当然，罗香林也使用“邻居民系”,④ “其他民系”⑤等概称，但这与“客家民系”这个结构紧凑、含义特别的短语在组合方式上并不相同。

“民系”一词的这种用法，一直保留到现在。

> “民系”是“民族支系”的简称。⑥

---

①罗香林：《客家研究导论》，第 3 页。南天书局，1992 年。

②罗香林：《客家研究导论》，第 4 页。南天书局，1992 年。

③罗香林：《客家研究导论》，第 71 页。南天书局，1992 年。

④罗香林：《客家研究导论》，第 12 页。南天书局，1992 年。

⑤罗香林：《客家研究导论》，第 12 页。南天书局，1992 年。

⑥王东林：《民系理论的初步探索——客家学研究中一个亟待解决的理论问题》，《江西师范大学学报》，1993 年第 2 期。

> 民系是民族的区域性分支，是民族内部在民族共性覆盖下的、具有相对差异的方言以及生产、生活习俗的人类群团。[1]
>
> 显然，民系就是民族下面的分支，而客家就是汉民族下的一支民系。[2]
>
> 所谓民系，是在汉民族漫长的发展史上，由于自然环境、民族迁徙以及其它社会历史条件的变动而由汉民族共同体内部衍生出的众多的支脉，这些支脉在总体上统一于汉民族共同体之中，但在语言、习俗、民情以及其它文化事象方面，又具有各自的特点，构成一个又一个相对独立的单元。[3]

王东用“方言群”做为客家的定义，而不用“族群”或其他概念。[4] 王东的理由是：

> 如果把客家界定为“民系”或“族群”，那么，在具体的研究过程中，势必会涉及所谓“共通的心理素质”或“自我认同”等相对观念性的议题。本人认为，在现有的材料基础上，这些观念性的议题，还很难进入经验研究的阶段。[5]

抛弃“民系”和“客家民系”，可以说，是这两个概念的内在缺陷导致的必然结果。不用“族群”指称客家人，显示了中国的民族理论具有自己的特色而非盲目效仿西方民族理论。

---

①王东林：《民系理论的初步探索——客家学研究中一个亟待解决的理论问题》，《江西师范大学学报》，1993 年第 2 期。

②黄志繁、肖文评、周伟华：《明清时期赣闽粤边界毗邻区生态、族群与“客家文化”——晚晴客家族群认同建构的历史背景》，第 3 页。中国社会科学出版社，2015 年。

③房学嘉、宋德剑、周建新、肖文评：《客家文化导论》，第 2 页。花城出版社，2002 年。

④王东：《那山那水那方人：客家源流新说》，第 35 页。华东师范大学出版社，2007 年。

⑤王东：《那山那水那方人：客家源流新说》，第 36 页。华东师范大学出版社，2007 年。

四、结　论

客家人是汉族中一个有地方特点的支系。汉族包括的支系可以叫汉系，不可以叫“民系”。世界上只有具体的民族支系而没有抽象的民族支系。比如，彝族的支系只能称为彝系，不能称为“民系”。

客家人是汉族中的一个支系，而不是抽象的“民族”的支系，所以只能称为“汉系”，而不能称为“民系”。因此，“客家民系”是一个不能成立的概念。

客家人不是汉族中的一个族群，而是汉族中的一个地方性群体。“族群”译自英文“ethnicgroup”，原意为“有民族特点的群体”，简称为族群。称客家人为一个族群，或径直称“客家族群”，都是不恰当的。如果承认客家人是汉族中的一个支系，又说客家人在汉族中具有“民族”特色，于理不通。客家人在汉族中具有地方特色而不具有民族特色。民族特色是民族与民族之间的区别性特征。

西方政治学、民族学、人类学、社会学等学术领域最近几十年流行“ethnic group”概念，有其特殊的社会背景。① 民族之下有支系，在世界上是一个普遍现象。如果把民族视为一个群体(group)，则民族之下的支系就是亚群、支系(subgroup)，正如有文化(culture)，也有亚文化(subculture)。中国的民族识别是一项兼具政治意义和学术价值的行为，有其合理之处。不可将“族群”与“民族”当作可替换的概念。

(原载《三峡论坛》2020年第3期)

①范可：《中西文语境的“族群”与“民族”》，《广西民族学院学报》，2003年第4期。

中国民族史研究

试论杨再思其人及其信仰的形成

［摘要］ 在湘、黔、桂、渝、鄂相连地带的侗族、苗族、土家族等民族的部分群体中，杨再思被当作杨姓祖先加以崇奉，称为飞山圣公。本文考查和对比有关资料，论证以十峒首领和诚州刺史形象出现的杨再思史无其人，他只是宋代以来飞山地区杨氏在家族传说中首先创造出来的精神领袖和宗教形象。这个形象后来又被历代地方官员加以利用并不断粉饰，最终演化成我们今天知道的飞山圣公。

［关键词］ 多民族地区 杨再思 传说 精神领袖

五代以来的历史记录将活动于诚州地区(今湖南靖州)的少数民族群体称为飞山蛮。飞山蛮因靖州城外的飞山而得名。在侗族、苗族、土家族等民族部分群体的民间传说(包括口头传说和谱牒文字)和明清时期的一些地方志记录中，飞山蛮首领中最著名者是杨再思。人们相信，杨再思唐末五代时期在飞山所属诚州地区号称十峒首领，充当刺史，颇有惠政，死后被奉为神，称为飞山圣公，宋代被朝廷封为威远侯，等等。直到今天，在湘、黔、桂、渝、鄂连接地带还普遍建有纪念和崇奉杨再思的飞山宫、飞山庙、威远侯庙等。当代研究民族史、地方史的学者，多以杨再思为历史上实有的地方首领，吴万源、李绍明等还撰文论证杨再思的侗族身份。① 但也有学者在有关著作中并不提及杨再思，显示出审慎的存疑态度。②

经过考查和对比有关资料，笔者得到的结论是：湖南、贵州、广西、重庆、湖北相邻地带众多民族所崇奉的飞山圣公（威远侯）杨再思并非历史人物，而是民间传说中的一个精神领袖。

一、“十峒首领”“诚州刺史”杨再思于史无征

今湖南靖州城边飞山宫有署名飞山宫建设管理委员会2004年所刻碑记云：“杨再思，生于咸通十年，五代初为飞山蛮酋长，结营飞山，号十峒首领，众举为诚州刺史，称曰飞山太公。宋开宝中被追封为英惠侯。绍兴三年封威远侯，淳熙十五年改封英济侯。嘉定十年封广惠侯，淳祐九年封创远英惠侯。历代以来，湘、桂、渝、黔四省各族人民奉为神灵，普建飞山庙、飞山宫，成立太公会，设太公田。自宋初祭祀活动即已开始。清同治七年奉旨列入祀典。靖州飞山庙，宋元封[丰]年间始建于飞山绝顶之上。绍兴二十五年置于绝顶之下，方广寺之左侧。”这基本可代表当代湘、黔、桂、渝、鄂边区侗、土家、苗等民族对飞山圣公信仰的由来的解释。

但是，我们在相关记载中未查到飞山蛮首领杨再思。《旧唐书》《新唐书》有杨再思传记，但这个杨再思与“十桐首领”无关。唐末之飞山蛮首领未见于记录。五代时期飞山蛮首领见于记录者，有如下数人：潘金盛。潘金盛或记为潘金胜，是溆州少数民族首领，飞山是其大本营。乾化元年（911），潘金盛被楚王马殷部将吕师周擒斩。杨承磊。杨承磊是潘金盛部将，乾化元年被吕师周擒斩于飞山。③ 杨再兴。潘金盛、杨承磊被斩之后，“承磊族人再

---

①吴万源：《试论“飞山蛮”与侗族》，《贵州民族研究》1987年第2期；李绍明：《从川黔边杨氏来源看侗族与土家族的历史关系》，《贵州民族研究》1990年第4期。

②伍新福所著《湖南民族关系史》（上）（民族出版社2006年版）在论述唐末、五代、宋初湖南西部民族历史时，未提到杨再思。我曾于2008年9月21日在“武陵民族走廊多元文化互动与和谐社会建设学术研讨会”期间就此当面请教伍先生。伍先生的回答是，因为相关资料不够充分。

③〔宋〕司马光《资治通鉴》卷二六七《后梁纪二》；〔宋〕王象之：《舆地纪胜》卷七二。

兴以其地附于楚”。[①] 飞山蛮活动的主要地方被称为“十峒”，是以“峒”为名的十个地区。“峒”也记为“洞”“峝”等，同音同义。五代末至宋初，杨氏数人被称为十峒首领：有杨正岩、杨蕴(《舆地纪胜》记为杨通蕴)、杨通宝、杨通璢等。[②] 宋代诚州(靖州)及其周边地区的杨氏首领还有：邵州蛮杨光倩，嘉祐五年(1060)知徽州。[③] 杨光潜熙宁中(1068—1077)据飞山。[④] 杨光富、杨昌运、杨晟情、杨昌衔等熙宁八年(1075)归附。[⑤] 杨晟台元祐(1086—1093)初在飞山起义。[⑥] 活动于靖州西道的杨再立崇宁(1102)以后愿意纳土输贡赋。[⑦] 杨再兴绍兴元年(1131)、绍兴二十四年(1154)两次在武冈军新宁县(今名同)起义。[⑧] 宋代以后，这个地区的杨氏见于记录而最有影响者，应该是元末的杨通贯，汉文献记录写作杨完者。[⑨]

相关地方志和杨氏家谱都说，杨再思得到多个封号，但这些封号即使可以证明杨再思实有其人，也不能证明杨再思实有十峒首领、诚州刺史之职位。因为宋代地方官员奏请朝廷为自己辖区的祠庙赐予封号，并非难事。如《宋史》卷一〇五《礼志八》便载：“诸祠庙。自开宝、皇祐以来，凡天下名在地志，功及生民，宫观陵庙，名山大川能兴云雨者，并加崇饰，增入祀典。熙宁(1068—1077)复诏应祠庙祈祷灵验，而未有爵号，并以名闻。于是太常博士王古请：‘自今诸神祠无爵号者赐庙额，已赐额者加封爵，初封侯，再封公，次封王，生有爵者从其本封。……故凡祠庙赐额、封号，多在熙宁、元祐、崇宁、宣和之时。……’其他州县岳渎、城隍、仙佛、山神、龙神、

---

①〔清〕黄维瓒、潘清修，邓绎纂：《武冈州志》卷一《古今大政志》。

②《宋史》卷四九四《蛮夷传》；〔宋〕王象之：《舆地纪胜》卷七二。

③《宋史》卷四九三《蛮夷传》。

④〔宋〕魏泰撰、穆公校点：《东轩笔录》卷六，《宋元笔记小说大观》(三)，上海古籍出版社2001年版，第2720页，杨光潜即《宋史》所记杨光僭，参见《宋史》卷四九四《蛮夷传》。

⑤《宋史》卷四九四《蛮夷传》。

⑥《宋史》卷四九三《蛮夷传》；〔清〕祝钟贤修、李大翥纂：《靖州志》卷六《艺文》。

⑦《宋史》卷四九四《蛮夷传》

⑧参见《宋史》卷三一《高宗纪》、卷四九四《蛮夷传》，〔宋〕王象之：《舆地纪胜》卷六二。

⑨〔清〕盛镒源修，戴联壁、陈志升纂：《城步县志》卷七《勋旧》。

水泉江河之神及诸小祠，皆由祷祈感应，而封赐之多，不能尽录云。”宋人周密所述一则故事或可为例证：“嘉熙庚子岁，先子为闽漕干官时，方公大琮为计使，特加礼敬，一台之事悉委之。先是，郡中有富沙太尉祠，颇为乡民所信，至是投牒乞保奏丐封额。时方久旱，先子遂书牒云：‘本路正兹闵雨，神能三日内为霖，当与保奏。’方公笑语吏魁曰：‘汝可以运干所拟，白之于神，吏敬录其语，往祠所焚之。次日大雨，连雨昼夜，境内沾足。遂从其请，竟获封侯。”①祠庙封号，重在感应，民众迷信，官员奏请，于是侯王遍布，御额高悬。故杨再思得到多个封号，并非偶然现象。

祭祀杨再思的祠庙，在名称、建立时间、杨再思的身份和所属时代等方面都不相同。表 1 显示了这些方面的差异。

表 1　祠庙名称、建立时间和杨再思身份、时代

名 称	所在地	建立时间	杨再思身份和时代	祭祀时间	资料来源
飞山庙	靖州	正统十年(1445)重建	杨通宝之祖杨再思	六月六日侯生辰 十月二十六日侯忌辰	康熙《靖州志》卷三《坛庙》
渠阳庙	靖州		杨再思		康熙《靖州志》卷三《坛庙》
威远侯祠	靖州		宋诚州刺史杨再思	春秋二届 六月六日神诞	光绪《靖州直隶州志》 卷三《祠祀》， 卷七《秩官》②
飞山庙	绥宁	康熙十年(1671)重建	杨通宝之祖杨再思	春秋仲月	同治《绥宁县志》

①〔宋〕周密撰、王根林校点：《癸辛杂识》，《宋元笔记小说大观》(六)，第 5709—5710 页。上海古籍出版社，2001 年。

②光绪《靖州直隶州志》卷七《秩官・文秩》明确说：“宋时刺史六人：杨再思，州人，五代末为五溪长，宋初纳土归诚，始命为诚州刺史，征蛮尽节，州属建飞山庙祀之，同治七年奉旨入祀典。”该书随后列出宋时诚州另外五位刺史名字：杨蕴，杨通宝，杨正岩，杨光潜，杨日俨。同书卷三《祠祀・冢墓》记载：“宋，威远侯杨再思墓，州城西十五里下乡。”凡此均表明，作者认为杨再思为宋人。

续表

名称	所在地	建立时间	杨再思身份和时代	祭祀时间	资料来源
飞山庙	通道		宋威远侯杨再思		康熙《靖州志》卷三《坛庙》
威远侯祠一名飞山庙	通道		宋威远侯杨再思		嘉庆《通道县志》卷二《营建·坛庙》
飞山庙	会同		宋朝封威远侯杨将军		光绪《会同县志》卷一三《形胜·庙祠》
飞山宫	洪市	嘉庆十年（1805）			光绪《会同县志》卷一三《形胜·庙祠》
飞山庙	城步		宋诚州刺史杨令公再思		同治《城步县志》卷四《祠庙》
飞山庙	芷江	始建年代不详万历间庙毁后复建	唐杨再思		同治《沅州府志》卷一八《坛庙》
飞山官	芷江	雍正八年（1730）	唐杨再思		同治《沅州府志》卷一八《坛庙》
飞山庙	溆浦				民国《溆浦县志》卷五《坛庙》
飞山庙	黎平	旧在靖州飞山洪武十九年迁建于此	五代梁杨再思		弘治《贵州图经新志》卷七《黎平府·祠庙》
飞山庙	黎平	旧在靖州飞山洪武十年迁建于此	五代梁杨再思		嘉靖《贵州通志》卷七《祠祀·黎平府》
杨英惠侯祠即飞山祠	黎平	光绪七年（1881）重修	唐杨再思	六月初六侯生辰十月二十六日侯忌辰	光绪《黎平府志》卷二下《坛庙》
飞山庙	岑巩		唐诚州刺史杨再思		弘治《贵州图经新志》卷七《思州府·祠庙》

续表

名 称	所在地	建立时间	杨再思身份和时代	祭祀时间	资料来源
飞山庙	玉屏	明代	杨再思		乾隆《贵州通志》卷一〇《坛庙·思州府》
	铜仁	康熙间重建	神为杨再思土人多误为杨业		光绪《铜仁府志》卷三《营建·坛庙》
飞山庙	秀山		唐诚州刺史杨再思		《四川通志》卷三七《舆地·祠庙·酉阳州》

在地方志、杨氏家谱中，杨再思所得封号和同一封号的受封时间都有所不同。见表2。

表2 地方志与杨氏家谱中杨再思的封号与受封时间举例

封号名称	受封时间	资料来源
威远侯	绍兴二十一年(1151)	康熙《靖州志》卷三《坛庙》
	元丰间(1078—1085)	光绪《黎平府志》卷二下《坛庙》
	绍兴三十年(1160)	光绪《铜仁府志》卷三《营建·坛庙》
仍加英惠侯	淳祐九年(1249)	康熙《靖州志》卷三《坛庙》
追赠为英惠侯	淳化间(990—994)	《广惠王年表》①
龙虎将军广惠侯王	宋	《谱序》②
英惠公	淳祐间(1241—1252)	光绪《黎平府志》卷二下《坛庙》

①郐立发、杨全胜整理：《杨氏家谱》，四川省黔江地区民族事务委员会编：《川东南少数民族史料辑》，第346—348页，四川民族出版社1995年版。

②郐立发、杨全胜整理：《杨氏家谱》，四川省黔江地区民族事务委员会编：《川东南少数民族史料辑》，第346—348页，四川民族出版社1995年版。

除了上述例子之外，靖州的研究者杨非然先生指出，关于杨再思的谱牒记录，至少在下述方面多本家谱互不统一，生父有三种记录：杨居本，杨居忠，杨朝；生年有三种记录：咸通元年(860)，咸通十年(869)，大顺元年(890)；出生地有五种记录：淮南(江苏江都)，叙州，郎溪，靖州，黔城；葬地有五种记录：贵州黎平，湖南靖州(二处)，湖南城步(二处)。杨非然对这些矛盾进行了解释，并做出了推论。①

以上所列事项涉及杨再思出生时间、出生地点、任职朝代、封号名称、受封时间、父亲姓名、埋葬地点等方面。它们所显示出来的矛盾都不能简单地看作记录的错误或者传抄的笔误。如果把杨再思当作一个历史人物来看待，那么，关于他的研究所得出的任何结论都会产生出更多疑问，捉襟见肘，破绽百出。

宋初诚州杨氏纳土求封，杨正岩、杨通宝等先后为诚州刺史，赫赫有名。宋人著述如《资治通鉴》《新唐书》《东轩笔录》等，提到杨氏其他首领的名字，但不见杨再思。元人著述谈诚州、徽州杨氏者，以《宋史·蛮夷传》为最详尽，但其追述仅始于宋初，而且也找不到杨再思的名字。明万历初曾任靖州知州的秘心传，② 有《靖州题名碑记》，认为："靖之为郡与郡之有守，皆自宋始也。"题名始于宋太平兴国年间的杨通蕴，前后均无杨再思名字。明姚履素《游飞山记》载："……至玄天观，为山之平顶，以岗脊视之，则其平麓也。额曰'渠阳撷秀'。相传五代时杨承磊旧寨。元末土人丁伸仔据之，为我兵破灭。……"于飞山之平旷可驻兵处，只说是五代时杨承磊旧寨、元末丁伸仔占据，仍未提及杨再思。③

最先断言杨再思为杨通宝之祖者，是康熙《靖州志》卷三《坛庙》："(靖州)飞山庙，城西关外作新书院左，祀宋诚州刺史杨通宝之祖讳再思者，尝

---

①杨非然：五代乱世诚州为何不乱？——试论"飞山蛮"十峒首领杨再思的历史功绩，《侗人论坛》。http：//WWW. dongren. cn/bbs/thread-13957-1-1. html。此文也见于谭善祥主编：《五溪》2007年第5期(内部资料)，作者署名"渠水山人"。

②[清]祝钟贤修、李大翁纂：康熙《靖州志》卷四《职官》。

③[清]祝钟贤修、李大翁纂：康熙《靖州志》卷六《艺文》。

有功于郡。宋绍兴二十一年封威远侯，淳熙十五年号英济侯，嘉定十年加广应侯，淳祐九年仍加英惠侯。正统十年郡守苏窓重建，正德戊辰年参将黄公涛竖石坊于庙前，岁时旱潦及疫疠祷之辄应。每六月六日侯生辰、十月二十六日侯忌辰，有司具太牢祀之。庙宇因岁久倾圮。康熙二十三年郡守祝钟贤重修。”这里的叙述方式值得注意，不说杨通宝是杨再思的后人，而说杨再思是杨通宝的祖先。原因在于人们也许知道杨通宝，却不一定知道杨再思。而且康熙《靖州志》仅说杨再思是杨通宝的祖先，却不说杨再思生活于何朝何代。

但是，同治《沅州府志》已就杨再思身份提出疑问。此书认为，《读史方舆纪要》所叙述杨晟臻纳土，朝廷置靖州，“前后无(杨)再思名”，似欲说明杨再思未必是杨晟臻的祖先；该书进而推论说，杨正岩与杨通宝在宋太宗时先后入贡，“则其祖当在五代以前唐末人，或亦溪峒首领也”。[①]

历史上实际存在的某个人不可能在唐、五代、宋三个时代为官，因为生年有限，成年更短，但表1显示杨再思可以做到这一点。对此，最有说服力的解释就是：他本来就是传说中的人物。传说是一定时期的一定群体对历史的认识和解释。此群体据此论，彼群体据彼论。不同传说在不同群体中分别流传，自无抵牾；把不同群体中流传的关于同一主题的传说并立比较，不同说法自然出现矛盾。但作为传说，它们仍有意义。民间文学研究中把关于同一主题的不同说法称作异文。某种主题影响越大，分布越广，异文也就越多。

人们所谈论的杨再思不是历史上实有的某个人。杨氏祖先中或有杨再思其人，惜年代久远，记录缺失，其事迹难以考证。但可以肯定的是，作为十峒首领或诚州刺史的杨再思其实是民间传说中的一个文学形象，是民间信仰中的一个保护神，是侗族、苗族、土家族等民族中一些群体的精神领袖。

---

①[清]张官五等纂修、吴嗣仲续修：同治《沅州府志》卷一八《坛庙》。

二、杨再思信仰的形成过程

湘、黔、桂、渝、鄂相连地区多民族崇奉杨再思，这是一个客观事实。考察杨再思信仰的形成过程，有助于我们认识民间信仰的本质。

宋淳熙间(1174—1189)曾在靖州任职的谢繇有《飞山神祠碑记》(以下简称谢繇《碑记》)，对于我们理解飞山神的起源意义重大，全文照录于后："飞山之神自有靖州以来已著灵迹。元丰六年赐庙显灵，□□三十年封威远侯。按《志》：'宋淳佑[祐]间已加为英惠公。此祀作于前，故只称侯'。特为表之，血食此土，福庇一方，于今八十余年。岁时水旱祈求，验如影响。正庙在飞山绝顶。一州之民凡有祷祀，皆登陟于高峰之上。旧有行祠，建于刀弩营前，绍兴二十五年崔守移置于方广寺门之左。乾道六年詹守复移置于寺侧之西。然皆一时草创。淳熙三年来盛中洞姚民敖作过，朝廷调发江陵驻搭统制率逢源提兵收捕，密祷于神。既与贼战，觉空中飞沙飘石，奔风急雨。贼皆股栗，望风而退，由此获捷。率乃答神之贻，增修行祠，易以竹瓦，添置泊水，覆以茆茨。日月逾迈，风雨飘摇，上漏下湿，神像几暴露矣。九年正月，淦阳孙公国传来守是邦，下车之初，百废具举。始修学官，备器械，整官舍。至于仓库场务犴狱之属，修葺一百余间，悉覆以瓦。其勤可谓至矣。公尝语于众曰：'备员于兹，雨旸时若，年谷屡丰，赖神之力居多。兹及瓜不远，而神祠弊漏如此，倘不能有以报之，是谁之责?'乃出己俸，鸠工市材，取新去故，易小以大，重建堂殿、泊水，增置厨房一间，易茆以瓦，□之以墙，涂以丹雘，匪雕匪斫，不侈不陋。尺椽片瓦，不扰于民。庙貌尊严，栋宇轮奂，结始于次年□□之朔，告成于季冬既望，乃举酹而祀之曰：'飞山之神，功德兼隆。福庇一州，庙食侯封。八十余年，远迩钦崇。自惟不才，符分虎铜。二年于兹，自春徂冬。所祈必应，有感必通。雨旸应候，时和岁丰。民安盗息，皆神之功。何以论报，第竭恪恭，修神之祠，与国无穷。'祀事既毕，连日弄晴。乌鹊噪野，瑞气郁蒸。若神之降格焉。噫，以公之莅官，行己正直，不欺此心，默有合于神者，故依人而行也。太守公家世磁州，名显祖，字昭卿。妙龄以武举魁天下，为修武郎，阖门祇侯，知延安府，极有政治。淳熙甲辰上元日迪功郎靖州录事参军兼司法福唐谢繇记。奉敕分守靖州等处地方右参将清平金章重刻。时嘉靖丁酉夏五月端。”①谢繇见证靖州太守孙传国主持维修飞山神祠，碑记所述应该可信。碑文记飞山神信仰和神祠创建及维修情况，说飞山神功德，但没有述及飞山神的姓名。民间崇奉飞山之神，政府官员推波助澜。求神保佑的心理，官民无异。

到了明代，才有飞山之神姓杨的说法，但这个说法很不可靠。明嘉靖十六年(1537)倪镇《重修飞山神祠碑记》(以下简称倪镇《碑记》)记述：“按礼有功勤民御灾捍患者，祀之；不然，为淫祠也。吾郡之飞山神，生以威德服溪峒苗夷而民受其福，终则精爽不昧，民立祠以祀。凡水旱灾厉，有祷克应。虽深山穷谷中，莫不有庙。事皆载古志及谢繇碑文中。是谓有功勤民捍灾御患者，非歟？正德戊辰，前参戎麦轩黄公慨其朽坏，为增修之。越嘉靖丙申，实今清平云崖金公分守之。明年一夜，梦神素服白马相谒。问其姓，答曰木姓也。及谒庙，宛如所梦。因悟杨从木从易，是为神姓。见其倾圮，捐俸修之。益石坊于祠门内，扁以封额。工讫，神事迹无所于考。访之民间，得古志焉，并载谢繇文。从而叹曰：‘文献若此，碑乃沦没，非缺典乎？’为磨石而重刻之。……皇明嘉靖十六年岁次丁酉夏五月吉日立石。”②碑文中梦见飞山神的金公，即清平卫指挥金章，嘉靖十二年(1533)任靖州参将。金章于梦中见到飞山神素服白马，与随后在庙中所见塑像相同；神且于梦中自言姓“木”，因“杨”从“木”从“易”，故金章知神姓“杨”。碑文所谓“神事迹无所于考”，似乎在说神事迹因年代久远湮没无闻，其实是神的形象尚不丰满、神格尚未完善。金章在民间寻访，得古志所载谢繇《碑记》。将谢繇《碑记》与倪镇《碑记》对照，后者增加飞山神“生以威德服溪峒苗夷而民受其福”及神自述姓“木”等内容。我们于此可见飞山神的神格正在逐渐完善。朝廷钦赐庙额、恩赠封号，官员维修祠庙、膜拜神像，不仅显示了官方意识形态

①〔清〕吴起凤、劳铭勋修，唐际虞、李廷森纂：光绪《靖州直隶州志》卷一一《艺文》。

②〔清〕吴起凤、劳铭勋修，唐际虞、李廷森纂：光绪《靖州直隶州志》卷七《秩官》。

对民间信仰的吸收和利用，而且也在不断强化和提高飞山神在民间信仰中的地位。

尽管倪镇《碑记》说飞山神姓杨，但究竟为谁，直到清代乾隆年间仍有不同传说。乾隆时张开东《花女墓歌》有这样一句："飞山讹传杨令公，铜锣浪说宜娘子。"①"讹传"与"浪说"都是指所述事件为民间传说而非事实。虽然现在有人认为杨再思也被称为"杨令公"，但此诗所谓"杨令公"指宋时抗金的杨业，有下句"铜锣"典故与之照应。"铜锣"指杨业之孙女宜娘子随其兄杨文广征侬智高途经靖州失铜锣于渠江的故事。② 贵州铜仁飞山庙也有祭祀杨业之说(见前文表1)。清人顾祖禹《读史方舆纪要》认为："(诚州城)五代时蛮酋杨氏所置，亦曰杨氏城。宋熙宁中亦为诚州治，元丰中始移治渠阳。"③但是，清代中期的靖州地方文人杨应乾撰《杨氏城考》，使我们得知另一种说法：(杨氏城)旧传为杨文广之妹宜娘子征侬智高过此一夜所筑，故俗又呼为宜娘城。④ 杨应乾考证"杨氏城非宜娘城，乃渠阳城相传之讹也。渠阳城者，州之旧城也"，却未说明"杨氏城"之称的由来，更没有像顾祖禹那样推测它是"五代时蛮酋杨氏所置"。⑤ 诚州城因杨家将故事而得名为杨氏城的说法固然与史实不符，但却是"旧传""俗呼"，是由来已久的民间传说。

清代吕公路《登飞山》诗转述靖州当地人的传说，肯定了倪镇《碑记》"生以威德服溪峒苗夷而民受其福"的说法："仆夫为我道，此为古将营。横槊赋军功，挥剑安边城。百蛮服其威，至今有精灵。"⑥虽未提及飞山神的姓名，但这位神生时保境、死后为神的基调再次出现。

---

①［清］吴起凤、劳铭勋修，唐际虞、李廷森纂：光绪《靖州直隶州志》卷一一《艺文》。

②［清］吴起凤、劳铭勋修，唐际虞、李廷森纂：光绪《靖州直隶州志》卷一一《艺文》。

③［清］顾祖禹撰，贺次君、施和金点校：《读史方舆纪要》(八)，第3849页。中华书局，2005年。

④［清］吴起凤、劳铭勋修，唐际虞、李廷森纂：光绪《靖州直隶州志》卷一一《艺文》。

⑤就算认可顾祖禹的推测，即诚州城为"五代时蛮酋杨氏所置"，也不能简单把这个"五代时蛮酋杨氏"等同于杨再思。普遍传说杨再思家族是唐末来自江西的汉族。外来汉族要在少数民族地区充当"蛮酋"，必以数十年或数代人与少数民族经常性的联系为基础。杨再思似不具备充当"蛮酋"的条件。史载宋初杨氏号称十峒首领，就比较说得通。

⑥［清］吴起凤、劳铭勋修，唐际虞、李廷森纂：光绪《靖州直隶州志》卷一一《艺文》。

三、杨再思信仰的起源

杨再思作为传说形象和宗教神灵，在湘、黔、桂、渝、鄂相连地带非常有名。这种状况是由多方面的原因造成的。

首先，宋初诚州杨氏首领为美化家族历史，需要创造一个英雄祖先。杨通宝等人被朝廷任命为诚州刺史，但杨氏“叛酋”也不少。元祐初，杨晟台作乱幸免追讨，绍兴年间杨再兴、杨正修、杨正拱均被擒斩。少数民族“叛乱”固有正义理由，但在当时，反叛政府的行为无论如何难以得到政府容忍，百姓也难免受政府舆论影响。除了起义者之外，其他人恐怕难以公开表示对起义的赞赏。虽然杨氏群体中不时有人反叛政府，但杨氏的主流意识形态仍然是通过美化家族祖先来重塑群体形象。说当代易于被考究和证伪，说远古则现实意义不强，于是杨氏在朝廷无力、地方割据的五代时期为自己的祖先找到了足够的活动空间。靖州飞山庙由民间草创时间不详，宋元丰六年(1083)已经“赐庙显灵”。杨氏首领奏请为“祖先”封号并立庙祭祀，以光大群体形象，顺理成章。明清时期谱学兴盛，杨氏在家谱中为传说中的祖先杨再思补充行状，也是可以理解的。于是，我们就看到了一个忠于唐廷、保境为民、励精图治、造福一方的大英雄。他不仅生前自任刺史，爱民如子、鞠躬尽瘁，就是在死后也勇为神灵，眷顾百姓，有求必应。飞山杨氏由宋至清的多次“叛乱”，也因为杨再思的存在而增添了合理性：杨氏只反贪官，不反皇帝，先祖杨再思即为榜样。可以认为，杨再思作为精神领袖的社会意义如此之大，以至于人们已经不愿意烦琐考证他作为历史人物而存在所需要的种种细节。宋初诚州杨氏纳土求官，元末武冈完者应诏“讨贼”，都是效忠朝廷的典型。这些历史事件和历史人物，也使人们相信杨再思事迹的真实性。

其次，湘、黔、桂、渝、鄂连接地带多民族的地方观念与国家观念的矛盾产生出调和这一矛盾的精神领袖。杨氏祖先是否为来自江苏的汉族，尚待进一步研究。宋初杨氏已可视为诚州土著，则是确定无疑的。中国(尤其是长江中下游一带)各民族体质特征差异较小，民族认同的主要标志是文化认同。杨氏在诚州居住既久，与当地其他少数民族共同生活，并且成为群体首领。诚州杨氏应该是以儒家文化为核心，吸收当地侗族、苗族、瑶族、土家族等民族的文化成分而形成的，是多民族文化相融合的产物。

这片地区秦汉以来即入中央王朝版图，上千年的“王化”过程已经使各少数民族接受了封建统治的合理性。飞山地区在唐代为羁廉州，五代时或自立，或附楚。宋崇宁二年(1103)改为靖州，即已实行流官统治，因为此后再也没有见到杨氏普遍担任知州、刺史之类记载，却能频繁看到杨氏后裔世袭某地长官司长官或副长官的记录。宋朝在这样一个少数民族聚居的地方改土归流，固然因为这片地方的生产方式已经与内地比较接近，但另一方面，也应该是由于飞山地区土酋众多而无恩威卓著、可赖之对少数民族实行羁縻统治者。然而，封建中央对少数民族聚居地区的旧的管理方式(通过土官进行的间接统治)与新的管理方式(通过流官进行的直接统治)之间有很大不同。流官统治下地方政府的苛政容易激发带有民族情绪的反抗，而对这些反抗的镇压，又会刺激更为高昂的民族情绪。于是，忠于朝廷和反抗压迫看似矛盾，实则合理。忠于朝廷，是各少数民族国家观念的集中体现；反抗压迫，是各少数民族关注自身利益的正当表现。既不能因为标榜忠于朝廷就逆来顺受，也不能因为倡导反抗压迫就自认叛逆无常。于是，一个能够解决这个表面难题，展现各少数民族真实意愿的英雄形象就需要被创造出来。诚州杨氏所颂扬的家族祖先杨再思，不仅在杨氏所属的民族群体中具有代表性，而且在整个飞山地区都具有典型意义。于是，杨再思成为湘、黔、桂、渝、鄂连接地带各民族共同的英雄。对杨再思的崇拜首先在湘、黔交界的飞山地区产生，后来又随着人口流动而散布到渝东南、鄂西、桂北，甚至东南亚等广大地区。①

再次，农业民族的山岳崇拜与英雄崇拜相结合，是形成飞山圣公信仰的思想基础。祭祀杨再思的祠庙，或以侯名，如威远侯庙、威远侯祠；或以山名，如飞山庙、飞山宫，等等。对此，同治《增修酉阳直隶州总志》认为：

①邓敏文：《从杨再思的族属看湘黔桂边界的民族关系》，《怀化师专学报》1994年第1期。

“其曰威远侯庙者，据封爵为言；曰飞山庙者，原所驻兵之地而名之也。”① 威远侯庙之称确实来自封爵，但飞山庙之称却不仅仅因为飞山是传说中杨再思驻兵之地。

山岳崇拜观念起源极为古老，与人们的宇宙知识融为一体。离人较远的甚或想象中的崇山峻岭或为通天之处，或为神灵居所，中外皆然。在农业为本的古代中国，城镇、村落所依附的名山秀峰则被当作风云际会的雨雪渊薮，少有例外。靖州农业历史悠久，山地多，水田少，对自然降雨依赖性较强。清道光六年(1826)任靖州知州的魏德畹《夏日喜雨》一诗云：“渠阳古诚州，山多少田地。兼之乏水源，禾苗惧烟炽。今春雨泽匀，插秧渐葱翠。仲夏稍愆期，农人急望岁。低田水颇充，高田难沾被。桔槔无从施，水车何处置。周行历郊峒，关心烦长吏。不祷虑禾枯，祷雨愁米贵。忽殷南山雷，甘霖空中至。自卯迄申时，陇间滋灌溉。如云稼愈荣，惮暑人争慰。良由帝泽深，故尔天心契。喜雨昔名亭，古今无二致。触景发长谣，留作官游记。”② 普通农民和地方官员干旱时向飞山祷雨，故在清代靖州地方志中有“飞山应雨”之说，但飞山应祷而雨这个说法的起源当远在传说中杨氏祖先杨再思受封之前。《舆地纪胜》记靖州古迹，有唐铜钟：“延寿寺在飞山之阳，盖唐之寺故基也。寺有废钟，夷人取之归潭溪洞宝之，今尚存。”③ 延寿寺应为佛寺，并非为纪念杨再思。熙宁五年(1072)章惇派遣张裕、李资、明夷中、僧愿成等入辰州受降，“裕等至洞而秽乱蛮妇，酋田元猛者不胜其愤，尽缚来使，斩刳于柱。次至成，成抟颊求哀，元猛素佛事，乃不杀，押而遣之”。④ 因为田元猛信佛，所以杀俗人而赦和尚。我们推测佛教传入辰州为时已久。靖州与辰州境土相连，靖州人于唐代在飞山建立佛寺，于理可通。虽然此寺名“延寿”，但求神保佑风调雨顺、人畜平安，自为延寿前提。人们相信雨可应

①[清]王麟飞等修，冯世源、冉崇文纂：同治《增修西阳直隶州总志》卷九《祠庙志三·通祠》。

②[清]吴起凤、劳铭勋修，唐际虞、李廷森纂：光绪《靖州直隶州志》卷一一《艺文》。

③[宋]王象之：《舆地纪胜》卷七二。

④[宋]魏泰撰，穆公校点：《东轩笔录》卷七，《宋元笔记小说大观》(三)，第2729页。同书卷六亦记此事，但“张裕”为“张壤”。

祷而至，汤王故事可称久远。因此，祠庙宣称祭祀杨再思而以飞山得名，正是宋代以前历史悠久的飞山应雨济民观念与宋代以来宣扬的杨再思平蛮征苗、保境护民的英雄壮举相结合的产物。也可以说，为了塑造传说中的祖先形象和善政代表，人们就把飞山应雨的功能附会到杨再思身上。于是，旨在祭祀杨再思的祠庙以封号和飞山而得名，均可成立。

四、结　语

到目前为止，我们尚不能断言杨氏祖先中存在或不存在杨再思其人，但可以认为以十峒首领或诚州刺史形象而出现的杨氏祖先杨再思于史无征。史书、碑刻、笔记小说等多种记录对杨再思一致性地“失载”，是一个有力的证据。飞山庙建筑由官员多次重建的事实也说明，杨再思作为官方认定的忠臣良吏而非杨氏家族祖先受到崇拜。①

集“杨氏家族祖先”和“诚州刺史”这两个身份于一身的杨再思，是宋代以来杨氏群体在家族传说中首先创造出来的精神领袖和宗教形象。这个形象后来又被历代地方官员加以利用并不断粉饰，最终演化成我们今天知道的飞山圣公。从民间兴起祭祀活动，到宋元丰六年(1083)“赐庙显灵”，再到清同治七年(1868)“奉旨列入祀典”，飞山神由民间信仰的保护神发展为朝廷认可的祭祀对象杨再思，这一造神过程持续800余年才得以完成。

(原载《民族研究》2009年第2期)

①吴国兴：《探究杨再思》，http：//bbs. Rednet. cn/a/a. asp B = 67&ID = 6054201；〔清〕喻勋、胡长松纂修：光绪《铜仁府志》(据民国缩印本点校)，第42页。贵州民族出版社，1992年。

唐末至宋代的飞山蛮及其首领

［摘要］ 飞山蛮是历史上对生活在今湖南西南以靖州飞山为中心的多种少数民族的称呼。五代至宋代，飞山蛮在湘西各民族社会生活中曾发挥重要作用。飞山蛮所在地区宋初时已有地主经济、儒学教育和佛教寺院。飞山蛮首领多为杨姓，但清代以前的历史记录中并无杨再思。

［关键词］ 靖州 飞山蛮 首领

飞山在湖南靖州苗族侗族自治县城郊。虽然山体不大，海拔也不高，但因县城一带地势平坦，飞山就显得高大突出。宋人王象之《舆地纪胜》：“飞山。《图经》：‘在州北十五里，俗呼为胜山。比诸山为最高峻，四面绝壁千仞，其巅甚平且广宽。今置飞山堡。群峰特秀，高逼霄汉。’”①清代靖州方志中可见飞山由武冈飞来的传说：“飞山，……或云自武冈飞至，一名胜山。”②飞山自武冈飞来之说在武冈也曾经流行。康熙《武冈州志》说：“云山，城南十五里，自麓至顶，盘磴而上。又十余里有七十一峰。相传为七十二峰，一峰飞去靖州城外，遂成胜景。”③

①［宋］王象之撰：《舆地纪胜》卷七二，第2419页。北京：中华书局，1992年。

②［清］吴起凤，劳铭勋修，唐际虞，李廷森纂：光绪《靖州直隶州志》卷一《地理·山川》。《中国地方志集成》之《湖南府县志辑》第64期，第428页。巴蜀书社·江苏古籍出版社·上海书店。

③［清］吴从谦修，潘应斗，潘应星纂：康熙《武冈州志》卷之二《地理·山川》。《中国地方志集成》之《湖南府县志辑》第54期，第18页。巴蜀书社·江苏古籍出版社·上海书店。

飞山蛮是历史记录对诚州地区(今湖南靖州)的少数民族群体的称呼。飞山蛮因飞山而得名。在侗族、苗族、土家族等民族部分群体的民间传说(包括口头传说及谱牒文字)和明清时期的一些地方志记录中，飞山蛮首领中最著名者是杨再思。人们相信，杨再思唐末五代时期在飞山所属诚州地区号称十峒首领，充当刺史，颇有惠政，死后被奉为神，称为飞山圣公，宋代得到朝廷加封，称威远侯，等等。直到今天，在湘、黔、桂、渝、鄂连接地带还普遍建有纪念和崇奉杨再思的飞山宫、飞山庙、威远侯庙等。地方政府为发展旅游等目的，也大力宣传杨再思。研究武陵地区的历史、民族和宗教，必然会涉及对杨再思的认识。

当代研究民族史、地方史的学者，多认为杨再思是历史上实有的地方首领。吴万源、李绍明等还撰文论证杨再思的侗族身份。[①] 但也有学者在有关著作中有意不提及杨再思，显示出审慎的存疑态度。[②]

靖州曾经是少数民族生活的地方。直到今天，少数民族仍占全县总人口的73.9%。[③] 古代汉文文献将活动在这个地区的少数民族群体记录为飞山蛮。为便于叙述，本文仍用“飞山蛮”表示这个地方历史上的少数民族群体，但不取其污蔑含义。飞山蛮活动中心在飞山，但他们的势力范围很广大，而且他们也难以跟今天的某个少数民族简单对应。

飞山蛮至迟在五代时期就已经形成。唐末湖南土豪林立，刺史割据。乾宁元年(894)刘建锋部将马殷取潭州(今长沙)过程中，占据潭州的邵州刺史邓处讷部将蒋勋、邓继崇投降立功。“蒋勋求为邵州刺史，刘建锋不许，勋乃与邓继崇起兵，连飞山、梅山蛮寇湘潭，据邵州，使其将申德昌屯定胜镇

---

①吴万源：试论“飞山蛮”与侗族，《贵州民族研究》1987年第2期；李绍明：从川黔边杨氏来源看侗族与土家族的历史关系，《贵州民族研究》1990年第4期。

②伍新福著《湖南民族关系史》(上)，在论述唐末、五代、宋初湖南西部民族历史时，未提到杨再思(见该书第123—165页，北京：民族出版社，2006年)。我曾于2008年9月21日在“武陵民族走廊多元文化互动与和谐社会建设学术研讨会”期间就此当面请教伍先生。伍先生的回答是，因为相关资料不够充分。

③蒲学联，黄瑜：靖州——充满活力的热土，《五溪》2007年第5期。

以扼潭人。”[①]这大概是飞山蛮首次见于文献记录，惜未提及飞山蛮首领的姓名。

后梁太祖开平四年(910)，“辰州(治今湖南沅陵)蛮酋宋邺，溆州(治今溆浦)蛮酋潘金盛，恃其所居深险，数扰楚边。至是，邺寇湘乡，金盛寇武冈，楚王殷遣昭州刺史吕师周将衡山五千兵讨之”。[②] 潘金盛活动的范围显然包括飞山地区。“乾化元年(911)，吕师周引兵攀藤缘崖入飞山洞袭潘金胜，擒送武冈，斩之。移兵击宋邺。”[③]飞山可能是潘金盛的大本营。吕师周攻打飞山，《舆地纪胜》言之较详：“马王城。《楚书》云：‘马氏偏霸之初，飞山洞酋潘全盛遣其党杨承磊略武冈。马氏遣吕师周讨之。援萝蹑石，昼夜兼行，直抵飞山，分军布栅。全盛大骇，曰：此真从天降也。承磊来战，师周破其军，缚降者为乡导，袭飞山，擒全盛斩之，尽平飞山巢穴。今环飞山有壕堑而遗志尚存。’”[④]同治《武冈州志》复言：“……杀承磊，擒金盛，送武冈斩之，并斩三千人，尽毁其巢穴。承磊族人再兴以其地附于楚。”[⑤]潘全盛也写作潘金胜，时为飞山蛮的一号首领，杨承磊最多只是二号首领。乾化二年(912)二月，“辰州蛮酋宋邺、昌师益皆帅众降于楚，楚王殷以邺为辰州刺史，师益为溆州刺史”。[⑥] 溆州辖飞山地区，以昌师益为溆州刺史，或可说明：潘金胜和杨承磊被斩以后，虽然杨承磊的族人杨再兴以其地附于楚，但杨再兴的影响可能仅限于飞山地区，故未被任命为溆州刺史。

飞山蛮活动的主要地方被称为“十峒”，是以“峒”为名的十个地区。“峒”也记为“洞”“峝”等，同音同义。五代末至宋初，杨氏数人以十峒首领身份见于历史记录。

《宋史·蛮夷传》：“诚、徽州，唐溪峒州。宋初杨氏居之，号十峒首

---

①〔宋〕司马光：《资治通鉴》卷二六〇《唐纪七十六》，第494页。长沙：岳麓书社，1990年。

②〔宋〕司马光：《资治通鉴》卷二六七《后梁纪二》，第586页。长沙：岳麓书社，1990年。

③〔宋〕司马光：《资治通鉴》卷二六七《后梁纪二》，第588页。长沙：岳麓书社，1990年。

④〔宋〕王象之撰：《舆地纪胜》卷七二，第2422页。北京：中华书局，1992年。

⑤〔清〕黄维瓒，潘清修，邓绎纂：同治《武冈州志》卷一《古今大政志》。《中国地方志集成》之《湖南府县志辑》第54期，第189页。巴蜀书社·江苏古籍出版社·上海书店。

⑥〔宋〕司马光：《资治通鉴》卷二六八《后梁纪三》，第593页。长沙：岳麓书社，1990年。

领，以其族姓散掌州峒。太平兴国四年(979)，首领杨蕴始来内附。五年(980)，杨通宝始入贡，命为诚州刺史。淳化二年(991)，其刺史杨正岩复来贡。是岁正岩卒，以其子通堰继知州事。”①

杨正岩是十峒首领。《舆地纪胜》载：“(靖州)五代湖南马希范有其地。后周时节度使周行逢死，叙州刺史钟存志奔武阳而杨正岩以十洞称徽诚二州。”②虽未明确说杨正岩是十峒首领，但既能“称徽、诚二州”，非首领孰能如此？杨正岩应是见于记录的最早的十峒首领。上引《宋史》虽先说杨蕴，但明确说他是“始来内附”；而说到杨正岩，是“复来入贡”。既言“复来”，必先有“始来”。杨正岩“始来”入贡的时间虽未见于记录，但他既在周显德年间(954—959)就已经称十峒首领，则宋初早于其他杨氏首领入贡是合乎情理的。

杨蕴是十峒首领。《舆地纪胜》载：“皇朝十洞酋长杨通蕴送款内附。《图经》：在太平兴国四年(979)。”③《宋史》中的杨蕴与《舆地纪胜》中的杨通蕴是同一人。《舆地纪胜》也把杨通蕴写为杨蕴：“十洞。《长编》云：‘兴国四年九月庚子，荆湖南路转运司言十洞首领杨蕴求内附’”④

杨通宝是十峒首领。《舆地纪胜》：“杨通宝。《长编》云：‘兴国五年(980)，诚州十洞首领杨通宝来修贡。四月己亥以通宝为诚州刺史。’”⑤

杨通堰是十峒首领。宋初在诚州实行羁縻统治。杨通堰承袭其父杨正岩之职，充任诚州刺史，为十峒首领应是充任城州刺史的前提之一。

诚州治今靖州。“靖州之地，自熙宁九年(1076)收复唐溪洞诚州，元丰四年(1081)，仍建为诚州，元祐二年(1087)，废为渠阳军，又废为寨，五年(1090)复之，崇宁二年(1103)，改为靖州。”⑥清代顾祖禹在《读史方舆纪

①《宋史》卷四九四《蛮夷传》，第6780页。上海：上海古籍出版社，上海书店，1986年。

②[宋]王象之撰：舆地纪胜卷七二，第2416页。北京：中华书局，1992年。

③[宋]王象之撰：《舆地纪胜》卷七二，第2416页。北京：中华书局，1992年。

④[宋]王象之撰：《舆地纪胜》卷七二，第2419页。北京：中华书局，1992年。

⑤[宋]王象之撰：《舆地纪胜》卷七二，第2423页。北京：中华书局，1992年。

⑥[宋]洪迈著，夏祖尧、周洪武校点：《容斋随笔》(《容斋五笔》卷十六《渠阳蛮俗》)，第540—541页。长沙：岳麓书社，1994年。

要》中描述这段建置历史，与上述说法相同。①

徽州治今绥宁县。“绥宁县。……本唐溪洞徽州地，宋初为群蛮所据。太平兴国中(976—983)内附，置莳竹县，属邵州(今邵阳)，寻又没于蛮。熙宁九年(1076)收复其地，元丰十年(1081)仍置莳竹县，隶邵州。八年(1085)县废，崇宁二年(1103)复置莳竹县，寻改曰绥宁，绍兴十一年(1141)属武冈军。”②

诚州和徽州境土相连，而且宋朝在对这片地方进行经营和管理时，也是通盘考虑、统一推进的。

“嘉祐五年(1060)，以邵州蛮杨光倩知徽州。光倩，通汉之子也。通汉庆历(1041—1048)初尝入贡。既死，光倩袭之。旧制，溪峒知州卒，承袭者许进奉，行州事抚遏蛮人。及五年，安抚司为奏，给敕告。至是，光倩行州事七年，无他过，故命之。”③

“熙宁五年(1072)，乃诏知潭州潘夙、湖南转运副使蔡烨、判官乔执中同经制张惇招纳之。惇遣执中知全州。将行，而大田三寨蛮犯境。又飞山之蛮近在全州之西。执中至全州，大田诸寨蛮纳款。于是遂檄谕开梅山。”④宋代全州在今广西壮族自治区全州县，而飞山之蛮近在全州之西，说明飞山蛮分布范围很广大，远远超出了今天的靖州、通道等县。

“熙宁中(1068—1077)，天子方用兵以威四夷。湖北提点刑狱赵鼎言：‘峡州峒首刻剥亡度，蛮众愿内属。’辰州布衣张翘亦上书言南北江利害，遂以章惇察访湖北，经制蛮事，而南江之舒氏、北江之彭氏、梅山之苏氏、诚州之杨氏，相继纳土，并立城砦。使之比内地为王民。”⑤熙宁年间章惇开边之事，宋人魏泰《东轩笔录》言之较详：“熙宁五年(1072)，辰州人张翘与流

①〔清〕顾祖禹撰，贺次君、施和金点校：《读史方舆纪要》(八)，第3848—3849页。北京：中华书局，2005年。

②〔清〕顾祖禹撰，贺次君、施和金点校：《读史方舆纪要》(八)，第3835页。北京：中华书局，2005年。

③《宋史》卷四九四《蛮夷传》，第6779页。上海：上海古籍出版社，上海书店，1986年。

④《宋史》卷四九四《蛮夷传》，第6780页。上海：上海古籍出版社，上海书店，1986年。

⑤《宋史》卷四九四《蛮夷传》，第6778页。上海：上海古籍出版社，上海书店，1986年。

人李资诣阙上书，言：‘辰州之南江，乃古锦州，地接施、黔、牂牁，世为蛮人向氏、舒氏、田氏所据。地产朱砂、水银、金布、黄蜡，良田数千万顷，入路无山川之扼。若朝廷出偏师压境上，臣二人说之，可使纳地为郡县。’书奏，即以章惇察访荆湖南北路，经制南江事。章次辰州，遂令李资、张竑、明夷中、僧愿成等十余人入境，以宣朝廷之意。资等偏宕无谋，亵慢夷境，遂为蛮酋田元猛所杀。章知不可以说下也，即进兵诛斩，而建沅、懿等州。又以潭之梅山、邵之飞山为苏方、杨光潜所据，遂乘兵势进克梅山，建安化县。又令李诰将兵取光潜，师至飞山，扼险不能度而还。”①前引《宋史》所言诚州杨氏，应即此处《东轩笔录》中“邵之飞山”首领杨光潜。

“熙宁八年(1075)，有杨光富者，率其族姓二十三州峒归附。诏以光富为右班殿直，昌运五人补三班奉直，晟情等十六人补三司将军。继有杨昌衔，亦愿罢进奉，出租赋为汉民。诏补为右班殿直。子弟侄十八人补授有差。独光僭颇负固不从命。诏湖南转运使朱初平羁縻之。未几亦降。乃与其子日俨请于其侧建学舍，求名士教子孙。诏潭州长使朴成为徽、诚等州教授，光僭皇城使，诚州刺史致仕。官为建宅。置飞山一带道路巡检。光僭未及拜而卒。遂以赠之。录其子六人。”②这段记录中出现的杨氏首领有杨光富、杨昌运、杨晟情、杨昌衔、杨光僭等。熙宁年间申请于诚州建学者，在宋人著作如上引魏泰撰《东轩笔录》及下引钟兴撰《作新书院记》中，均为杨光潜。故《宋史》中“杨光僭”实为“杨光潜”。杨光潜请建学一事，嘉定十年(1217)任永平(靖州治邑)知县的钟兴在《作新书院记》中说：“兴闻父老言，靖之未为州也，杨光潜尝请即其居旁建学，仍请以潭州布衣朴诚为教授，上恩许。其孙晟政和间以岁贡入太学，登会选，曾孙立中继擢绍兴甲第，则尊儒重道自其天性，袭休美亦既彰灼。”③“元祐(1086—1093)初，诸蛮复叛。朝廷方

①[宋]魏泰撰，穆公校点：《东轩笔录》卷六，《宋元笔记小说大观》(三)，第2720页。上海：上海古籍出版社，2001年。

②《宋史》卷四九四《蛮夷传》，第6780页。上海：上海古籍出版社，上海书店，1986年。

③[清]祝钟贤修，李大翥纂：康熙《靖州志》卷六《艺文》。《中国地方志集成》之《湖南府县志辑》，第391页。巴蜀书社·江苏古籍出版社·上海书店。

务休息，痛惩邀功生事。广西张整、融州温嵩坐擅杀蛮人，皆寘之罪。诏谕湖南北及广西路曰：‘国家疆理四海，务在柔远。顷湖广诸蛮近汉者无所统壹，因其请吏，量置城邑以抚治之。边臣邀功献议，并通融州道路，侵逼峒穴，致生疑惧。朝廷知其无用，旋即废罢。边吏失于抚遏，遂尔扇摇。其叛酋杨晟台等并免追讨。诸路所开道路，创置堡寨并废。自后五溪郡县弃而不问。’”①杨晟台发动“叛乱”的地点在飞山地。宋人苏辙在《论唐义问处置渠阳事乖方》札子中说：“……今作过杨晟台等手下兵丁五六千人，虽种族盘踞溪洞，众极不少。晟台桀黠，屡经背叛，惯得奸便……。”②渠阳即靖州，是飞山蛮所在地。杨晟台在渠阳“叛乱”，朝廷派唐义问处置不成功。苏辙于是作札建言。

“崇宁(1102)以来，开边拓土之议复炽。于是安化上三州及思广洞蒙光明、安乐峒程大法、都丹团黄光明、靖州西道杨再立、辰州覃都管骂等各愿纳土输贡赋。”③

宋初开始，飞山地区杨氏各首领纷纷向宋朝廷纳土求官，但这片地区设置频繁变动，先为诚州，改为渠阳军，再改为渠阳寨，又恢复为诚州。崇宁二年(1103)，改为靖州。这或许说明，一方面，地方势力的首领们为获得朝廷任命而激烈竞争，另一方面，宋朝对这片地区的管理也处于不断探索的过程中。

绍兴二十四年(1154)“三月壬申，杨再兴复寇边，前军统制李道讨平之。禽再兴及其子正修、正拱。槛送行在。”④说“杨再兴复寇边”，是因为他在绍兴元年(1131)就已经反叛过一次。⑤ 杨再兴等人被擒斩，《宋史·蛮夷传》言之稍详：“(绍兴)二十四年(1154)，禽杨正修及其弟正拱，送理寺狱鞠治，

---

①《宋史》卷四九四《蛮夷传》，第6778页。上海：上海古籍出版社，上海书店，1986年。

②[清]祝钟贤修，李大翥纂：康熙《靖州志》卷六《艺文》。《中国地方志集成》之《湖南府县志辑》，第398页。巴蜀书社·江苏古籍出版社·上海书店。

③《宋史》卷四九四《蛮夷传》，第6778页。上海：上海古籍出版社，上海书店，1986年。

④《宋史》卷四九四《蛮夷传》，第5252页。上海：上海古籍出版社，上海书店，1986年。

⑤[清]黄维瓒，潘清修，邓绎纂：同治《武冈州志》卷一《古今大政志》。《中国地方志集成》之《湖南府县志辑》第54期，第190页。巴蜀书社·江苏古籍出版社·上海书店。

斩之。初，正修侍其父再兴入觐，献还省民疆土，遂命以官。建炎后与弟正拱率九十团峒猺人出武冈军，纵火杀掠民财为乱。绍兴间潭州帅司尝招徕之。后复作乱，屡抗官军，至是伏诛。”①杨再兴发动“叛乱”的地方在武冈军新宁县(今名同)。《舆地纪胜》载：“高宗中兴，收复溪洞以蛮首杨再兴父子巢穴建新宁县。《国朝会要》在绍兴二十五年(1155)。”②同书又记：“新宁县。在军南九十里，本汉扶夷县之地，扶阳江所自出也。中兴以来，因杨再兴父子侵占省地，遣兵扫荡，绍兴二十五年于水头江北创立一县，赐名新宁。”③

新宁距靖州已有数日路程。此地之杨再兴父子或已不是我们讨论的飞山蛮，但他们与诚州杨氏在命名方式上有共同之处。五代末到宋初，诚州杨氏在命名时已经显现出“再、正、通、光……”的辈分标志。虽然诚州杨氏以“再、正、通、光、昌、盛(晟)、秀”为字辈的命名方式的完善过程有待研究，但武冈杨再兴与其子杨正修、杨正拱的命名方式，还是让我们不得不考虑他们与诚州杨氏(飞山蛮的重要群体)之间可能存在的关系。

乾化元年(911)吕师周攻打飞山，擒斩杨承磊、潘金盛。杨承磊族人杨再兴以其地附于楚。绍兴二十四年(1154)武冈又出现一个杨再兴。有人认为，乾化年间飞山的杨再兴是杨再思的误写。如光绪《黎平府志》叙述黎平建置沿革时即说：“土酋杨承磊据险，楚王马希范讨平之。族子杨再思以其地附希范。”④径直把其他文献中的杨再兴写成杨再思。这种做法也得到了现在一些研究者的认可。⑤ 不过，笔者认为，把杨再兴等同于杨再思证据不足。考虑到杨氏在飞山及其周围地区广泛分布，相距240年的两个时期在相距数百里的两个地方出现同名的杨再兴，也是说得通的。直到明代万历十四年

---

①《宋史》卷四九四《蛮夷传》，第6779页。上海：上海古籍出版社，上海书店，1986年。

②[宋]王象之撰：《舆地纪胜》卷七二，第2163—2164页。北京：中华书局本，1992年。

③[宋]王象之撰：《舆地纪胜》卷七二，第2165页。北京：中华书局本，1992年。

④[清]俞渭修，陈瑜纂：光绪《黎平府志》卷二上《建革》。《中国地方志集成》之《贵州府县志辑》，第61页。巴蜀书社·江苏古籍出版社·上海书店。

⑤邓敏文：从杨再思的族属看湘黔桂边界的民族关系，《怀化师专学报》1994年第1期；廖耀南：杨再思的史实及其族别初探，《贵州民族研究》1983年第1期。

(1586)，仍有贵州松桃人杨再兴“叛乱”事见于记录。①

宋代以后，这个地区的杨氏见于记录而最有影响者，应该是元末的杨通贯，但他在汉文献记录中却以杨完者这个名字出现。②

“杨完者，字彦英，武冈绥宁之赤水人。”③

杨完者本来是溪洞首领，应诏下江南平叛，由千户升为元帅，直至江浙行省参知政事、左丞。杨完者屡败张士诚，张士诚必欲除之；江浙行省丞相塔失帖木儿以杨完者难以驾驭，并曾导致自己兵败，所以也嫉恨他。于是，张士诚投降元朝以后，塔失帖木儿以张士诚降将攻打杨完者。杨完者兵败自杀。

实际上，元、明、清时期飞山地区已经不存在较大地方的地方民族首领(土官)。中国封建中央王朝对这片地区的统治已与内地大体一致，但飞山蛮的活动仍时见记录。

唐末至宋初，飞山蛮的社会生活中有如下几个特征值得注意。

1. 地主经济逐步确立。宋初开始，飞山地方民族首领纷纷向朝廷纳土求封，其实是表示他们愿意接受朝廷统治，以换取朝廷支持他们在地方保持世袭的首领地位。因为飞山地区生产关系与内地的地主经济尚有差异，所以朝廷允许地方民族首领维持其原有的统治，但地主经济向飞山地区不断渗透，所以地方利益与中央利益的矛盾也逐渐显现，表现为少数民族首领的反叛活动，也表现为省民(地主经济下的汉族和少数民族群众)与蛮(世袭的少数民族首领管辖区内的少数民族群众)之间的冲突(土地纠纷等)。于是我们不难理解飞山地区行政设置的频繁变更，也不难理解章惇等人的开边活动受到阻碍。但地主经济的推广终究还是没有停止，熙宁五年(1072)章惇武力征讨、

①[清]徐鋐修，肖琯纂：道光《松桃厅志》卷一九《师旅考》。《中国地方志集成》之《贵州府县志辑》，第606页。巴蜀书社·江苏古籍出版社·上海书店。

②[清]盛镒源修，戴联璧、陈志升纂：同治《城步县志》卷七《勋旧》。《中国地方志集成》之《湖南府县志辑》，第173页。巴蜀书社·江苏古籍出版社·上海书店。

③[元]陶宗仪撰，李梦生校点：《南村辍耕录》，《宋元笔记小说大观》(六)，第6235页。上海：上海古籍出版社，2001年。

熙宁八年(1075)诚州杨光富等人率众归附、崇宁(1102)以来安化上三州及思广洞蒙光明、乐安峒程大法、都丹团黄光明、靖州西道杨再立、辰州覃都管骂等纳土输贡赋以及崇宁二年(1103)改诚州为靖州，都是地主经济在飞山地区逐步实施的证明。

2. 政府设立儒学教育：靖州设立之前，杨广潜等已申请在当地建立儒学，朝廷许可并付诸实施。后有魏了翁建立鹤山书院聚徒讲学。儒学教育对于飞山地区社会发展有积极意义。

3. 佛教信仰。《舆地纪胜》记靖州古迹，有唐铜钟："延寿寺在飞山之阳，盖唐之寺故基也。寺有废钟，夷人取之归潭溪洞宝之，今尚存。"①唐代飞山的延寿寺应为佛寺，并不是纪念杨再思的飞山庙。飞山地区佛教信仰与保护神信仰同时存在，自唐已然。

唐末至宋初，飞山蛮的首领中并没有一个名叫杨再思的人。飞山庙所崇奉的神灵，最初无名无姓。直到明代，始有飞山神姓杨的说法，但直到清乾隆年间，还流行把飞山神当作杨业后人的传说。清末，人们才普遍相信飞山神是杨再思。杨再思是民间信仰中的精神领袖和地方保护神。关于杨再思信仰的起源，笔者另有专文论述，读者可以留意。

(原载《怀化学院学报》2009年第1期)

①[宋]王象之撰：《舆地纪胜》卷七二，第2423页。北京：中华书局，1992年。

明代云南地区的民族融合

民族融合是指民族之间相互作用和相互影响的一种状态，[①] 是世界民族史上的一个普遍现象。在中国，自秦汉直到今天，民族融合的过程从未间断。既有少数民族融合于汉族之中，也有汉族融合于少数民族之中。在云南历史上，从汉晋到隋唐，进入云南的汉族多认同于少数民族群体之中。自元明开始，云南民族发展的主流是少数民族不断融合于汉族之中。明代云南地区的民族融合有两个方面的内容。

一、汉族融合于少数民族之中

有明一代，汉族融合于少数民族的例子在云南并不常见。我提出这一问题，主要是为了免除相沿已久的误解：有人认为，云南少数民族中往往有祖籍南京的说法，用以证明明代移入的汉族较多融合于少数民族之中。但实际上，民族融合是一定社会历史条件下的产物。不论某个少数民族成员的家谱或祖先传说把其在南京的遥远故乡说得多么具体、生动，都不能成为祖籍南京的有效证据。

明代进入云南的汉族移民，绝大多数是以军屯形式驻扎在交通沿线及平坝区，尤其是在这些地区的行政中心（府、州、县城）及军事中心（卫、所）

①本文中的“民族融合”一词，系取其习惯上的含义，或近于“自然同化”。参见《中国大百科全书·民族》之中“民族融合”和“民族同化”等有关条目。

周围地带。在上述地方，各少数民族政治经济和文化的影响已被汉族所取代，这是秦汉至元朝努力经营的结果。这些地方的汉族没有变服从俗的必要，少数民族亦缺乏以夷化夏的能力。汉族的分布遍及云南山区，是清朝雍正年间(1723—1735)大规模改土归流以后才出现的。这时，中央政府在云南的统治已由腹地向边疆、由平坝向山区不断扩展其势力。汉族人口的散布与其说是中央统治势力扩展的前提和条件，不如说是其结果和表现。明清两代基本上不存在汉族大量融合于少数民族之中的社会基础。个别例外对于理解明代云南的民族融合并无实在意义。云南少数民族“祖籍南京”之类说法，不是汉族少数民族化的证明，而是少数民族汉族化的象征。

二、少数民族融合于汉族之中

明代云南少数民族融合于汉族，是由众多原因造成的。秦汉以来汉族文化的不断渗透，是其历史基础，明代统治阶级民族政策的有效实施，是其现实保证。

秦汉至唐宋，都不断有汉族人口进入云南地区。汉武帝募豪民田南夷是有计划地移民，而唐玄宗派李宓征南诏无异于被动地献俘。由于元朝以前封建中央对云南的政治统治和军事控制并未始终如一地得到实施，以夏化夷的思想尚未取代羁縻勿绝的措施，所以，移入的汉族人口多消融于少数民族的汪洋大海之中。但汉族文化已在昆明、大理等传统的政治、经济、军事和文化中心得到不同程度的传播。汉代王追兴起学校而渐迁其俗，大理段氏向慕中原而志不稍衰，正是汉族文化积极渗透和少数民族兼收并蓄的结果。元代蒙古贵族统治中国虽有军事管制的遗迹，但仍以儒家礼治为核心。元代进入云南的汉族并未走上其先驱者的老路，加入少数民族的行列，而是保持自己的文化特点。明朝中期，鞑靼(蒙古族)、色目(回族)等元代的外来民族已经和白族、彝族等共同被称为“土著”。[①] 而移入的汉族仍称“流寓者”，与土

①景泰《云南图经志书》卷一《云南府》。

著有别。可以说，元代以前的云南，民族融合的主流是汉族少数民族化，元代开始则变为少数民族的汉族化。元代为时短暂，仅揭开了少数民族汉族化的序幕。有明一代，少数民族汉族化的结果已明显而普遍地表现出来。数十万汉族人口的移入在这一过程中起了重要作用，但尤其值得重视的是，明朝统治阶级的民族政策对于少数民族汉族化的积极导向和有力推动。具体说来，明代统治阶级的民族政策至少包括下面四方面的内容。

1. 以夷治夷。即是用少数民族上层人物对少数民族普通群众进行统治和管理，这就是土司制度的主要内容。采取这一政策，是因为朱元璋等人认识到了少数民族自身有其特殊性，所谓“蛮夷之人，其性无常，不可以中国治之，但羁縻之足矣”。①

2. 以兵威夷。即用强大的军事力量去压服少数民族。朱元璋认识到对少数民族“威则易以怨，宽则易以纵”，要求官员们“威德并行”，② 或“顺而抚之，示以恩信”，③ 看似恩威并重，实则以恩辅威，威为根本。在收复云南和平定云南叛乱的过程中，处处可见武力征服的行为。即便在叛乱平定之后，也仍然奉行武力威胁。朱元璋认为云南之地，其民尚兵，说：“自古云南诸夷叛服不常，盖以其地险而远，其民富而狠也。”④甚至说：“盖蛮夷……其言岂可信哉。”⑤因此，叛固当征，不叛也不可信，当然只有依靠武力来威胁了。

在以武力镇压少数民族的反叛活动时，统治阶级往往还采用了以夷攻夷政策。这一政策虽有一箭双雕的效果，其危害却是深远的。

3. 以礼化夷。即以汉族所崇奉的儒家文化去规范少数民族的行为。云南平定之后，朱元璋对傅友德等人说：“为今之计，非惟制其不叛，重在使其

①《明太祖实录》卷二三〇。

②《明太祖实录》卷一四二。

③《明太祖实录》卷一四一。

④《明太祖实录》卷一四二。

⑤《明太祖实录》卷一九二。

无叛耳。”[1]要达到这个目的，就得使其驯服，而“驯服之道，必宽猛适宜”。[2]“猛”主要指镇压和威胁，“宽”即是推恩和教化。推恩和教化的实施，亦基于中国封建统治阶级对少数民族的一贯认识。唐朝统治者认为，“西南诸蛮，元是异类，或叛或附，恍惚无常”。[3] 朱元璋也说，他们“仰巢颠崖，俯饮川涧，兽形夷面，俗无伦理”。[4] 虽然各少数民族都有各自行之有效的伦理道德体系，但他们“于三纲五常之道懵焉莫知”。[5] 于是，朱元璋对礼部官员说：“边夷土官，皆世袭其职，鲜知礼义。治之则激，纵之则玩。不预教之，何由能化？其云南、四川边夷土官，皆设儒学。选其子孙弟侄之俊秀者以教之，使之知君臣父子之义，而无悖礼争斗之事，亦安边之道也。”[6]明朝统治阶级不仅通过学校教育来实施这种以礼化夷的民族同化政策，而且在设立官府、创建卫所、褒扬忠孝、旌表节义等活动中，都体现出用汉族文化去同化少数民族的良苦用心。

4. 以恩抚夷。即不时对少数民族(特别是其上层人物)表现出宽容和关怀。这可以说是以礼化夷政策的补充。总体说来，明代统治阶级对少数民族抱歧视态度，但君临天下，又不可弃之不顾。于是他们常以至高无上的姿态推恩于少数民族，以换取其忠诚。逋赋可以减免，贡纳违期可以不究，比试不中仍可袭替。[7] 此外还有对少数民族上层人物经常性的赏赐，对国子监少数民族学生嘘寒问暖，等等。

明代统治阶级民族政策的根本是兵威和礼化。兵威是手段，礼化是目的。以夷治夷的土司制度是以兵威为基础推动礼化的渗入；以汉治夷的改土归流，则是以兵威作前提，促进礼化的飞跃。

统治阶级以兵威夷的民族政策使少数民族恐为夷类；汉族文化的正统性

---

①《明太祖实录》卷一四二。

②《明太祖实录》卷一四二。

③张九龄：《曲江集》卷六《敕吐蕃赞普书》。

④《明太祖实录》卷一九八。

⑤《明太祖实录》卷二三九。

⑥《明太祖实录》卷二三九。

⑦《明太祖实录》卷二三五。

评价使少数民族耻为夷类；汉族地区较为发达的社会经济对少数民族具有较强的吸引力，少数民族因此而产生了接受汉族文化并与汉族认同的愿望。

云南少数民族绝大多数都与汉族同属于蒙古人种。他们之间没有天然的种族界限。文化认同成了民族认同的首要标志，而且较容易实现。

在云南少数民族古老的始祖神话中，往往流传着他们与汉族同源共祖的说法。彝族说，人间英雄居木伍午与天神的女儿结婚，生下三个儿子，分别成为藏族、汉族和彝族的祖先；哈尼族神话说，远古时躲在葫芦里逃脱洪水之灾的兄妹俩结婚后生下了许多孩子，成为各民族的祖先。其中大哥是哈尼族，二哥是彝族，三哥是汉族，四哥是傣族，五哥是瑶族。傈僳族也有葫芦神话，说兄妹结婚生了6男6女，成了藏族、白族、克钦族、汉族、怒族和傈僳族的祖先。白族、景颇族等亦有类似的始祖神话。① 与其说这类神话反映了各民族同源共祖的历史真实，不如说它们表达了各民族彼此认同的现实愿望。各民族先民把民族之间的差异看作同胞兄弟之间因居处环境各异而产生的变化，而不把不同民族视为天生的异种别类。这种群体意识积淀是各民族在现实生活中彼此认同的心理基础。如果说保持自身特点较多的少数民族有同源共祖的神话作为认同的基础，那么，受汉族文化影响较深的少数民族，则将祖籍南京的传说视为认同的依据。祖籍南京的传说不过是同源共祖的神话在特定社会历史条件下的巧妙转换，神话中各民族彼此认同的心理基础变成了现实中各少数民族与汉族认同的精神纽带。在明朝统治阶级镇压和歧视少数民族的嚣张气焰面前，祖籍南京的说法为少数民族的生存装备了一套适用的迷彩服；在明朝统治阶级抚绥和同化少数民族的积极活动之中，这一传说又为少数民族与汉族的融合提供了一种有效的润滑剂。所以，我认为，这种说法不是汉族少数民族化的证明，而是少数民族汉族化过程的象征。江应梁先生的论述应有助于我们对这种现象的认识。他说："南甸土司世系称其先刀贡勐者，本汉人，姓龚，原籍南京应天府上元县人。按滇西各傣族土司，多自言祖代是汉人，否认本身为傣族。然考诸史籍，各土司的先

①上引神话均见谷德明《中国少数民族神话选》，西北民族学院研究所印。

世，皆以原有土酋加封，后世多伪托其先世为汉人。试看各土司家谱所载历代土司的命名，不仅用字与汉人命名不同，而命名习惯也与汉人避讳礼法大异。如《南甸世系宗支》载：一世祖刀贡勐，二世祖刀贡蛮，三世祖刀乐硬，四世祖刀乐盖，以至五世以下，皆父子祖孙同用一‘乐’字排行。十六世祖以前，命名用‘勐’‘蛮’‘硬’等民族语；而十六代以后，便有‘呈祥’‘启元’‘维翰’‘守忠’‘定国’这样汉化的名字出现。可知其先世原是当地少数民族，后代子孙才逐渐汉化了的。”①

其实，不仅云南少数民族与南京无缘，就连迁入云南的汉族大多数也并非来自南京。但南京是王朝的首都，皇帝之所在，全国的圣地。迁入云南的汉族移民把它作为祖先的故乡而夸耀于他人，正在汉化的云南少数民族便把它当成遥远的家园以脱身于夷类，都是求得心理依附的真实谎言。云南少数民族大多未写下成文的历史，这在客观上有助于祖籍南京的动人传说生根开花。

就明朝统治阶级而言，当他们对云南少数民族实施镇压和歧视政策时，便视之为禽兽异类；而当他们对云南少数民族采取抚绥和同化政策时，则说“人性之善，蛮夷与中国无异”。② 终明之世，前期以镇压、歧视为多，后期以抚绥、同化为主。

明代云南少数民族与汉族的融合，主要是通过汉族文化的教育和影响来实现的。

有计划地、大规模地在云南推广汉文化的教育，始于元明时期。王追兴学在汉代的云南属个别现象。元代云南学校在中庆路、临安路一带已较多。到了明朝时期，原有儒学得到恢复，新建儒学不断涌现。到了天启初年，云南各级学校已达60余所。③ 其中既有面向汉族军人子弟的卫学，也有面向汉

①江应梁：《近代傣族土司及其政治制度》，《民族学报》1983年年刊。云南民族出版社，1983年。

②《明太祖实录》卷一二六。

③〔明〕刘文征撰，古永继校点，王云、尤中审订：天启《滇志》卷八《学敩志》，云南教育出版社，1991年。

族群众和少数民族子弟的府、州、县学。近城而居的少数民族子弟（特别是土官后代）在学校中较系统地学习汉族历史、政治、道德、文学，接受儒家三纲五常的教育。明代统治阶级对他们优礼有加，并在升学方面给予特殊照顾。景泰元年（1450），云南提学副使姜浚向朝廷报告说："臣自受命以来，遍历云南各府、司、州、县儒学，见生员多系僰人、罗罗、摩些、百夷种类，性资愚鲁，不晓读书，不知礼让。廪膳增广，俱不及数。或缺半者有之，或缺三之一者有之。欲将增广考补，百无一二。惟恐虚费廪禄，因循日久，学政废弛。其各卫所军生，多有人物聪俊，有志于学，缘不得补廪，无人养赡，难于读书。……云南地方惟流官衙门学校岁贡生员依例考试，其土衙门止是选贡。所司更不论其贤否，一概挨次贡部入监。"①这虽是地方官员对滥竽充数的抱怨，却也是少数民族学生贡举高升的实情：与汉族军士子弟相比，他们的汉文化水平较低，但政府对他们特殊照顾，所以其升学名额并未被汉族军士子弟所挤占。如与全国其他地方相比，则云南学生不论汉族还是少数民族都受到照顾。禁止省外考生冒籍云南参加考试即是保护云南考生的措施之一。永乐九年（1411）云南始行乡试，其后云南开科成为定制。云南乡试之额，洪熙元年（1425）仅为十名，其后屡有增加，至万历末已增至47名。② 在近200年中，云南乡试额增加的比例较大。

汉族文化的广泛传播，不仅通过学校教育来实现，而且也体现在云南各级地方官员的治行方面。这些官员任职数载，影响一方。沐英镇滇十年，"练兵劝农，兴学化俗"。③"选凡民之俊秀与诸酋之子弟入云南府学，朔望或赐之饮膳，岁时或赐之衣服。又命行乡饮酒礼于学。民知尊长养老而兴其孝悌矣"。④ 据正德《云南志》卷一九《名宦》载：浙江人金文举洪武中为浪穹知县，"政不苛刻，民夷安之"。福建人刘童"永乐间知蒙化州，有惠政，夷

---

①《明英宗实录》卷一九二。

②〔清〕倪蜕辑，李埏校点：《滇云历年传》卷六；沈儆炌《请加解额疏》，〔明〕刘文征撰，古永继校点，王云、尤中审订：天启《滇志》卷八《学敩志》，云南教育出版社，1991年。

③景泰《云南图经志书》卷一《云南府》。

④程本立：《黔宁昭靖王庙记》，景泰《云南图经志书》卷一〇。

人怀之”。福建人林遒节正统间任鹤庆知府，“奉敕之任，抚治夷民，凡学校、府治、坛庙、驿铺皆修建完美，政教规模，焕然一新”。直隶金坛县人丁贵正统间为晋宁州知州，“勤慎有治才，凡学校公廨、坛庙，咸一新之，水旱祷祈辄应。时人有‘旱莫忙，公行香；雨莫恼，公请祷’之谣”。江西人余谷正统间任金齿司儒学教授，“造就有方，士多成就而文风大开矣”。江西人何纯兵备临安，除整顿地方治安外、还“修学校，增生徒。每暇日亲为讲解经义，改窜文字”。湖广人邵敏成化间任楚雄知府，“存心忠厚，勤恤民隐。初，郡民不谙桑麻纺织之事。敏为之市种子、置器物，教民艺植，养蚕纺织。在任，六事咸举”。又据天启《滇志》卷一一《官师志·郡县宦贤》载，重庆人蒋云汉成化间任大理知府，“持廉约己，孜孜恤民。制文庙乐舞器，日进诸生诲之”。内江人高公韶嘉靖初曾为富民典史，“丰裁惠爱，别奸良而时施之。置馆延师教其子弟，风俗为之一变”。内江人高镭嘉靖间为大理同知，“倜傥有风节。重修孔庙，改浚泮池，修葺祭器，祭乐焕然一新”。浙江崇德人程本立明初谪任马龙他郎甸长官司吏目，“会思个发煽诱百夷为逆，单骑入其巢，以顺逆利害谕之，诸夷落咸感悦。未几复告变，西平侯沐英、左布政张纨属本立以抚御之任，又复由楚雄经大理至永昌、鹤庆、丽江、往来绥辑，夷民稍安”。湖广麻城人黄时中成化间任阿迷知州，“时初设流，百务肇举，虽有汉法，不失抚安，用是得夷民之心”。浙江余姚人严时泰嘉靖初为永昌知府，“时方草创，制度阔略，人心未安。乃画法定制，修辑署宇，抚安疮痍，控制夷服，以恩御诸介胄，无不畏怀。严督博士弟子，勤视课业，以风厉文学”。江西吉水人罗环，“弘治间任马龙知州，时始改流，勤于其职，敬神明慈，众庶夷习丕变”。广东南海人庞嵩，“由应天治中迁曲靖守。苦节暗修，政先化导，立各乡社学，以社师演训蒙童。夷酋有弗率者，一以诚感。去而见思”。河南汝州人王鼎嘉靖间为姚安知府，“修城池，缮府治。禁妇人不得市易，惟事桑麻。至于防寇化蒙，皆所究极，姚俗为之一变”。江西安福人王尚用嘉靖间任寻甸知府，“创书院，兴学宫，平赋恤孤，民皆见德”。此类宦贤，方志所载极多，不胜枚举。明代云南三司及各府、州、县的流官多为外省调入者。他们绝大多数以科举得官，其政绩中也往往有建学育人、以夏化夷之功。因为“治国以教化为先，教化以兴学为本”。[①]如果没有各级地方官员点点滴滴的工作，明朝最高统治者以礼化夷的民族政策便难以收到实实在在的效果。

明代云南少数民族与汉族融合的另一重要途径是汉族和少数民族之间的族际婚姻。明初进入云南的汉族军士并非都带有妻室。部分军士到了云南之后才就地择偶成家。他们的妻子或即来自居住在卫所附近的少数民族。卫所之所在，为交通沿线和平坝地区。这些地区的白族、彝族等自汉代以来即处于汉族文化的长期影响之下。因此，出现卫所军士与白族、彝族妇女通婚的情况不会使人感到惊奇。自洪武十五年(1382)收复云南直到明朝末年，少数民族的叛乱活动或大或小，此伏彼起。平叛过程中除大量杀戮之外，掳掠男妇亦不少。男子安插异地，妇女多配给了军士。洪武十五年(1382)三月，朱元璋诏许“征南军士所获男女人官者，皆给以钞锭。凡获男子一人给钞五十锭，妇女一人钞四十五锭”。[②]虽然不知道后来抓到了多少妇女，但她们难以回家乡与本族男子成婚(或与丈夫团聚)，则是可以肯定的。永乐四年(1406)，“刑部右侍郎金纯言西平侯沐晟不禀命于朝，擅以籍没罪人妇女给配军士……”。[③]这类罪人妇女中当即包括了少数民族妇女。嘉靖十一年(1532)，昆阳州李贤叛乱，官军剿平。斩杀之外，俘获贼属6600余人，抚降男妇3600余人。“诏戮贤等于市。贼属应给配者，官鬻之”。[④]所谓给配，主要是男子发充为仆，妇女分配为妻。而官府在分配妇女时，首先要照顾的应该是汉族男子。除了官方许可的这种“战争婚姻”之外，中、下级军官在平定叛乱时杀男夺女，任意分配，也偶见记载。万历二年(1574)邹应龙征剿“㑷、㒓”，所属个别军官“尽窥子女繁者，树一旆引兵围之，男为馘，女为俘，须臾而尽，名曰洗村，皆良民也。……阿迷州村中方娶妇，宴笑一楼，

①《明史·选举志》。

②《明太祖实录》卷一四三。

③《明太祖实录》卷一四三。

④《明世宗实录》卷一四三。

亦围楼取众妇分配其家奴”。[①] 和平时期产生的汉夷通婚现象更普遍，但却少有留下实在的证明。正统八年(1443)二月，王骥等奏：“贵州地方，诸种蛮夷所居。各卫所官军欺其愚蠢，占种田地，侵占妻女，遂至不能聊生，往往聚啸为盗。”[②]所言虽是贵州，但云南情形应大致相同。“侵占妻女”这一控告所包含的诸多事件中，应当有可称“婚姻”的例子。

总之，由于种种原因而产生的汉夷通婚绝不只是个别现象。而在明朝统治阶级对汉族和少数民族共居地区有较深入的统治这一前提下，汉族和少数民族通婚的家庭，主要倾向于汉族化而非少数民族化。

另外，还有一些汉族群众深入西南边疆少数民族之中，“结交土官人等，以有易无。至有教之治兵器，贪女色，留家不归者……”。[③] 这些汉族人口孤军深入，没有明朝强大的政治、军事力量做后盾，也缺乏汉族广泛的经济、文化影响为背景，所以他们更多地接受了少数民族的文化。江西人岳凤即是一例。[④] 明初深入丽江府的少量汉族人口至明末也纳西族化了。[⑤]

明代云南少数民族与汉族融合的第三个重要途径是居住环境的改变，即有的少数民族人口从云南边疆迁入云南内地，或从少数民族聚居的山区迁到了汉族人口较多的地方。这部分人离开本民族群体的共同居住区而进入汉族政治、军事和经济力量都十分强大的陌生环境中，其生计手段和文化特点都不得不发生改变而与新的环境保持一致。在收复云南和平定云南各民族反抗斗争的过程中，被俘虏的少数民族男子多被安置在汉族统治较为深入的地方，最终都汉族化了。边疆地区的一些少数民族人口也因种种原因而被迁入云南内地。正统五年(1440)六月，“南甸、腾冲等州头目刀贡罕等，率众归顺，移置云南等卫、宜良县等处，拨与空房，屯田耕种”。[⑥] 正统十二年

---

①〔明〕诸葛元声撰，刘亚朝校点：《滇史》卷一三，德宏民族出版社，1994 年。

②《废帝郕戾王附录》卷一〇一。

③《废帝郕戾王附录》卷一一七。

④〔明〕诸葛元声撰，刘亚朝校点：《滇史》卷一三，德宏民族出版社，1994 年。

⑤〔明〕徐弘祖著，朱惠荣校注：《徐霞客游记校注 · 滇游日记七》，云南人民出版社，1985 年。

⑥《废帝郕戾王附录》卷六八。

(1447)，曾任陇川宣抚司宣抚使的傣族土官恭项因罪去职，《明实录》说：“上谓兵部臣曰：‘恭项论法当处以死，但念来归之初颇有微劳，特屈法宥之，同妻孥发遣曲靖府卫安置’。”[①]土官刀门俸，“为镇康州土知州。正统中，大兵讨麓川，应募攻克上江，深入湾甸。后军饷不给，馆谷者三月，因直捣缅地，获思任、思机。累功升孟定知府，以其子刀班线为镇康州知州。后门俸入贡如京师，思氏遗孽思笑纠木邦攻镇康，杀班线，掠其金牌印信，复攻孟定。门俸次子刀孟不能支，挈家奔永昌。时靖远伯班师未久，不能复征，因安置门俸于澄江”。[②] 另外，丽江土官木森子木日，“成化中，与其兄木嵚争立，安插寻甸府。”[③]这部分人被迁入内地以后，处于汉族流官的直接控制和汉族文化的全面影响下。另有一些少数民族人口则自发地从边疆流入内地。天启《滇志》卷三〇说：“蒲人，其流入新兴、禄丰、阿迷、镇南者，形质纯黑……”。他们的迁入虽不是封建王朝有计划的安排，但其脱离本民族的主要群体而逐步与汉族融合则是显然的。至清朝时期，上述部分地方的蒲人即已不见于记录。[④]

云南少数民族与汉族融合的历史过程主要始于明代，而至今尚未结束。民族融合是一个极其复杂的现象，是各种社会历史原因综合作用的结果。当我们谈到某个少数民族融合于汉族之中时，其实是说，这个民族的人口一点一点地学习汉族文化并逐渐扬弃自己民族原有的文化惯例。因此，历史上的记录多用生、熟来区分同一少数民族群体中不同部分的人口：东北有生女真和熟女真；西南有生蒲、熟蒲……生、熟的区分，取决于少数民族接受大汉族统治阶级政治控制的多寡程度和汉族文化在该民族中发挥影响的强弱程度。也可以说，生者是指保持本民族传统文化较多的那部分人口；熟者是指较少保持本民族传统文化而更多地接受了汉族文化的那部分人口。由“生”到

---

①《废帝郕戾王附录》卷一五五。

②〔明〕刘文征撰，古永继校点，王云、尤中审订：天启《滇志》卷三〇，云南教育出版社，1991年。

③〔明〕刘文征撰，古永继校点，王云、尤中审订：天启《滇志》卷三〇，云南教育出版社，1991年。

④尤中：《中国西南的古代民族》，第492页。云南人民出版社，1980年。

“熟”的过程，并不是少数民族汉族化过程的完成而仅仅是这一过程的开始。少数民族完全融合于汉族之中以少数民族和汉族的心理认同为标志：少数民族个体自认为是汉族群体中的一员，而汉族群体也把这一少数民族个体当成自己的一分子。某个少数民族全体或这一民族中的某些群体的汉族化，总是通过其众多个体的汉族化而逐渐实现的。明清时期云南白人、蒲人、鞑靼等分布面的逐渐缩小，以及汉族分布面的不断扩大，既是汉族移民在明末清初以后不断增多的结果，也是上述少数民族与汉族融合过程逐渐加快的证明。

明代云南一共有下列十九种少数民族：白族、彝族、蒲人、蒙古族、回族、哈尼族、傣族、纳西族、傈僳族、壮族、阿昌族、藏族、普米族、怒族、景颇族、独龙族、苗族、瑶族、缅族。① 其中，缅族、壮族、苗族、瑶族、怒族、藏族、独龙族、傈僳族、纳西族、阿昌族、普米族、景颇族等十二个民族分布于云南边疆，明朝的政治、军事控制尚不深入，汉族的文化影响亦不普遍，所以终明一代他们大多仍保持了自己的民族特点，其汉化过程或已开始，但多局限在其土官、头人这一阶层中。《滇志》说，阿昌族“父兄死，则妻其母嫂。近有罗板寨百夫长早正死，其妻方艾，自矢不失节，遂饿而死，其俗渐革”。② 可见，“饿死事小、失节事大”这一汉族封建礼教特有的文化规范，已进入了阿昌族百夫长的家庭。

另外七个少数民族即傣族、哈尼族、蒙古族、回族、彝族、蒲人、白族，则开始了与汉族融合的过程，其速度或快或慢，涉及的人口或多或少，具有不同的表现特征，而以白族与汉族的融合为最普遍。由于白族居住地区自然条件较好而成了汉族移民的首选乐土，加之白族经济文化发展程度较高，所以明代白族与汉族的接触也就特别广泛，白族人口汉族化的情况比云南境内其他少数民族都更普遍，加入汉族群体的原白族人口也比其他任何民族的人口都多。

然而，一方面要看到元明以来云南内地众多少数民族不同程度地与汉族

①本文对明代云南少数民族的识别，主要依据尤中先生《中国西南的古代民族》的有关论述。

②〔明〕刘文征撰，古永继校点，王云、尤中审订：天启《滇志》卷三〇，云南教育出版社，1991 年。

融合这一事实，另一方面也不可对这种融合的规模估计过大。明代汉族文化对少数民族的影响是以城市为中心向四周辐射。一般说来，离城市越远、交通越闭塞的地区，本民族文化传统保存也就越多。明代云南各级城市所起的作用，多偏重于军事设防而少强调商业贸易，因而其容纳的居民数量并不多。由城市开始向农村扩展的少数民族与汉族融合的过程，涉及的民族数量虽不少而人口数量却不多。因此，终明一代，云南境内仍以少数民族人口为绝对多数。

（原载《思想战线》1996 年第 5 期）

明清时期感恩县北黎地区民族构成的变化过程研究

［摘要］ 海南省东方市明清时期分属感恩县、昌化县、儋州、崖州。东方市八所镇北黎村，因其位于感恩县城北边且为黎族居住区而得名。明清时期对沿海地区的行政管理和经济开发导致北黎地区的民族构成发生变化。汉族人口以军人、农民、商人等身份不断进入北黎地区，该地原有黎族居民陆续迁往内地山区。到 20 世纪 30—40 年代，北黎已成为海南岛西部繁华的汉族市镇。

［关键词］ 感恩 北黎村 黎族 汉族 移民

海南岛与祖国大陆自古就存在人口往来。但直到明清时期，大陆人口才较大规模地进入海南岛。明清时期，海南岛人口分布的总体格局是，汉族人口以州县为中心向外扩散，逐渐布满沿海地区，并在北面和东面较多地深入内陆地区。在南面和西面，汉族人口主要分布于沿海地区，较少深入到内陆山区。

明清时期的大多数时间内，感恩下辖的北黎，有村，有港，有汛塘，有墟市。本文所称北黎地区，指以北黎村为中心发展而成的人口聚集地。明清时期感恩县北黎地区汉族人口取代黎族人口，是海南岛沿海地区人口迁移过程的一个实例。

整个明清时期，黎族分布区域逐渐向海南岛内地集中。我们曾经粗略讨论这一阶段海南岛黎族分布区域的变化。[1] 本文将以一个黎族村落人口构成的演变，说明黎族分布区域向内地山区逐渐收缩的具体情形。

一、北黎的含义

明清时期的大多数时间内，海南为琼州府，辖三州(儋州、崖州、万州)十县(琼山县、澄迈县、临高县、昌化县、感恩县、陵水县、乐会县、会同县、定安县、文昌县)。正德《琼台志》曾对当时琼州府的地理和社会状况做出精辟概括：

> 琼为都会，居岛之北陲。儋居西陲，崖居南陲，万居东陲。内包黎峒，万山峻拔，外匝大海，远接诸番。[2]

汉族和黎族相互联系。汉族以“黎”称呼黎族，也将黎族地方的山川物产打上黎族标记。所以有黎山、[3] 黎水、[4] 黎产、黎俗,[5] 等等。

因为三州十县除定安县之外均沿海而设，各自以州县为中心观察黎族，就产生了东黎、西黎、南黎、北黎等不同称谓，分别用来指州县治所东、南、西、北四方的黎族。

东黎：

---

①谢国先，陈积慧：《明清时期海南黎族分布区域的变化》，王建成主编《第二届黎族文化论坛文集》，民族出版社，2018 年 4 月。

②〔明〕唐胄纂，彭静中点校，《正德琼台志》，第 67 页。海南出版社，2006 年 3 月。

这段话标点欠妥，宜做如下改动：“琼为都会，居岛之北陲；儋居西陲，崖居南陲，万居东陲。内包黎峒，万山峻拔。外匝大海，远接诸番。”详见谢国先，陈积慧《〈海南地方志丛刊〉的几处标点问题》，《长江师范学院学报》2017 年第 5 期。

③〔明〕唐胄纂，彭静中点校，《正德琼台志》，第 294 页。海南出版社，2006 年 3 月。

④〔明〕唐胄纂，彭静中点校，《正德琼台志》，第 126 页。海南出版社，2006 年 3 月。

⑤〔明〕唐胄纂，彭静中点校，《正德琼台志》，第 708 页。海南出版社，2006 年 3 月。

明代琼山有东黎，曾设东黎土舍进行管理。①

崖州“黎境山深地广，分东西二界。而东黎村峒独多，广袤三百余里”。②

西黎：

明代琼山有西黎，曾设西黎土舍进行管理。③

澄迈县也有西黎，并在西黎地区设置篱藏、判壅、居变、定全等营寨，目的在于防黎。④

文昌县迈南山“山势由西黎白坛岭来，南过迈陈都，特起一峰，因名。”⑤万州的堀埇陂，其水来自西黎马鞍山。⑥

万州的吴村渡和莲塘渡，其水也来自西黎马鞍山。⑦

乐会县南部的温泉河，发源于西黎山纵横峒。⑧

万州南部的南渡大溪水也发源于西黎山。⑨

南黎：

明代符那钦被称作儋州的“南黎寇首”。⑩ 明代海南卫内外十一所，有屯田二十二处。其中，“左所屯田二，曰南黎，曰清宁。”⑪

①〔明〕戴熺，欧阳灿总裁，〔明〕蔡光前等纂修，马镛点校，《万历琼州府志》，第332页。海南出版社，2006年3月。

②〔清〕钟元棣创修，张嶲等纂修，刘宇、周小华点校，《光绪崖州志》，第332页。海南出版社，2006年3月。

③〔明〕戴熺，欧阳灿总裁，〔明〕蔡光前等纂修，马镛点校，《万历琼州府志》，第332页。海南出版社，2006年3月。

④〔明〕戴熺，欧阳灿总裁，〔明〕蔡光前等纂修，马镛点校，《万历琼州府志》，第362页。海南出版社，2006年3月。

⑤〔明〕唐胄纂，彭静中点校，《正德琼台志》，第101页。海南出版社，2006年3月。

⑥〔明〕唐胄纂，彭静中点校，《正德琼台志》，第134页。海南出版社，2006年3月。

⑦〔明〕唐胄纂，彭静中点校，《正德琼台志》，第296页。海南出版社，2006年3月。

⑧〔明〕唐胄纂，彭静中点校，《正德琼台志》，第105页。海南出版社，2006年3月。

⑨〔明〕唐胄纂，彭静中点校，《正德琼台志》，第113页。海南出版社，2006年3月。

⑩〔明〕唐胄纂，彭静中点校，《正德琼台志》，第426页。海南出版社，2006年3月。

⑪〔明〕戴熺，欧阳灿总裁，〔明〕蔡光前等纂修，马镛点校，《万历琼州府志》，第352页。海南出版社，2006年3月。

明代陵水县有镇南营，“在大牛岭南，扼小牛岭南黎出掠”。[①]

北黎：

明代陵水县有驭北营，“在小牛岭北，扼小牛岭北黎出路”。[②]

崖州龙栖港，河水源自北黎山，[③] 都陂也源自北黎山。[④]

这些语境中的“黎”，就是指黎族。

到了清代晚期，琼州府沿海地区的居民主要是汉族，内地山区主要是黎族。这种情况并非从来如此，也没有一成不变。沿海地区也有黎族居民，不过在逐渐减少；内地山区也有汉族人口不断迁入。

古代海南地方政权逐渐将黎族纳入直接管理的范围，设立管理机构。明清时期，海南州县之下设乡、里、都、图。因为黎族与州县治所的方位关系，于是有东黎都、西黎都、南黎都、北黎都之类地名。

因为黎族均生活在各州县边境，所以黎都也成为地方志描述州县四至范围的一个地理参照。

东黎都：

明代万历年间（1573—1619）琼山县南永兴乡有东黎一都、东黎二都。[⑤] 清代道光年间（1821—1850）这两个黎都仍然存在。[⑥]

西黎都：

明代琼山县范围，“西南到本县西黎都岭平峒四百里”。[⑦] 琼山县的石鼓岭、檠塔岭、白石水泡岭、南坤岭、头平岭等，均在西黎都。[⑧] 琼山县西黎

---

①〔明〕戴熺，欧阳灿总裁，〔明〕蔡光前等纂修，马镛点校，《万历琼州府志》，第368页。海南出版社，2006年3月。

②〔明〕戴熺，欧阳灿总裁，〔明〕蔡光前等纂修，马镛点校，《万历琼州府志》，第368页。海南出版社，2006年3月。

③〔明〕唐胄纂，彭静中点校，《正德琼台志》，第123页。海南出版社，2006年3月。

④〔明〕唐胄纂，彭静中点校，《正德琼台志》，第135页。海南出版社，2006年3月。

⑤〔明〕戴熺，欧阳灿总裁，〔明〕蔡光前等纂修，马镛点校，《万历琼州府志》，第109页。海南出版社，2006年3月。

⑥〔清〕明谊修，张岳崧纂，李琳点校，《道光琼州府志》，第410页。海南出版社，2006年3月。

⑦〔明〕唐胄纂，彭静中点校，《正德琼台志》，第68页。海南出版社，2006年3月。

⑧〔明〕唐胄纂，彭静中点校，《正德琼台志》，第85—86页。海南出版社，2006年3月。

都属仁政乡。[1] 到了清代，琼山县的西黎都分为西黎一都、西黎二都。[2]

明代澄迈县范围，“西南到本县西黎都一百八十里”。[3] 澄迈县南永泰乡有西黎都、西黎中都，[4] 且西黎都有土舍，有黎兵。[5]

澄迈县铜鼓巡检司，“在县南一百一十里西黎都。”[6]

南黎都：

明代澄迈县范围，“南至临高县南黎都一百一十里”。[7] 其实，澄迈县内也有南黎都，且有土舍、黎兵。[8] 澄迈南黎都还有“篱谨营”。[9]

明代昌化县范围，东南到本县南黎都落梅黎村五十里。[10]

明初澄迈县设兔颖巡检司，“在县南一百六十里南黎都。先洪武初，设在曾家东隅都，为永靖寨巡检司。十三年(1380)，因镇服黎人移此。”[11]万历《琼州府志》在“兎颖巡检司”下照抄上引正德《琼台志》文字。[12]

北黎都：

正德《琼台志》描述昌化县范围，东至本县北黎都那侯黎村一百里。[13] 昌化县的北黎都属其北边的由义乡。[14] 明代昌化县驻今昌江黎族自治县昌化镇，

---

①［明］唐胄纂，彭静中点校，《正德琼台志》，第 280 页。海南出版社，2006 年 3 月。

②［清］明谊修，张岳崧纂，李琳点校，《道光琼州府志》，第 410 页。海南出版社，2006 年 3 月。

③［明］唐胄纂，彭静中点校，《正德琼台志》，第 69 页。海南出版社，2006 年 3 月。

④［明］唐胄纂，彭静中点校，《正德琼台志》，第 280 页。海南出版社，2006 年 3 月。

⑤［明］戴熺，欧阳灿总裁，［明］蔡光前等纂修，马镛点校，《万历琼州府志》，第 332 页。海南出版社，2006 年 3 月。

⑥［明］唐胄纂，彭静中点校，《正德琼台志》，第 577 页。海南出版社，2006 年 3 月。

⑦［明］唐胄纂，彭静中点校，《正德琼台志》，第 69 页。海南出版社，2006 年 3 月。

⑧［明］戴熺，欧阳灿总裁，［明］蔡光前等纂修，马镛点校，《万历琼州府志》，第 332 页。海南出版社，2006 年 3 月。

⑨［明］戴熺，欧阳灿总裁，［明］蔡光前等纂修，马镛点校，《万历琼州府志》，第 362 页。海南出版社，2006 年 3 月。

⑩［明］唐胄纂，彭静中点校，《正德琼台志》，第 71—72 页。海南出版社，2006 年 3 月。

⑪［明］唐胄纂，彭静中点校，《正德琼台志》，第 577 页。海南出版社，2006 年 3 月。

⑫［明］戴熺，欧阳灿总裁，［明］蔡光前等纂修，马镛点校，《万历琼州府志》，第 218 页。海南出版社，2006 年 3 月。

⑬［明］唐胄纂，彭静中点校，《正德琼台志》，第 71 页。海南出版社，2006 年 3 月。

⑭［明］唐胄纂，彭静中点校，《正德琼台志》，第 282 页。海南出版社，2006 年 3 月。

则其北边由义乡的北黎都并非当时感恩县的北黎。

正德《琼台志》专门在这些带“黎”的都后注明其居民是“黎”，即黎族。

上引有关东黎、西黎、南黎、北黎、东黎都、西黎都、南黎都、北黎都的材料足以证明，北黎就是北边的黎族。换句话说，某个州县治所的北边有黎族，就称之为北黎。

感恩县的北黎，最初表示感恩县城北边的黎族，后来代指这些黎族聚居的地方。

二、感恩县北黎地区的开发

明清时期，国家和府、州、县各级对北黎地区进行开发。感恩县的北黎由原来的居民点发展为海港、铺舍、集市。

正德《琼台志》卷一《郡州邑疆域图》所附昌化县境地图西南角有北黎铺、北黎港。① 昌化县明清均属儋州，“仍隶琼州府”。② 此北黎铺、北黎港在昌化县西南，即指同一时期感恩县的北黎地区。

明代中期感恩县境地图西北角有北黎村。③ 感恩县原属儋州，明洪武十九年(1386)改属崖州，仍隶琼州府，清代因之。④

北黎何时形成居民点，尚不得而知。从上引正德《琼台志》所附地图注文来看，可以确定明代后期北黎已经有村落、海港和铺舍。

北黎港处于感恩、昌化两县之间。正德《琼台志》介绍州县范围说，昌化县“西南到感恩北黎港海岸四十里”；⑤ 感恩县西北到本县北黎港九十五里。⑥

关于北黎港，正德《琼台志》记载：“北黎港，在(感恩)县北九十五里北

①[明]唐胄纂，彭静中点校，《正德琼台志》，第 21 页。海南出版社，2006 年 3 月。

②[清]明谊修，张岳崧纂，李琳点校，《道光琼州府志》，第 19 页。海南出版社，2006 年 3 月。

③[明]唐胄纂，彭静中点校，《正德琼台志》，第 25 页。海南出版社，2006 年 3 月。

④[清]明谊修，张岳崧纂，李琳点校，《道光琼州府志》，第 52 页。海南出版社，2006 年 3 月。

⑤[明]唐胄纂，彭静中点校，《正德琼台志》，第 72 页。海南出版社，2006 年 3 月。

⑥[明]唐胄纂，彭静中点校，《正德琼台志》，第 73 页。海南出版社，2006 年 3 月。

富乡。源自黎峒，流经北峒铺之西北，与潮会成港。”①明代晚期，北黎港仍存：“北黎港，(感恩)(县北九十五里)。”②万历《琼州府志》列举当时的港口说：“……感恩深田湾。又八十里，至北黎港。”③

清代中期，北黎港的商贸功能有所加强：

> 北黎港，在(感恩)县北九十里，即昌化之南江。北为黎界，曾设北黎营及墩(《县志》)。此港可泊舟，商贩皆贸易于此(《采访册》)。④

此处所引《县志》，应指康熙年间(1662—1722)崔国祥纂修、姜焯续修的那一种，而《采访册》是道光年间(1821—1850)为编纂《琼州府志》而派员调查的记录。北黎港“北为黎界”，说明北黎港所在地此时已经没有黎族。

道光《琼州府志》记录了海南岛沿海“可以湾泊船只”的总计十一个海港，北黎港是其中之一。⑤ 不过，北黎港仅是“县属小港”，“遇水大时船方可进港”。⑥

在开发利用感恩地方资源的过程中，北黎是交通要道。

民国《感恩县志》引用彭程万、殷汝骊《调查琼崖实业报告书》说：

> 感恩近溪、荛查、报恩、江边一带森林蜿蜒一二百里，多产花梨、荔枝、青梅、红罗、高根、鸡针及其他格木等，均属佳料。感恩、昌江二县本地所用及出口之木，多取材于此。其运道一出北黎，一出感恩。北黎纯由陆运，感恩则七、八、九三个月河流发水

①〔明〕唐胄纂，彭静中点校，《正德琼台志》，第125页。海南出版社，2006年3月。

②〔明〕戴熺，欧阳灿总裁，〔明〕蔡光前等纂修，马镛点校，《万历琼州府志》，第93页。海南出版社，2006年3月。

③〔明〕戴熺，欧阳灿总裁，〔明〕蔡光前等纂修，马镛点校，《万历琼州府志》，第394页。海南出版社，2006年3月。

④〔清〕明谊修，张岳崧纂，李琳点校，《道光琼州府志》，第178页。海南出版社，2006年3月。

⑤〔清〕明谊修，张岳崧纂，李琳点校，《道光琼州府志》，第775页。海南出版社，2006年3月。

⑥〔清〕明谊修，张岳崧纂，李琳点校，《道光琼州府志》，第780页。海南出版社，2006年3月。

时，可由河道接运六十里。[①]

宣统年间(1909—1911)，感恩北黎已有人积极筹划开采县城东北百余里外山岭的金、银、铜、锡等矿产资源，并已经带样品到香港委托洋人实验。[②]

明代感恩的北黎村，属北富乡管辖。正德《琼台志》卷一二介绍感恩县乡都："北富乡，在县北。"[③]

清代感恩县共分三都。其中，"大南都，在县北，领图三：北富乡一图，北富乡二图，北富乡三图"。[④] 这三图的居民都是汉族。

明代感恩县北黎还有铺舍。正德《琼台志》记载："北黎桥，在县北九十一里北黎铺。元以木建，今废。"[⑤]

感恩北黎也有渡口。正德《琼台志》："北黎渡，在县北五十里北富乡。水自黎峒流出北黎港入海。"[⑥]北黎渡在明代晚期已改名为北富渡。"北富渡，县北五十里，旧名北黎。水自黎峒流出北黎港入海。"[⑦]这个渡口在清代道光年间(1821—1850)仍被称为北富渡，其旧名为北黎渡。[⑧]

感恩县北黎地区正德年间(1506—1521)尚无集市。[⑨] 明代晚期，感恩县仍旧"市在县街，人民稀少，舟楫不通，贸易亦寡。"[⑩]道光年间(1821—

①〔民国〕彭程万、殷汝骊《调查琼崖实业报告书》，载于〔民国〕周文海重修，卢宗棠、唐之莹纂修，杜惠珍、蔡昌其点校：《民国感恩县志》，第86页。海南出版社，2006年3月。

②〔民国〕周文海重修，卢宗棠、唐之莹纂修，杜惠珍、蔡昌其点校：《民国感恩县志》，第51页。海南出版社，2006年3月。

③〔明〕唐胄纂，彭静中点校：《正德琼台志》，第283页。海南出版社，2006年3月。

④〔清〕明谊修，张岳崧纂，李琳点校：《道光琼州府志》，第423页。海南出版社，2006年3月。

⑤〔明〕唐胄纂，彭静中点校：《正德琼台志》，第298页。海南出版社，2006年3月。

⑥〔明〕唐胄纂，彭静中点校：《正德琼台志》，第298页。海南出版社，2006年3月。

⑦〔明〕戴熺，欧阳灿总裁，〔明〕蔡光前等纂修，马镛点校：《万历琼州府志》，第210页。海南出版社，2006年3月。

⑧〔清〕明谊修，张岳崧纂，李琳点校：《道光琼州府志》，第454页。海南出版社，2006年3月。

⑨〔明〕唐胄纂，彭静中点校：《正德琼台志》，第285页。海南出版社，2006年3月。

⑩〔明〕戴熺，欧阳灿总裁，〔明〕蔡光前等纂修，马镛点校：《万历琼州府志》，第214页。海南出版社，2006年3月。

1850)，感恩有三处墟市：北黎市、月村市、佛罗市。①

乾隆三十八年(1773)，北黎港建风神庙。② 清末，北黎市西有盂兰庙，“建有瓦屋数楹，遇有来往商旅病亡，以为厝柩之所。旋因水冲屋坏。光绪年间(1875—1908)，欧琼琛之母苏吕林氏慷慨捐资买地重建。”③

清末民初，北黎已是繁华小镇，成为海盗、土匪打劫目标。

> 光绪六年(1880年)，土匪李用兴，儋州人，盘踞北黎市，邀结无赖为党，勒索乡民，抢占幼女，无恶不作。北黎绅耆密禀城守蒋模带兵擒斩之。④
>
> (光绪)十二年(1886年)，儋州匪陈宗明踞北黎市，私造国刑，禁人勒赎。⑤

照今天的话说，李用兴、陈宗明就是当时北黎市的黑社会头目。

> 民国元年四月十二日，海匪二百余人由四更湾登岸。器械犀利，民逃不拒。率入北黎市搜掠通市商店，满载而去，并伤市绅史经一人。⑥

凡此种种，说明清末民初的北黎市已经是一个人来人往、商贸繁盛的富

---

①〔清〕明谊修，张岳崧纂，李琳点校：《道光琼州府志》，第423页。海南出版社，2006年3月。

②〔清〕明谊修，张岳崧纂，李琳点校：《道光琼州府志》，第407页。海南出版社，2006年3月。

③〔民国〕周文海重修，卢宗棠、唐之莹纂修，杜惠珍、蔡昌其点校：《民国感恩县志》，第120—121页。海南出版社，2006年3月。

④〔民国〕周文海重修，卢宗棠、唐之莹纂修，杜惠珍、蔡昌其点校：《民国感恩县志》，第264页。海南出版社，2006年3月。

⑤〔民国〕周文海重修，卢宗棠、唐之莹纂修，杜惠珍、蔡昌其点校：《民国感恩县志》，第265页。海南出版社，2006年3月。

⑥〔民国〕周文海重修，卢宗棠、唐之莹纂修，杜惠珍、蔡昌其点校：《民国感恩县志》，第264页。海南出版社，2006年3月。

庶集镇。这样一个集镇的形成，以人口聚集为基础。

三、北黎地区的汉族移民

汉代以来，一直有汉族移民迁入海南岛。《元史·兵志·屯田》说，元代海南“虽非屯田之所，而以为蛮夷腹心之地，则又因制兵屯旅以控扼之。由是而天下无不可屯之兵，无不可耕之地矣”。[①] 因为海南地理位置特殊，所以，戍兵不便频繁更代。《元史·兵志·镇戍》记载，成宗元贞二年(1296)“九月，诏以两广海外四州城池戍兵，岁一更代，往来劳苦。给俸钱，选良医，往治其疾病者。命三二年一更代之”。[②]

我们不能确定汉族人口迁入北黎的起始年代，但已有资料显示，明初北黎地区已有军屯方式进入的汉族人口。

明代北富乡有屯田：

> 昌化所屯田二，曰苏屋，曰大南(俱坐落感恩县地方，与左所同，去县五十里，系北富乡)。[③]

注文所谓“与左所同”，指与左所屯军、屯田、屯粮数量相同：

> 左所屯田二，曰南黎，曰清宁。(各督屯百户一员，旗军一百十二名，共田二十二顷四十亩，细粮六百七十二石。二屯旗军二百二十四名，田四十四顷八十亩，岁屯粮一千三百四十四石。)[④]

---

①〔明〕宋濂等撰：《元史》，第1698页。中华书局，2000年1月。

②〔明〕宋濂等撰：《元史》，第1685页。中华书局，2000年1月。

③〔明〕戴熺，欧阳灿总裁，〔明〕蔡光前等纂修，马镛点校：《万历琼州府志》，第354页。海南出版社，2006年3月。

④〔明〕戴熺，欧阳灿总裁，〔明〕蔡光前等纂修，马镛点校：《万历琼州府志》，第352页。海南出版社，2006年3月。

相对于北黎，北富是后来的命名。感恩有北富乡，与南丰乡对应，取北富南丰的吉利含义。前文有例，明代中期的北黎渡，在明代晚期更名为北富渡，清代中期仍名北富渡。可见，北黎和北富所指区域必定有所重复。而且，改北黎为北富，可证明黎族在该地区的存在已经不那么显著。

军屯后来发生变化：

盖屯军为防黎而设，屯田为养军而设。今大不然，民侵其居，军虚其籍，且逃绝相寻，是谓有屯无军；官舍土豪包占管业，且争讼不已，是谓有军无田；耕者什一，荒者什九，且卖单变产，是谓有田无食。故在屯在所，虽有仓支屯给名粮，而军兴杂费动辄剜肉医疮，言之可为痛涕。①

军去实籍，屯田易主。土豪蚕食屯田，多半会招募汉族移民耕种。

清代海南岛仍有屯田。《清史稿》卷一二二《食货志·漕运》记载：

清初沿明卫所之制，以屯田给军分佃，罢其杂徭。寻改卫军为屯丁，勿得窜入民籍，五年一编审，粮道掌之。②

海南岛沿海屯军兼有内镇黎族、外防入侵的双重任务。《清史稿》卷一三八《兵志·海防》记载：

(光绪)十四年(1888)，张之洞、吴大澂以琼州一岛，内绥黎族，外通越南，就琼州原有制兵，酌设练军，并加练饷，一洗绿营积弊，……其守兵二千人，均拨紧要塘汛。③

①〔明〕戴熺，欧阳灿总裁，〔明〕蔡光前等纂修，马镛点校：《万历琼州府志》，第355页。海南出版社，2006年3月。

②〔民国〕赵尔巽等撰：《清史稿》，第3586页。中华书局，1977年8月。

③〔民国〕赵尔巽等撰：《清史稿》，第4117—4118页。中华书局，1977年8月。

清初，北黎港有防兵30名。[①] 道光年间，崖州协陆路营在北黎设置北黎营(额兵26名)，下辖北黎汛(防兵27名)、北黎塘(共六塘，每塘兵3名，共18名)、北黎台。[②] 兵员数量虽然不多，但营、汛、塘、台可以让汉族移民不必过多担忧海寇劫掠或与黎族的矛盾，从而更为放心地迁入定居。

汉族人口增多，于是，原为黎族耕种的田地，或租或售，逐渐为汉族所有。道光《琼州府志》分析道光十三年(1833)儋州黎人黎亚义等起义原因：

> 是年大旱，贫黎四出觅食，奸民贷以钱米，期倍蓰偿。至秋复饥，索逋不得，无肯复贷者。熟黎咸怨，思结党尽杀汉奸，然未有以发。初，黎人未知耕凿，土多闲旷。雷、廉、潮、嘉诸郡州民潜入洞中，借垦其地，许偿以粟，或佃耕黎田，因辟其旁隙地，渐至连阡累陌。黎人无券约，亦无界，至岁久，所垦田已辗转分售，而黎人不知，以为皆己有也，但得租足食则已。至是饥，黎田皆赤土，而客民有收获者，黎人不平，则分杀客民，倡众作乱。[③]

汉族流民垦田占籍，明初已经不少。《明史》卷一六九《王直传》记载，建文(1399—1402)初王直父王伯贞为琼州知府，“琼田岁常三获，以赋军，军不时受，俟民乏，乃急敛以要利。伯贞为立期，三输之，弊始绝。居数年，大治，流民占籍者万余”。[④]

琼州府学的学田，也有原为黎族田地者。“隆庆元年(1567)，宪副陈复生给西黎等处田。吴熙妻张氏绝户田，坐琼山西黎地，府、县两学岁收租银

---

①[清]钟元棣创修，张嶲等纂修，刘宇、周小华点校：《光绪崖州志》，第289页。海南出版社，2006年3月。

②[清]明谊修，张岳崧纂，李琳点校：《道光琼州府志》，第748、829页。海南出版社，2006年3月。

③[清]明谊修，张岳崧纂，李琳点校：《道光琼州府志》，第901页。海南出版社，2006年3月。

④[清]张廷玉等撰：《明史》，第3018页。中华书局，2000年1月。

八十两，供师生之费，统贮府库未支。……"[①]吴熙妻张氏绝户人口达一百四十丁。[②] 这些人原来耕种的田地，原本是西黎地，都给了琼山府、县两级学校。

道光《琼州府志》中，也有当时澄迈县买西黎都田地助学的记录。[③]

上述材料是汉族移民耕地范围逐步扩大的一般情形，感恩县北黎地区应非例外。汉族进入北黎，黎族离开北黎，这一过程主要是经济活动的结果。当然，黎族因起义失败而丧失原有土地甚至丧失人口，也会腾空一些土地，吸引其他民族人口进入。嘉靖四十年(1535)征抱由、罗活(均在今乐东黎族自治县抱由镇)之后，俞大猷就曾建议：

> 即今经戮村分，其遗类不甚多，以其遗地遗吾兵民杂居之，则其子孙耳濡目染乎吾民之言语习尚，皆可化为百姓矣。[④]

定安县丞杨理弘治年间(1488—1505)曾参与平定符南蛇起义。[⑤] 他的建议更为具体：

> 今见本府文昌等县，失业良民实难度日，是有人而无可耕之田；又见本卫十一所屯军多懒惰不务农，为强窃祸害乡村，是有田而无肯耕之人，俱为失处。合无从今凡遇征剿之后，黎既死散，即招前项文昌等民列村居住，分耕其田。十一所之屯，随近拨还州

①［明］戴熺，欧阳灿总裁，［明］蔡光前等纂修，马镛点校：《万历琼州府志》，第290页。海南出版社，2006年3月。

②［明］戴熺，欧阳灿总裁，［明］蔡光前等纂修，马镛点校：《万历琼州府志》，第294页。海南出版社，2006年3月。

③［清］明谊修，张岳崧纂，李琳点校：《道光琼州府志》，第353—354页。海南出版社，2006年3月。

④［清］明谊修，张岳崧纂，李琳点校：《道光琼州府志》，第926—927页。海南出版社，2006年3月。

⑤［明］戴熺，欧阳灿总裁，［明］蔡光前等纂修，马镛点校：《万历琼州府志》，第618页。海南出版社，2006年3月。

县，给民耕种，照民苗起科，而移军入屯于此。①

实际情形，往往如此。例如：

水会所屯田二，曰琼宁，曰安靖(系[万历]二十八年[1600年]征平黎马屎没官黎贼田，奉文清丈，该苗六十三顷九十八亩七分，计粮一千八百石，正配军三百名，自行招佃垦耕，收禾充作单月粮食)。

乐定营屯田(据《崖志》，[万历]四十二年[1614年]征平罗活贼，奉文清丈黎田一百一十九顷四十二亩零，该参将何斌臣议，将三十顷与广西药弩三百名为屯田，每名十亩，岁抵月粮二两四钱存田。徐世琼等承八顷二十七亩零，唐雄等承二顷九十七亩九分零，胡天锡承田一顷八亩九分零，尚七十七顷零给与残黎耕食)。②

隆庆(1567—1572)末年，澄迈王佛陈、王希贤、王枝等劫掠乡村，……万历元年(1573年)，斩希贤、佛陈等三十六功，破其巢穴，遗下荒田五十七顷入官。③

万历二十六年(1598年)，……澄迈县略绕峒黎反。指挥唐应明募集乡兵，剿平招顺十余村，见给该峒田赏功。④

黎族人口丧失或迁移留下的田地，称为“遗地”“绝黎田地”。⑤

---

①[清]明谊修，张岳崧纂，李琳点校：《道光琼州府志》，第930—931页。海南出版社，2006年3月。

②[明]戴熺，欧阳灿总裁，[明]蔡光前等纂修，马镛点校：《万历琼州府志》，第354—355页。海南出版社，2006年3月。

③[明]戴熺，欧阳灿总裁，[明]蔡光前等纂修，马镛点校：《万历琼州府志》，第428—429页。海南出版社，2006年3月。

④[明]戴熺，欧阳灿总裁，[明]蔡光前等纂修，马镛点校：《万历琼州府志》，第429页。海南出版社，2006年3月。

⑤[明]戴熺，欧阳灿总裁，[明]蔡光前等纂修，马镛点校：《万历琼州府志》，第441、442页。海南出版社，2006年3月。

清末民初，感恩县有23个村庄废弃，其原有居民迁入其他村庄。北黎也接收了其中的一部分移民：

竹根村，离城八十里。民国元年，地方不宁，被邻近八所、大占坡等大村藉故勒索，遂迁入港门、加旦、北黎各村住。①

符南蛇起义曾攻占感恩县城，北黎正处在起义爆发地海头七坊与感恩县城的中间地带。起义失败后，北黎地区的黎族是否大量逃亡，尚需进一步研究。

明代琼州府“额设土舍四十有一所，辖黎兵多寡不等，遇有调发，随军征进，专为前锋，无事则派守各营，听管营官调度”。② 但土舍所辖，并非全为黎兵，琼山县、澄迈县、临高县、定安县等地土舍都有“广、浙流徒”“逃民假黎”“募兵”。③ 这些外来者逐渐成为当地人。

清康熙年间(1662—1722)感恩知县姜焯分析当地防御形势，说：

按感邑港口并黎峒情形，窃以为岭南头、板桥、八所三港最为要害，宜添兵防御，并令水师沿海游巡，则水陆兼防，猝有海艘乘风飘突，何难灭此朝食？至于感邑黎岐，与民计之十分之四，向附版图，不足为患，患在崖邑生黎从峨茶、滈麻二总路出入扰害勾引煽惑，彼即畏势胁从。④

岭南头港即今乐东黎族自治县岭头港，板桥港即今东方市桥利港，八所

---

①〔民国〕周文海重修，卢宗棠、唐之莹纂修，杜惠珍、蔡昌其点校：《民国感恩县志》，第134页。海南出版社，2006年3月。

②〔明〕戴熺，欧阳灿总裁，〔明〕蔡光前等纂修，马镛点校：《万历琼州府志》，第332页。海南出版社，2006年3月。

③〔明〕戴熺，欧阳灿总裁，〔明〕蔡光前等纂修，马镛点校：《万历琼州府志》，第332页。海南出版社，2006年3月。

④〔清〕明谊修，张岳崧纂，李琳点校：《道光琼州府志》，第827页。海南出版社，2006年3月。

港即今东方市八所港。上述港口是防御海盗的重要据点。

至于防黎，则重在峨茶总路和湳麻总路。这两条路线，在民国《感恩县志》卷一三《黎防志》也特别提及：

> 感黎附版籍者十九，与民杂居，无患；患在与崖州之生黎切近。其出没孔道有二，一自峨茶总路分入陀兴、必改，一自湳麻岭总路分入岭头、白沙，常出为患。①

感恩有熟黎三峒：楼峒、王峒、古镇州峒。其中，“王峒距县城东一百余里，内有黎村六峒”，其一即为峨茶。② 峨茶即今东方市江边乡峨查村。陀兴、必改，今地待考，在今感恩县感城镇陀兴水库南北地带。湳麻今地待考，应在今尖峰镇所在地到南崖村一带。来自峨茶总路的黎族，“扰害勾引煽惑”波及陀兴、必改(今陀兴水库南北)，不能波及感恩县治所感城镇。经湳麻总路则到达岭头港、白沙港。这两条路线或止于感城镇东，或到达感城镇南。远在感城镇北 90 余里的北黎村，离统治者所担心的“崖邑生黎”已经非常遥远了。

清末民初，“感语有三种，曰军语、客语、黎语。……城厢及南北各村皆说客语，……”③北黎人说汉语方言客语，不说黎语。

民国《感恩县志》在介绍北黎港之后，加按语说：

> 港水环一墩，本感恩属地。清道光间(1821—1850 年)，始有琼、文、临三县及昌属四更人等至此捕鱼，结寮暂居，日久聚成村庄，名为墩头村。其居民皆入昌江县籍，多操商业，然以侨寄感

---

①〔民国〕周文海重修，卢宗棠、唐之莹纂修，杜惠珍、蔡昌其点校：《民国感恩县志》，第 273 页。海南出版社，2006 年 3 月。

②〔民国〕彭程万、殷汝骊《调查琼崖实业报告书》，载于〔民国〕周文海重修，卢宗棠、唐之莹纂修，杜惠珍、蔡昌其点校：《民国感恩县志》，第 276—277 页。海南出版社，2006 年 3 月。

③〔民国〕周文海重修，卢宗棠、唐之莹纂修，杜惠珍、蔡昌其点校：《民国感恩县志》，第 45—46 页。海南出版社，2006 年 3 月。

地，其出入口货，凡海防地税均归感属抽收，且北黎海关常设总口于此。迨光绪、宣统年间(1875—1911 年)，墩头开建新市，横恃强力，倡归昌江，竟抗地防抽收，联结昌人，与感民力争港市，相持历数官不决。①

墩头原为北黎驻军的瞭望哨所和防御堡垒，建于北黎港旁边。由于商贸发达、人口聚集，于是开建新市。因其居民来自琼山县、文昌县、临高县和昌江县(四更镇)，且不愿归属感恩而愿归属昌江，于是与感恩人争夺港市。这场争端一直延续到民国时期。此时的北黎，早已不是原来的黎族村庄，而是汉族市镇，是感恩、昌江两县汉族移民争夺的商贸要地。

上述情形是由汉族人口大量迁入而形成的。道光《琼州府志》卷一三《经政志》记载，从雍正九年(1731)至嘉庆二十三年(1818)，感恩县“滋生丁一千一百一十九”；到了道光十五年(1835)，“册报滋生丁口四万三千二百四十七丁口”。② 这些猛然增长出来的丁口，大多是从外地进入感恩的汉族移民。这些汉族移民，一部分进入了感恩县北黎地区。

到了 19 世纪中期的道光年间(1821—1850)，北黎地区的黎族基本上都已经迁往海南岛内地山区。根据黎族学者符兴恩的研究，他们绝大多数都迁移到了昌化江南北各地。③

感恩县北黎地区在民国时期曾获得较大发展。黄长豫曾将行署设置于北黎。④ 北黎有感恩县第二高等小学校，有墟市，有风神庙、盂兰庙等庙宇。20 世纪 40 年代初，日本人也曾占领北黎，掠夺矿物资源，扩建北黎港。中国共产党东方县委也曾驻北黎。当地人以北黎为骄傲，有俗话说：“东走西走，不如北黎跟海口。”

---

①〔民国〕周文海重修，卢宗棠、唐之莹纂修，杜惠珍、蔡昌其点校：《民国感恩县志》，第 56 页。海南出版社，2006 年 3 月。

②〔清〕明谊修，张岳崧纂，李琳点校：《道光琼州府志》，第 597 页。海南出版社，2006 年 3 月。

③符兴恩著，《黎族·美孚方言》，云南民族出版社，第 17 页。2014 年 12 月。

④〔民国〕周文海重修，卢宗棠、唐之莹纂修，杜惠珍、蔡昌其点校：《民国感恩县志》，第 64 页。海南出版社，2006 年 3 月。

2019 年 12 月 12 日，我们在北黎老村调查得知，北黎现在的居民都是汉族，钟姓最多，还有杨、吴、黄等姓。钟姓、杨姓来自福建，吴姓来自广东。1996 年，北黎遭受水灾，开始搬离海边，在距北黎老村数百米外另建北黎新村。目前，绝大多数居民都已迁往新村居住，仅有几十户人家的老人仍住老村，饲养畜禽。①

据说，当地政府与企业家联合，要把北黎改造成旅游景点。北黎老村残存的骑楼令人怀念此地昔日的繁华，而不论北黎老村还是北黎新村村名中的“黎”字蕴含的民族人口流动的真实图景，却不容易看见。

（原载《海南热带海洋学院学报》2020 年第 4 期）

①主要报告人姓钟，男，64 岁，高中毕业。调查者：于华，朗扬，谢国先。

民族艺术研究

阿诗玛新论

[摘要] 阿诗玛的故事在撒尼人的口头文学中形成了很多文本。众多文本所显示出来的基本情节表明，这个故事揭露了神话世界和现实世界的矛盾。兄妹兼夫妻的神话原型与兄妹不能成夫妻的现实伦理，在主人公的内心产生激烈冲突，现实伦理最终战胜了神话原型，人们忘记了斗争的过程，把阿黑和阿诗玛视为美好的形象。

[关键词] 兄妹兼夫妻　神话原型　现实伦理　矛盾冲突

阿诗玛是彝族支系撒尼人宗教信仰和口头文学中的一个人物形象。这个形象经历了由神到人的演变过程。作为汉文整理本的《阿诗玛》是一定时代的一定群体对于撒尼人的阿诗玛形象的阅读和解释，不属于本文的讨论范围，但我可能会在相关部分顺便提及。作为电影的《阿诗玛》是一定时代的一定群体对汉文整理本《阿诗玛》和撒尼人的阿诗玛形象的阅读和解释，它也不属于本文的关心范围，但我同样也会偶尔提到它。我的这篇文章将以撒尼人中间存在的各种面貌的阿诗玛形象为出发点，探索阿诗玛的原生形态，并且追寻这个形态的演变过程，揭示它所隐含的意义。我所分析的素材主要来自两本书：《阿诗玛原始资料集》①和《彝族撒尼祭祀词译疏》。② 本文把这两本书分

①李缵绪编《阿诗玛原始资料集》，中国民间文艺出版社(云南版)，1986 年。以下简称《资料集》。

②石林彝族自治县民族宗教事务局编《彝族撒尼祭祀词译疏》，云南民族出版社，1999 年。以下简称《祭祀词》。

别简称为《资料集》和《祭祀词》。

本文主要分为五个小节，研究四个问题：一、程式与文本；二、阿鲁与阿诗；三、阿黑与阿诗玛；四、关于时代；第五小节是我的研究结论。

一、程式与文本

所谓程式，就是口头文学作品中所使用的比较固定的叙述模式。程式包括一件作品在开头和结尾的套话。如“从前，有一个小姑娘”“小姑娘和王子结了婚”。也包括一件作品情节的重复，如情节的三叠式、四叠式以及诗歌的重沓复唱。还包括不同作品对同一内容的共用(这种情况也可以视为母题的流变)。于是，程式可能仅仅是形式，也可能构成故事的内容。作为内容的程式，就成了叙事作品的情节或细节。

撒尼人在传唱阿诗玛的故事时，创造了许多叙述模式。这些叙述模式既用来描写，也用来抒情。不同的演唱者可以把相同的程式运用在不同的角色身上，于是就产生了阿诗玛故事的许多文本。众多不同文本的存在，就使故事的人物形象和主题思想显得很复杂。20 世纪 50 年代初《阿诗玛》的整理者在 70 年代末重新整理这部作品时曾说：“阿诗玛这部长诗的变异性非常突出，即便是和二十多年来发掘的其他民族的长篇叙事诗相比，它的变异性也是比较突出的，不管在主题思想、人物形象、故事情节方面都存在着很大差异，甚至完全对立。”①因此，为了便于阅读和解释，我在这篇文章中，首先要分析的就是变异性中所透露出来的一致性。

《资料集》中一共收入了 42 份资料，分为三部分。其中讲述阿诗玛故事的是第一、二部分，共有 29 份资料。我在分析程式与文本时，主要就运用这 29 份资料。《资料集》第一部分中的 20 份资料编有序号，是一至二十，第二部分未编序号。为便于引用，我把第二部分的 9 份资料也按《资料集》的排

①黄铁、杨知勇、刘绮、公刘(杨知勇执笔)《阿诗玛第二次整理本序言》，见广西师范学院中文系编《中国当代文学研究资料撒尼族叙事长诗阿诗玛专集》，第 18 页，1979 年。以下简称《专集》。

列顺序编上序号，接在第一部分之后，是二十一至二十九。第三部分的13份资料，或为音乐，或为创作，或为有关传说，我在使用时会专门注明。

需要说明的是，29份资料或简或繁，或完整或残缺。虽然它们都是很有价值的，但他们的价值是不相同的。我把文本的情况分成三种类型：全本(比较完整而详细地叙述阿诗玛故事，从出生到结局)、梗概(叙述阿诗玛从出生到结局的经历，但不详细)、片断(残本)(叙述可能是详细的，但不完整)，然后制成总表，以便读者心中有数。

总表　文本情况

内容	文本	备注
全本	一，二，三，六，十，十二，十三，十五，十六，二十一，二十三，二十四，二十六，二十七，二十八，二十九，共十六个文本	
梗概	四，七，八，十四，十九，二十五，共六个文本	十四、十九为散文
片断(残本)	五，九，十一，十七，十八，二十，二十二，共七个文本	九为带简谱的片断

我把阿诗玛的故事按照时间顺序分为下列八个内容要素：序歌、求神、生长、议婚、成婚、追赶、考验、结局，然后以表格形式显示29份资料对这些要素的处理方式。

表1　序歌

内容	文本
歌的缘由，起兴	一，十，二十三，二，四，二十六，二十七，二十九，共七种

29个文本中，七个文本有序歌。其中，口头流传的20个文本，仅第一和第十有序歌；彝文记载的七个文本中，五个文本有序歌。[①] 而且，两种口

①李缵绪在《资料集》前言中说、第二部分编入了9份资料，其中3份是口头流传的，6份是从彝文古本中翻译出来的。但因为该书似乎并没有注明哪3份是口传作品，所以暂时认为仅有两篇是口传作品。

传本的序歌或长或短，分别为38行和19行；手抄本的序歌长度较一致，最短的36行(文本第二十三)，最长的42行(文本第二十四、二十六)。我们也许可以这样认为：彝族毕摩在用彝文记录阿诗玛故事的时候，就已经对它进行了整理。由于序歌在口传本中出现的频率很低，所以我们推测民间在演唱阿诗玛故事的时候，序歌这一部分或许并不重要。

表2　求神

内容	文本	备注
格路日明夫妻婚后无子女，求神后生下阿诗玛	三，十，二十二，二十三，二十四，二十六，二十七，二十九，共8个文本	
热布巴拉夫妻婚后无子女，求神后生下阿支	二十二、二十三，二十四，二十六，二十七，二十九，共6个文本	二十一说阿支跟阿诗玛生在同年同日同时，二十二说阿诗玛和阿支同时生
雁鹅不长尾，伸脚当尾巴，撒尼阿着底，阿着底上面	一，二，十，十二，十五，二十一，二十三，二十四，二十六，二十七，二十九，共11个文本	十用于请媒时起兴，十二用于引出阿支时起兴

29个文本中，八个文本说到阿诗玛是她父母求神后才怀孕生下来的。值得注意的是，这八个文本中有六个文本同时也说阿支是他父母求神后才怀孕生下来的。阿诗玛与阿支有共同的出生情形，一个是姑娘，一个是儿子，暗示他们两人天生就是一对。虽然29个文本中的21个都没有说阿诗玛的降生是求神的结果，但这21个文本中有20个是口传文本。在七个手抄本中，有六个文本说，阿诗玛的降生是她父母求神的结果，并且同时说阿支的降生也是他父母求神的结果。如果把这种情况归因于毕摩整理的结果，也有一定的道理。但我们不能忘记，毕摩的思想正是历史上彝族普通群众的思想的集中体现。

23个文本中都有敷陈阿诗玛成长的内容。敷陈这种表现手法在汉文作品中始见于《诗经》，在彝族和中国其他少数民族的诗歌中也有悠久的传统。民歌中的敷陈，虽有叙事的作用，但主要还是为抒情而吟唱出来的句子。例如，文本二十六：

生囡三个月，抱着她会纵，逗着她会笑，妈妈喜欢了两场。

生囡七个月，姑娘会坐了，姑娘会转了，妈妈喜欢了三场。

生囡八个月，会在地上爬，十指如耙齿，妈妈喜欢了四场。

就这样一直唱到“生囡十五岁，好马关在家，外人也知道；姑娘坐在家里，名声传四方”。民间歌手正是在反复的吟诵中表现他们对小姑娘的满腔热爱。这段唱词中的阿诗玛在歌手和听众心目中是最美好的。她身上所体现出来的是一种合于人性的自然之美、人伦之美。29 种文本中，16 个全本无一例外都有这个内容，就是在其余的 13 个梗概和片断(残本)中，仍然有 7 个文本具有这个内容。虽然它们长短不同，详略不一，但基本模式是相同的。23 个文本中叙述阿诗玛成长的部分给我们印象最深的不是各种文本的变异性，而是它们的一致性。这种普遍的一致性，在长诗的其他内容要素上是没有的。

表 3　生长

内容	文本	备注
敷陈阿诗玛的生长	一，二，三，四，六，七，八，九，十，十二，十三，十五，十六，二十，二十一，二十二，二十三，二十四，二十五，二十六，二十七，二十八，二十九，共二十三个文本	缺乏这个内容的六个文本，或为残本，或为梗概
对举：叙述阿诗玛的出生，同时说到阿支的出生，或者在介绍格路日明家的住地时，交代热布巴拉家的住地	一，二，十，十五，二十一，二十二，二十三，二十四，二十六，二十七，二十九，共十一个文本	

续表

内 容	文 本	备 注
取名献祭	一，二，三，六，八，九，十，十二，十五，十六，二十，二十一，二十二，二十三，二十四，二十五，二十六，二十七，二十八，二十九，共二十个文本	

表3中第二栏表明，含有“对举”内容的文本达11个之多。在16个全本中，10个文本具有对举这个内容。文本二十二虽是残本，但也具有这个内容。对举其实是一种暗示或隐喻，表明阿诗玛与阿支是天生的一对，地配的一双。“雁鹅不长尾，伸脚当尾巴，撒尼阿着底，阿着底上边，住着格路日明家，……阿着底下边，住着热布巴拉家，……”这是一种程式，是二元对立的思维结构的表现。在不同的文本中，“撒尼阿着底”或变为“尼米阿着底”，“阿着底上边”或变为“阿着底头起”，“阿着底下边”或变为“阿着底尾上”。不论这些变异是由于彝语用词本身的差异，还是由于汉语翻译的不同，都不妨碍我们的理解。不论是格路日明家住上边、热布巴拉家住下边，还是热布巴拉家住上边、格路日明家住下边，此类对举传达出来的信息都是一样的：既然有一家住上边，就必然有另一家住下边；既然有一家生姑娘，就必然有另一家生儿子。人的世界就是这样由男人和女人构成的。

表3第1栏显示出，在具有阿诗玛的生长这个内容的23个文本中，19个文本描述了给阿诗玛取名的情形，招待亲朋，献祭祖先。在二十三、二十四、二十七、二十九这四个文本中，出现了一个固定的程式，以文本二十七为代表：

烧香九十九根，香烟烧满屋，香灰象白雪。

这个程式也多次出现在撒尼人的祭祀词中。如大年初一给祖先献饭时的祭祀词中就说：

燃香似繁星，香烟浓如雾，香烬似雪堆。①

于此可见阿诗玛在她父母心里的重要性。取名时的献祭活动是对阿诗玛生长过程的敷陈的组成部分，它强化了“生长”这一内容要素在全篇中的地位，也显示了作为自然人的阿诗玛受人喜爱的程度。(见表4)

表4 议婚

内 容	文 本	备 注
谋娶：热布巴拉家听说阿诗玛的美名，想来娶她	一，二，四，十，十一，十五，二十一，二十二，二十三，二十四，二十六，二十七，二十九，共十三个文本	在二十二、二十三，二十四，二十七、二十九这五个文本中，阿支提议娶阿诗玛
请媒：海热爽快地答应当媒人	一，十，二十二，二十六，共四个文本	四没说推脱与否
请媒：海热推脱不了，只好答应当媒人	二，二十一，二十三，二十四，二十七，二十九，共六个文本	
海热家住竹园	二，四，十七，共三个文本	
海热家住哥敌	一(哥敌)，十(哥敌)，二十一(给底)，二十二(哥底)，二十三(给的)，二十四(仡地)，二十(格底)，二十六(革底)，共八个文本	哥敌、给底、哥底、给的、仡地、格底、革底等为汉语译音的差异
其他角色当媒人，或没说明媒人身份	六(格只神的大囡)，七(竹园黄老鼠)，十二，十三(格鲁日明，日峨阿呆)，十五(布前日子老人)，十六，十八(蜜蜂)，二十(耗子)，二十五，二十八(蜜蜂)，共十个文本	十七说蜜蜂传话给阿诗玛，也可以理解为蜜蜂当媒人
没有提到媒人	三，五，八，十九，共四个文本	没有提到媒人并不说明婚姻不需要媒人

①《祭祀词》，第4页。

续表

内容	文本	备注
说合：说媒成功，格路日明家同意把阿诗玛嫁出	一，二，四，六，七，十，十一，十二，十五，十六，十七，十八，二十，二十一，二十二，二十五，共十六个文本	六、十一，二十没说阿诗玛丈夫是谁
抢婚：说媒不成功，热布巴拉家强迫成婚	三，十三，十四，十九，二十三，二十四，二十六、二十七，二十八，二十九，共十个文本	三、十九没有说媒的情况
阿诗玛自己想出嫁	六，七，十七，共三个文本	文本六说，格只神的小囡做媒成功；文本七说，竹园黄老鼠做媒成功
怨词：女方家不愿嫁出姑娘，姑娘本人也不愿意出嫁	父亲：一，二十一，二十三，二十四，二十六，二十七，二十九；父亲、母亲：十；父亲、母亲、哥哥：二十二；父亲、母亲、哥哥、姐姐：二；哥哥：二十八；民间歌手：九，二十；阿诗玛：六，七，八，十一，十二，十五，十六	文本前的称谓说明怨词的发出者。说怨词由阿诗玛发出者，共七个文本，说怨词由他人发出者，共十三个文本

13 个文本说热布巴拉家看上了阿诗玛，商量着请人说媒。这其中的 11 个文本说热布巴拉家请的媒人是海热，另有文本十五说他家请的媒人是布前日子老人，而文本十二没说媒人的姓名。

关于海热家的住地，有哥敌和竹园两种说法。文本二十四在注释中说："仡地系地名，由于与竹园的彝名音近，故被误为竹园请媒人。但从彝文字形上看，相距甚大。系何地，无法查考。"①文本二十九在注释中说："革底：撒尼古地名，在曲靖南边。"②这个文本的翻译者是彝族学者昂自明。在《祭祀词》中有这样几句话："木鲁支出媒，木鲁支媒妁，媒妁海热帕，说媒言动

①《资料集》，第 266 页。

②《资料集》，第 398 页。

听，说媒暖人心……”昂自明为之作注疏说：“木鲁支，指今弥勒县。相传，古时木鲁支的勾底出过不少著名的媒人。另说，彝族叙事长诗《阿诗玛》中的媒人海热即木鲁支的勾底人，他巧舌如簧，能说会道，因而将媒人托称为出自勾底的海热。”勾底，即《资料集》中的“哥敌”等。把这段注疏与前引文本二十四的注释结合起来，可以知道普通老百姓确实相信弥勒是出媒人的地方。虽然昂自明考证的结论是，《阿诗玛》中的勾底在今陆良县境内，而不在弥勒县，但普通百姓迷信传统信仰而不会关心学者的研究。既然竹园与勾底音近，勾底媒人也就成了竹园媒人。而且，海热既然成了竹园媒人的代称，竹园黄老鼠也就成了对海热的戏称。耗子媒人则是由竹园黄老鼠这个戏称演变而来的。文本七的竹园黄老鼠、文本二十的耗子媒人都是指海热。

热布巴拉家请海热当媒人，既是民间文学的夸张，也表明热布巴拉家对阿支与阿诗玛的婚姻很重视。表 4 显示 11 个文本说海热当媒人，表 2 中 6 个文本说阿诗玛和阿支都是求神的结果，表 3 中反映出 11 个文本将两家对举同叙，这些统计数字透露出来的信息是一致的：阿诗玛和阿支的婚姻关系是命中注定的，符合天意的。

不论媒人是谁，但有一点是可以肯定的，多数文本都说阿诗玛是经过了合乎习俗的媒聘程序，在父母同意（她自己也不反对）的前提下嫁出去的。表 4 第 8 栏“说合”中的 16 个文本可以证明这一点。既然是自愿的，为什么表 4 最后一栏显示出在跟媒人的议婚过程中，女方家有那么多怨词呢？

其实，姑娘怨嫁是一种很普遍的习俗。这个习俗不仅存在于彝族中，而且也存在于包括汉族在内的其他很多民族中。这个习俗流行的原因主要在于女方家要向媒人（男方家的代表）表明他们对即将出嫁的姑娘很关爱，所以并不急着将姑娘嫁出。这种态度主要出于满足自尊心的需要，同时对于议定聘礼的数量也是有好处的。如果怨嫁的歌词由姑娘口中唱出来，则除了表示姑娘自己并不急于出嫁之外，还可以表示她对娘家的深厚感情，以及她对婚后生活的担忧。女方家的这种表现是合情合理的。如果媒人一开口，女方就欣然允诺，那就会让媒人感到惊讶，甚至怀疑女方家的爽快态度后面是不是隐藏着什么不可告人的秘密。

表4的最后一栏中列出了20个有怨嫁内容的文本。需要说明的是，怨嫁的歌词大致是固定的，唱出这些歌词的角色则不固定。7个文本说，怨嫁的主角是阿诗玛。这应该不难理解，因为出嫁意味着她的生活的重大改变，她有很多感情要表达。13个文本说怨嫁的主角是家庭内的其他成员和民间歌手，但民间歌手其实是阿诗玛及其家人的代言人。在这13个文本中，由父亲唱出怨嫁内容的文本有7个之多，因为父亲是一家之长，是处理家庭对外事务的全权代表。而且，父亲在表达不愿嫁出女儿时所说的话，其实也就是家庭内的其他成员（包括阿诗玛）想说的话。有这么一段歌词：

我嫁我的囡，嫁得一罐酒，一罐酒吃不得一辈子，爹爹伤心一辈子。

妈妈来嫁囡，嫁得一卜箩饭，一卜箩饭吃不得一辈子，妈妈伤心一辈子。

姐姐来嫁妹，嫁得一绕麻，一绕麻织不成衣裳，穿不得一辈子。

哥哥来嫁妹，嫁得一头牛，一头牛使不得一辈子，哥哥伤心一辈子。

在文本二十六中，这段歌词是由父亲唱出来的。但在文本二中，由父亲、母亲、哥哥、姐姐分别唱出，在文本十中由民间歌手唱出（唱词中的姐姐换成了嫂嫂），在文本十二中由阿诗玛唱出（唱词中的姐姐换成了嫂嫂），为了找到重沓复唱的机会以淋漓畅快地抒发感情，还出现了这样的歌词：

妹妹嫁姐姐，嫁得一支麻，绩不得一辈子，伤心一辈子。（文本二十一）

妹妹来嫁姐，嫁姐一则麻，齐不得一辈子，伤心一辈子。（文本十六）

但实际上一个姑娘的姐姐和妹妹在这个姑娘出嫁时是难得有决定权的，嫂嫂更可能连发言权都没有。这些角色的出现仅仅是为了抒情的需要。于是，上面所引用的这些唱词也就成了固定的程式。在怨嫁的内容中，还有另外一个固定的程式：

一天去找柴，找柴没带刀，手扳三背柴，腐柴有一背，腐柴烧完了，闲话听不完。

一天去找菜，找菜没带箩，手扯三兜菜，黄菜有一兜，黄菜吃完了，闲话听不完。

一天去舀水，舀水没带瓢，手捧三瓢水，浑水有一瓢，浑水喝完了，闲话听不完，伤心一辈子。(文本二十三)

这个三叠式在文本二十三中是由父亲唱出来的，表现他对女儿婚后生活的担忧。在文本十一中，阿诗玛用它来描述她婚后生活的情形。在文本九中，民间歌手似乎用它来叙述阿诗玛在娘家所过的苦日子。最说明问题的是在文本二和文本二十一中，媒人海热也用它来表现他对媒人难当的感叹。其中，文本二十一的这段歌词是：

我不做媒人，嘴馋才做媒，一辈子遭人骂。

砍柴不带刀，手抱三背柴。一天抱三背，三天抱九背，烂柴有三背，烂柴烧得完，闲话听不完；

找菜不带篮子，衣兜兜三兜，三天兜九兜，烂菜有三兜，烂菜吃得完，闲话听不完；

舀水不带瓢，手捧三瓢水，一天三瓢水，三天九瓢水，浑水有三瓢，浑水喝得完，闲话听不完，我不去做媒。

程式的一致性和使用场合的多样性，证明它的功能是模糊的、抒情的，而不是具体的、叙事的。

表4中有10个文本显示，热布巴拉家说媒不成功，就派人抢走了阿诗玛。先抢后婚在学术上被称为抢亲或抢婚。抢亲有真抢和假抢两种情况。热布巴拉家所采取的抢亲手段应该是为习俗所允许的婚姻形式之一。在有抢亲这个内容的10个文本中，文本三没提到阿黑回家时在院子里看到的情景，文本十四和十九只是梗概，也缺乏这个描述，其余7个文本都说阿黑回家时院子里是嫁姑娘摆酒席之后的狼藉情景：松毛绿茵茵，荞杆垫牛圈，馋狗啃骨头，馋猪拣剩饭。这种情景正是撒尼人嫁姑娘的典型场景，说明热布巴拉家的抢亲是仪式性的抢亲。不过，我们也应该承认，在这10个文本中，抢亲是习俗所认可的行为，但它确实是违背格路日明夫妇意志的行为，尤其是违背阿诗玛意志的行为。

表5　成婚

内容	文本	备注
阿诗玛出嫁时阿黑在家。结局：阿诗玛在夫家生活	六，七，二十，二十五，共四个文本	六说阿诗玛被赎回，是一个例外
阿诗玛出嫁时阿黑不在家。结局：阿诗玛变成回声	一，二，三，四，五，十，十二，十三，十四，十五，十六，十七，十八，十九，二十一，二十三，二十四，二十六，二十七，二十八，二十九，共二十一个文本	十八说阿诗玛住夫家，是一个例外

阿诗玛出嫁时阿黑在家，那么阿诗玛的婚姻可能得到了阿黑的同意或默许，所以随后就是阿黑送阿诗玛到她夫家。阿诗玛在夫家的生活并不很幸福，但也不能算是悲剧。阿黑送阿诗玛出嫁的这4个文本，只有第六说阿诗玛被赎回。其余3个文本都说阿诗玛在夫家住下了。第七说，阿诗玛先愿意嫁，嫁出3年，受了苦，希望父母把她赎回，但父母说："即使我家的金银有马蹄大，也赎不回来你。牛马九十九群，也赎不回来你。"所以，阿诗玛不得不就这样在夫家过下去。第二十说，哥哥送妹妹到妹婿家，哥哥很高兴。第二十五说，哥哥送妹妹到她丈夫家，妹妹显得很伤心。哥哥劝妹子：

不要再伤心，灶是你的伴，不要再想回娘家了。不回娘家了，慢慢会习惯。只想头发那么粗，只想针眼那么细，不要想得太宽，慢慢就会习惯。如今你是人家人，要侍奉公婆了。别的女人都一样，别人能过你能过。山上长独树，我家有独妹，别人妹子要出嫁，不是你一个人是这样。学学别的女人，欢欢喜喜过日子，这样会好了。

虽然这个文本到此就结束了，没有交代阿诗玛婚后的生活，但从文意来推断，她是在夫家长住下去了。习俗所规定的婚姻生活就是这样。阿诗玛听了她哥哥的劝告，遵守习俗，不再留恋娘家的生活，所以她没有遭遇悲剧的结局。

另外 21 个文本中，阿诗玛出嫁时哥哥不在家。我们可以认为，阿诗玛的婚姻并没有得到阿黑的认可。于是有阿黑追赶抢亲的队伍的情节。也许有人认为，热布巴拉家在没得到阿黑许可的情况下强行娶走了他的妹妹，所以阿黑要追赶；阿黑追赶抢亲队伍，目的在于显示舅舅的地位不可动摇。这样说固然有一些道理。但是，我们不能忽视，在阿诗玛成婚(阿黑不在家)→阿黑接阿诗玛从她丈夫家返回→悲剧结局这一系列事件之间，存在着一种必然的联系。仅有文本十八说在阿黑战胜热布巴拉家的阴谋之后，阿诗玛并没有跟阿黑回娘家，所以也不存在悲剧结局。这个文本可以和表 5 中第 2 栏的文本第七、二十、二十五进行互相参证。

在含有阿黑追赶阿诗玛这一内容要素的 21 个文本中，12 个文本说阿黑梦见家中出事，所以回家。这个比例似乎不算高。在 16 个全本中，有 9 个文本说阿黑回家是因为他在外面梦见家中出了事情。没说明阿黑回家原因的文本多半是梗概和片断(残本)。我们知道，传统的民间文学所体现出来的一种思维逻辑是没有无因之果，也没有无果之因。换句话说，阿黑在外放羊(读书、做生意)，长时间没有回家。他不是偶然回家发现阿诗玛已经出嫁，而是因为他以一种神秘的方式(做梦)得知阿诗玛已出嫁，所以他才回来。因此，在阿诗玛出嫁与阿黑回家之间存在着一种必然联系。实现这个联系的方式是阿黑做梦。

按照精神分析的认识，梦是潜意识心理活动的反映。汉语中有“日有所思，夜有所梦”的俗话。于是，阿黑梦见阿诗玛出嫁，是阿黑与阿诗玛之间的关系的一种反映。关于这种关系的性质，我在“阿黑与阿诗玛”一节中会做详细的分析。

表6 追赶

内 容	文 本	备 注
阿黑没有追赶阿诗玛	六，七，二十，二十五，共四个文本	
阿黑追赶阿诗玛，想把她带回家	一，二，三，四，五，十，十二，十三，十四，十五，十六，十七，十八，十九，二十一，二十三，二十四，二十六，二十七，二十八，二十九，共二十一个文本	十八说阿诗玛留在夫家，是一个例外
阿黑在外地梦见家中出事，显示阿诗玛嫁出，所以阿黑赶回家	一，三，十，十六，十八，二十二，二十三，二十四，二十六，二十七，二十八，二十九，共十二个文本	
没说明阿黑为什么回家	二，四，五，十二，十三，十四，十五，十七，十九，二十一，共十个文本	十七说母亲去找阿黑回来
以对话形式贬低热布巴拉家，回答者或为阿黑，或为阿诗玛	阿黑：一，二，五，十，十二，十三，十五，十六，十七，二十一，二十二，二十六，共十二个文本 阿诗玛：三，二十三，二十四，二十七，二十九，共五个文本	三是兄妹回家路上的对话，二十一、二十三、二十四、二十七、二十九与海热问答，二十六与阿支问答

梦兆的内容主要包括：大蛇盘在院子里，院子里有洪水，荞杆垫牛圈，狗啃骨头，猪吃剩饭，地上铺松毛，门上贴对联等等。文本十八说阿黑“梦见家中嫁姑娘”。荞杆垫牛圈是把牛赶出去，重新铺上荞杆之后把牛圈作为待客的场所；狗啃骨头、猪吃剩饭自然是酒宴之后的情形；地上铺松毛、门上贴对联也是办喜事的象征。然而，大蛇盘在院子里、院子里有洪水，这个

情景又暗示家中发生的事情不是好事。松毛等代表喜庆，蛇与洪水代表灾难。喜庆与灾难这个矛盾既体现在不同文本之间，也体现在同一文本之内。为了说明这一对矛盾，我们列出阿黑的梦境，制成表6A 梦境。

表6A　梦境

文本	梦境	备注
一	大麻蛇在院子里圈成圆圈，洪水把院子淹起来	蛇，洪水
三	家里发生了事情，家里搭起松毛棚	
十	院子里日夜折树滴露水，家里搭树棚，荞杆垫牛圈，门上贴对联	
十六	家里垫着席子，搭着松棚，狗吃着骨头	
十八	家中嫁姑娘	
二十二	红蛇盘在院子里，新嫁娘床上红彤彤，狗拣剩骨头，猪吃剩饭	蛇
三十三	院子里红蛇盘，像水流过一样，松毛绿茵茵，狗拣骨头，猪舔秫秸	蛇，水
二十四	家门前盘着大青蛇，像水在流淌，松毛红彤彤，狗啃骨头	蛇，水
二十六	蟒蛇在门前，洪水把家淹，门前屋后起浪花	蛇，水
二十七	院落里缠着大红蛇，就像淌大水，松毛铺得绿，馋狗拾骨头	蛇，洪水
二十八	做梦不吉祥	
二十九	院心里麻蛇盘成堆，大水到处漫，松毛绿茵茵，十只黄狗抢剩骨	蛇，大水

喜庆与灾难的矛盾，源于阿黑与阿诗玛的关系。我在本文第三节会详细论述。

阿黑因为在梦中得知阿诗玛出嫁，所以就从外地赶回家，在印证了梦兆的真实性之后，阿黑追赶阿诗玛以及阿支家的迎亲(抢亲)队伍。这里又出现了一个值得研究的问题，那就是阿黑追赶这些人的目的。

共有21个文本说阿黑追赶阿诗玛。到了阿诗玛的夫家之后，阿黑战胜了种种考验，然后带阿诗玛回家。只有文本十八说阿黑获胜后阿诗玛留在夫家，是一个例外。照理说，阿黑经历各种考验，在热布巴拉家面前显示了舅舅的威力，这样就使得热布巴拉家不敢虐待阿诗玛，阿诗玛就应该在夫家长住下来。然而，真正的情形是，阿黑战胜热布巴拉家之后，把阿诗玛带走了。于是，我们可以认为，阿黑追赶阿诗玛，目的并不在于送亲，也不在于显示舅舅的威力以便使阿诗玛在夫家不受虐待，而在于把阿诗玛接回家。

表7　考验

内容	文本	备注
砍树、接树、烧山，撒种子、拣种子，杀虎	二，五，二十一，二十四，二十七，二十八，共六个文本	
唱调子	二，十三，十八，二十一，二十二，二十三，二十四，二十六，二十七，二十九，共十个文本	
杀虎，剥虎皮	一，二，三，四，五，十，十二，十三，十四，十五，十六，十七，十八，二十一，二十三，二十四，二十六，二十七，二十八，二十九，共二十个文本	五是残本
口弦(响篾、竹琴)与笛子(箫、芦笙)	二，三，四，十，十二，十三，十四，十五，十六，十七，十八，二十一，二十三，二十四，二十六，二十七，二十八，二十九，共十八个文本	一是用语言传达，五是残本
射箭	十五，十六，十七，十八，十九，二十三，二十四，二十六，二十七，二十八，二十九，共十一个文本	

考验的内容主要是对歌、种地、杀虎、射箭。对歌和种地是和平竞赛；巴拉家放老虎吃阿黑，是谋害行为；阿黑把箭射在巴拉家的房门、供桌和柱子上，是阿黑主动发起进攻。阿黑与巴拉家的较量曾经被当作是劳动人民与封建统治者之间的斗争，但这种认识是不恰当的。

对歌、种地、杀虎是神话情节的借用。在中国南方的一些少数民族中流传着洪水神话。洪水灾难后幸存的人间男子往往娶天神的女儿为妻。人间男子在求婚的过程中，要经历天神对他的考验。彝族的都木惹牛要娶天神恩梯古日的三女儿，纳西族的崇忍利恩要娶天神子劳阿普的女儿衬红褒白，都经过了艰难的考验。这个模式中极其重要的一个因素是天神的女儿对人间男子的帮助。如果没有她们的帮助，都木惹牛不会完成砍树、烧山、撒种、拣种的任务，崇忍利恩更有可能死在天神手下。天婚神话中的难题考验模式在史诗、童话以及叙事诗等口头文学作品中也可以看到。孤儿跟龙女相好，龙女的父亲龙王总是要出来阻拦。于是，孤儿不得不接受龙王的难题。在龙女的帮助下，孤儿总是能够获胜。在有的故事中，龙王想以难题谋害孤儿，但死亡的恰恰是龙王本人。佤族的孤儿故事大多是对这个模式的重复，傈僳族、彝族故事中也有这个模式的类似表现。

战胜了难题考验的男子获得带走他心爱的女人的权利，有人认为，这是服务婚的遗迹，但我们也可以在比武招亲的民间故事中体会出另外的含义。郎才女貌的说法也可以给我们一点启发。问题是，阿黑在阿诗玛的帮助下最终战胜了热布巴拉家的考验，带走阿诗玛，与天婚神话的模式和孤儿故事的母题有什么关系？或者说，我们应该怎样理解阿诗玛故事中的“考验”这一内容？在本文“阿黑与阿诗玛”一节中，我会详细回答这个问题。

表 8　结局

内容	文本	备注
阿诗玛在夫家生活	四，七，十五，十八，二十，二十五，共六个文本	
阿诗玛变成回声	一，二，三，五，十，十二，十三，十四，十七，十九，二十一，二十三，二十四，二十六，二十七，二十八，二十九，共十七个文本	十六：阿诗玛兄妹被岩石压死。回声是一个含义广泛的概念
没有结局	六，八，九，十一，二十二，共五个文本	六：阿诗玛被赎回。八在附记中说阿诗玛被风吹了挂在岩石上，后又被救

表8显示，阿诗玛的结局分为三种情况，或在夫家住下去(共6个文本)；或没有明确的结局(共5个文本)；或在回家的路上或回家之后遭遇变故，成为回声(共17个文本)。可见，阿诗玛离开夫家之后变为回声之类，是所有阿诗玛故事中最普遍的说法。变为回声并不是阿诗玛的主观愿望，所以在这一部分还有献祭求赎的内容。根据祭品和献祭求赎对象的差异，我制成表8A。

表8A　祭品和献祭求赎

内 容	文 本	备 注
用一对白猪、白羊献祭崖神	三，五，十三，十七	
用一只白猪，一只白山羊。一只白鸡献崖神	二十三，二十四，一十七，二十九	
用三只白猪献崖神	八	
用一对白羊献崖神	二十八	白色牲口献崖神，共十个文本
用一对白猪、白羊献祭应山歌		
用白水牛、白黄牛、白羊、白鸡献祭抽牌神		
用四条腿的白色动物献索自神姑娘	二十一	
用一对白猪、白羊献祭巴拉家	四，十四	用白色动物献祭，共十五个文本
用黄金十五两从巴拉家赎回	六	
阿诗玛父母说，根本赎不回	七	
阿诗玛回娘家探亲途中，被巴拉家打(死)，成了崖神	十	

所有的献祭都用白色动物当祭品，一共是15个文本。其中10个文本说献祭对象是崖神，另有3个文本说献祭的对象是应山歌、抽牌神和索自神姑娘。阿诗玛的整理者之一黄铁曾经说过："要着重说明的是：在撒尼人中，说'抽牌'，也就是说'回声'——也就是应山歌，他们称阿诗玛也为'抽牌'，这证明两者是一回事。在原始资料中，许多地方谈到岩神、抽牌神与应山歌，实际这都是回声……"①黄铁的这个看法是很正确的。可以补充的是，山崖中既有回声这一自然现象，而且撒尼人又把祖先灵牌弃置于山洞中，因此山崖在人们心目中是很神圣的。《祭祀词》中有这样的话：

什么作普伴？崖壁应声女，阿诗应回声，应声作普伴！绰盘山姑娘，艾仔林中花，什么普配偶？绰盘普配偶！

昂自明为之做注说，普是祖先，绰盘是画眉鸟，艾仔是一种好看而善叫的鸟。绰盘或译为抽牌，艾仔或译为应山歌。绰盘和艾仔都代表着山里的回声，仿佛是山崖的精灵。山洞是祖先的住处，回声就成了祖先的配偶。

索自神姑娘跟抽牌神、应山歌应该是同一类甚至是同一个形象。

表8显示，悲剧结局的阿诗玛故事共有17个文本，其中只有两个文本即十、十四说阿诗玛的悲剧跟巴拉家的行为直接有关，另外12个文本都说阿诗玛被崖神所害，并且她自己也变成了崖神，在"阿黑与阿诗玛"一节中，我会分析这个看似矛盾的现象。

用白色牲口献祭是有象征意义的。撒尼人在献祭时对牺牲的种类和毛色都很讲究。如果是祭神驱邪，就用白色的牺牲，如白鸡。《路南彝族密枝节仪式歌》（以下简称《仪式歌》）唱道：

格资白公鸡，用来驱纳邪。

①黄铁《阿诗玛"我们民族的歌"》见《专集》，第223页。

格资是天神的名字。昂自明在注释中说“纳邪”是对一切邪秽的总称；之所以用白鸡，是因为人们相信白鸡(而不是黑鸡)可以驱邪。[①] 撒尼人的翥当仪式用于驱赶横阻的邪魔，牺牲品仍然是一只白鸡。但如果是祭神求福，就只能用其他颜色的牺牲，如红鸡、黑猪。《祭献牲食辞》说：

> 龙月点荞种，临播种之前，祭祀执鲁神，什么作牺牲？黑猪作牺牲，黑猪奉执鲁。

执鲁神是对十二种主管天气情况和庄稼丰歉的神的总称。[②] 用黑猪献祭它们是一种定例。

在喜庆活动中，人们也宰杀这些颜色的动物，用它们做牺牲，祈求丰收、平安和健康。撒尼人一年有三大节日，都叫过年：六月的火把节、冬月的密枝节、正月的春节。在这三个节日，分别宰杀三种牲口：黄牛、绵羊、黑猪。所以撒尼人的俗语说“先过黄牛年，中过绵羊年，后过黑猪年”。密枝节时杀绵羊，这个绵羊是白色的。因为所有的绵羊都是白色的，人们对其色彩无法选择，所以白绵羊之“白”并不具有白猪、白鸡、白水牛、白山羊等其他牲口之“白”的驱邪意义。但白山羊不同于白绵羊。阿诗玛故事中祭神所需的羊，是白山羊，文本二十三、二十四、二十七、二十九说得很明确。其他文本只说“白羊”，是因为可以在白羊黑羊中进行选择的只是山羊而绝不是绵羊。而且我相信在彝语中“山羊”“绵羊”本来就是不同的词。汉文译本中的“白羊”是对彝文“白山羊”的简称。

于是，我们就注意到，阿诗玛故事中神灵所需牺牲全为驱逐凶邪而设。那么，凶邪到底是什么？我会在“阿黑与阿诗玛”一节中对之加以论述。

---

①石林彝族自治县民族宗教事务局编《路南彝族密枝节仪式歌译疏》，第23—26页。云南民族出版社，1996年。以下简称《仪式歌》。

②《仪式歌》，第96页。

二、阿鲁与阿诗

撒尼人神话说，古时候有三兄弟带着一个小妹妹生活。一天，三兄弟发现他们头天犁好的地第二天又复原了。三兄弟在地里抓住一个老人，正是他把犁好的地复原成犁之前的样子。老大、老二要打老人，老三说不要打，应该先问问老人为什么这样做：

老人是雷神阿霹刹。他说，世界就要发洪水。他拿出一只金箱子、一只银箱子、一只木箱子，给三兄弟挑选。老大要了金箱子，老二要了银箱子，老三要了木箱子。老大、老二都不愿意带妹妹，老三带了妹妹。

洪水来了。老大老二躲在金银的箱子里沉入水中。老三和妹妹躲在木箱子里浮在水面。

洪水退去时，木箱子悬在山腰。兄妹两人出了木箱子，用手抓着竹节草和青冈树，爬到山上。

阿霹刹又出现在他们面前，给他们带来了种子和牲口。

但是，世界上没有其他人，兄妹两人很孤独。老三要跟妹妹成家，妹妹说要问问老天爷的意思。妹妹扔出一根针，哥哥扔出一根线，线穿进了针眼里。妹妹在一个山坡滚动下扇磨盘，哥哥在另一个山坡滚动上扇磨盘，两扇磨盘合在一起。兄妹两人结了婚。他们就是人类的祖先。

洪水后兄妹结婚繁衍人类的神话在彝族的很多支系中都很流行。由于竹节草(或说野茅竹)和青冈树帮助人的祖先爬到山顶，所以彝族在制作祖先灵牌时就少不了这两种材料。

但是，大多数神话都没有说明作为人类祖先的这两兄妹叫什么名字。撒尼人的祭祀词中有《脑斯古》一章。脑斯古意思是制作祖先灵牌。其中有这样的句子：

远古代之时，天与地之间，阿劳和阿乃，是恩爱夫妻，生育四儿女。

长子降生时，正值卯兔年，正值卯兔月，正值卯兔日，生日属卯兔，取名叫阿托。

次子降生时，正值戌狗年，正值戌狗月，正值戌狗日，生日属戌狗，取名叫阿迟。

幼子降生时，正值辰龙年，正值辰龙月，正值辰龙日，生日属辰龙，取名叫阿鲁。

幼女降生时，正值巳蛇年，正值巳蛇月，正值巳蛇日，生日属巳蛇，取名叫阿诗。

祭祀词并且把他们称作格资四兄妹。然后就说到兄弟犁地，老人预告，洪水泛滥，长子次子死亡，阿鲁、阿诗幸存，用竹节草和青冈木制作祖灵等等。[①]

祭祀词《脑斯古》主要是想告诉人们为什么要用竹节草和青冈木制作祖灵，所以就没有叙述兄妹结婚的内容，但这个内容是普遍的说法。如果这对幸存的兄妹不结婚，人类就要绝种。

实际上，在撒尼人的神话中，正是因为阿鲁和阿诗结婚，人类才得以繁衍，所以阿鲁和阿诗就成了人类的祖先。后来，阿鲁和阿诗又由祖先神演变成了保护神。在撒尼人的祭祀仪式和祭祀词中，我们也可以看到这个演变的线索。

阿鲁一词中，“阿”是词头，“鲁”是龙，因为他是龙年龙月龙日生的，所以才得到这个名字。鲁神也就是龙神，主司风调雨顺。撒尼人有祭龙的仪式，也有祭龙的祭词，称为《鲁芍》；芍就是祭。但鲁神也是家庭保护神。《鲁方》是留住家庭保护神的仪式；方就是留住。人死出殡之前，要举行这个仪式，以免鲁神跟死人的灵魂出门去。在灶台和供桌上各放一个大碗，碗中有水，象征自然的河海湖潭。毕摩以勺舀水，使之激荡，象征水波。以此提

①《祭祀词》，第35—45页。

醒鲁神，它该居守于此。[1] 这个仪式更多地保留了鲁神作为龙的自然属性。但作为家庭的保护神，鲁神往往跟房屋的中柱合为一体。《鲁资楠道》意为迎鲁神立楠神(楠神的神格后文略有考证)。这篇祭词说：

美饰迎鲁楠，盛典迎鲁楠，入兮鲁入兮，入兮楠入兮！房主之正堂，中柱之柱脚，是鲁神立处，是楠神立处。[2]

撒尼人在建好新房之后要举行祭大柱(中柱)的仪式，称为“资锚窝郭古”。资锚是中柱，窝郭是头、顶端，古是祭。在进行这个仪式时，毕摩所念的祭词中有这样的话：

勒普毕绕啊，迎鲁上柱顶。柱顶硕舒鲁，你是佑人鲁，你是稼播鲁，你是畜牧鲁，来居鲁来居，来站鲁来站！鲁神喜居柱，鲁神喜站柱。[3]

勒普毕绕是毕摩的自称，硕舒鲁是柱子上的鲁神。但是，鲁神楠神并不只是家庭保护神。昂自明在解释鲁资楠道仪式时说，鲁神楠神家祭时是家庭保护神，村祭时是村寨保护神。[4]

关于楠神的神格(身份)，祭祀词并没有很明确的说法。《鲁资楠道》说房屋的中柱是鲁神居住的地方，也是楠神居住的地方。鲁神楠神往往对举并称，他们的功能也难以彼此区分，所以《资锚窝郭古》的注释说：“鲁：家庭护佑神名。”“楠：家庭护佑神名。”我倾向于认为鲁神和楠神是合二为一的，

---

①《祭祀词》，第 155 页。

②《祭祀词》，第 13 页。

③《祭祀词》，第 190 页。

④《祭祀词》，第 31 页。

是两个匹配的神，发挥共同的、类似的或者相关的功能。在世界上很多民族的神话中，二神合一大致有三种情况：孪生兄弟神合一，孪生姐妹神合一，男女神合一。这其中又以男女神合一的情况为最普遍。

神的功能由具体而演变为抽象、由个别而演变为一般，这也是普遍的规律。鲁神本来是龙神，也就是雨水神。楠神本来是什么神？《鲁资楠道》给了我们一些暗示。这篇祭词说，鲁神楠神是格资天神派遣到人间的，因为它们会游走，所以毕摩勒普毕绕准备好祭品，到处去招请它们。又说格资天神的小女儿梳头时掉下两根黑头发，“黑发变黑龙，它就是鲁神，它就是楠神。”鲁神楠神多次游走，毕摩勒普毕绕也就多次招请。“启程招鲁神，启程招楠神，招请路程远”。然而毕摩在招请过程中向人问询的话却是：“你家可遇鲁，你家可遇桎？”别人对毕摩的回答是：“我家未遇鲁，我家未遇桎。”或者“鲁与桎结对，我家未曾遇。”这个问答在毕摩招请鲁神楠神的过程中反复出现了6次。可见祭词中的“楠”和“桎”是同一个神。“桎”是露水，也就是露水神。这样一来，鲁与楠(桎)并称对举、合二为一也就很好理解了。鲁是雨，楠(桎)是露。雨露滋润万物，共同演变为家庭保护神，村寨保护神。鲁(雨)来自天上，楠(桎)(露)来自地下，它们确实是一对配偶。我推测，鲁就是洪水后幸存的阿鲁，楠(桎)也就是洪水后幸存的阿诗。阿鲁和阿诗本来就是人的祖先。阿鲁是龙，有降雨的功能；阿诗是蛇，作为阿鲁的配偶，有产露的功能，也是合乎神话逻辑的。

撒尼人的祭祀词中有一篇题为《鲁伯施伯芍厄》，也证明了阿鲁阿诗兄妹(夫妻)在撒尼人宗教信仰中的重要意义。伯是山、丘堆，窝巢，引申为坟墓；鲁是阿鲁，是鲁神；施是阿诗，是诗神(施和诗都是对彝文中同一个字的汉文音译)；芍是灵魂；厄是叫、喊。鲁伯施伯芍厄意思是在鲁神诗神的坟墓边叫魂。埋葬死者、砌好坟墓之后，人们即将回家，这时要举行叫魂仪式，免得活人的灵魂留在坟地。鲁伯施伯是对坟墓的美称，把它比做鲁神诗神的坟墓，既是对死者的敬意，也是对死者的讨好。①

撒尼人有米赛当仪式。米赛是地气、土地神，当是祭。米赛当就是祭地气，祭土地神。其中有敖伯米赛当。敖伯是坟墓。敖伯米赛当也就是祭坟墓的地气，也称为鲁伯诗伯米赛当。撒尼人认为，坟墓地气不通，祖魂受难，会作祟于活人。鲁伯诗伯是阿鲁和阿诗的坟墓。在鲁伯诗伯芍厄仪式中，人们把具体的坟墓比作鲁神诗神的坟墓；在敖伯米赛当（鲁伯诗伯米赛当）仪式中，人们把泛泛的祖先坟墓称作鲁神诗神的坟墓。这些都说明阿鲁阿诗这一对兄妹（夫妻）神在人们的日常生活中具有重要的作用。

在举行敖伯米赛当（鲁伯诗伯米赛当）的时候，毕摩要脚套一只犁铧。②这只犁铧象征着洪水之前阿鲁兄妹犁地时所用的犁铧。毕摩希望用脚上的犁铧来唤起阿鲁阿诗兄妹对犁地而得雷神相救的回忆，并求得他们的保佑。

鲁神诗神对举并称是一个常见现象，但在米赛当仪式的祭祀词中，有这

---

①或以为鲁伯诗伯中的鲁伯是鲁神居住的丘堆（坟墓），诗伯是黄金丘堆（坟墓）。我觉得这个说法似乎不妥，原因有二：首先，对举并称是人类思维的一个普遍结构，因而也是语言修辞中的一种惯例。在彝语彝文中同样如此（甚至还可以说，彝语彝文中保持的这个结构和惯例比其他一些民族多）。在《祭祀词》中，我们可以看到很多类似的例子：夏（汉）地阿索伯，彝地阿着底（第80页）；向格资（天神）讨年，向岛沸（冥神）讨月（第80页）；勒木阿霍帕（养鸡男神），勒木阿霍玛（养鸡女神）（第263页），等等。彝文中的“诗”固然可以解释为黄金，但由于同样的道理，在使用“黄金”这个意义时，它往往是和“烁”（白银）对举并称的，如金棒与银棒（第11页）；金发与银发（第11—12页）。红河彝文古籍《万物的起源》（梁红译注，云南民族出版社，1998年）中，有《斯依嫁闺女》，说儿子当金藏，女儿当银使（第193页）；《祭奠起源》说到用纸做成金子银子，做成金山银山（第286页），还说君主装金棺，臣子装银棺（第305页）；《奢古白勒神》说君主管金子，臣仆管银子（第318页）；《大英雄阿龙》中说抬出金扇子、拿出银扇子（第353页），等等。第二，彝语偏正词组的中心词可以用形容词做定语，也可以用名词做定语。“诗”当名词时，意思是蛇，黄金；当形容词时，意思是黄金的，金黄色的。由于彝语偏正词组中形容词后置的惯例，我们可以排除“诗伯”一词中“诗”作形容词的可能性。从“鲁伯诗伯”这个短语的语法结构来看，这是一个并列结构，即“鲁伯”和“诗伯”之间是并列关系而不是修饰关系。再就“鲁伯”“诗伯”各自的内在结构来看，“鲁”与“伯”的关系等同于“诗”与“伯”的关系，“鲁”占有“伯”，“鲁”居住在“伯”里面，同样，“诗”占有“伯”，“诗”居住在“伯”里面。在《鲁伯诗伯芍厄》中，还有这样的句子：“在鲁伯跟前，在施伯跟前。腰刀启魂门，打开了魂门。释放生魂归，鲁伯莫阻拦，施伯莫阻拦！”它们同样表明鲁伯诗伯是并列对称的结构。这是一个合乎思维逻辑的美妙的结构。“鲁”是鲁神，“诗”只能是诗神。如果把“诗”解释为“黄金”，就破坏了思维的自然逻辑，也破坏语言的和谐结构。

②《祭祀词》，第149页。

样一段话：

斯诗木做弓，阿相做弓弦，白铁做箭镞，弓箭做好了。肆潜矮难及，神牛攀云端：天宫妮阿诗，你来接弓弦，你来接箭镞！拉弓弦莫散，快快接住弓，快快接住箭！①

这段话重复了5次之多。斯诗木是黄杨木，阿相是苎宁麻。肆潜是一种低矮的灌木，当地汉语称之为扫把棵。这段话说，人向天宫射箭，为了射得高一些，就站在扫把棵上，但仍嫌太矮，就骑在神牛背上。神牛爬(飞)到云端，箭就射到了天宫。住在天宫的女神阿诗把人射上去的箭接住。这个阿诗，就是男神阿鲁的妹妹兼配偶。

这段话说到阿诗但没有提及阿鲁，阿鲁其实就是射箭的人。撒尼人夫妇在第一个孩子出生之前要举行一个仪式，叫作祭娘家的地气。仪式中有象征性的射箭。射箭者是产妇的丈夫，假托为阿黑。这一射箭行为应该跟阿诗神接箭的神话有关。

阿鲁和阿诗既是兄妹，也是夫妻。他们原本是自然界的雨露，也就是滋生万物的源泉。他们由自然现象演变为人类的祖先，然后又充当了家庭和村寨的保护神。

三、阿黑与阿诗玛

阿黑与阿诗玛的关系是阿诗玛故事发表近半个世纪以来，学者们普遍关心的问题，也是我这篇文章的中心问题。

1953年，杨知勇、刘绮等前辈在路南搜集到有关阿诗玛的20份原始资料。在整理时他们就碰到了一个很具体的问题：如何处理阿黑和阿诗玛的关系？他们是兄妹还是爱人？从表面看，这是一个荒诞的问题。兄妹关系和爱

①《祭祀词》，第141页。

人关系性质完全不同，二者绝不可能混淆。这两种关系在世界上所有民族的普通群众中是分得很清楚的。然而，整理者之所以提出这个问题也绝不是因为他们不着边际的胡思乱想。黄铁在 1978 年回忆阿诗玛的整理工作时说："怀疑他们是爱人关系的同志，仅能从原诗的个别情调和个别矛盾出(出字或为衍文，或应为去——引者)寻找线索，并没有从撒尼族(族应为人——引者)的传说和风习中得到佐证。"①初稿整理出来，云南省文联召开了座谈会。当时的省委宣传部部长袁勃发言说："虽然阿黑和阿诗玛是兄妹关系，但也贯穿了爱情在里面，因而我们故事的主题也只能是上述这几方面。"李广田发言说："怎么搞研究工作？如兄妹关系和爱人关系的问题，现在就不能解决，原始的民族兄妹是否可以结婚，我现在还在怀疑。"②

因为 20 份原始资料都说阿黑与阿诗玛是兄妹，所以黄铁、杨知勇等完成的整理本就采用了兄妹说。然而，整理者肯定了阿黑和阿诗玛的兄妹关系并不意味着原始资料中暴露出来的矛盾从此就不存在了。1955 年，作为整理者之一的公刘到撒尼人地区住了一个半月，对阿诗玛的故事又做了一些了解，发现民间对于阿黑和阿诗玛的关系除了普遍的兄妹说之外，确实也有传说和风俗证明他们是情侣。阿诗玛在普通的中国人(也许不包括她的创造者撒尼人)中的形象是通过电影《阿诗玛》而形成的。在这部电影中，阿黑和阿诗玛是情侣而不是兄妹。

不同的读者在阅读同一个文学形象时可能会产生不同的认识，这是文学欣赏中的正常现象，就像日常生活中的不同个体对同样的事件和人物可能做出不同的评价一样。然而，阿黑和阿诗玛的关系是兄妹就不能是情侣，是情侣就不能是兄妹，这是现实生活中的常识。就此而论，李广田的怀疑并没有道理。然而，在黄铁、杨知勇等人的整理本中出现的阿黑和阿诗玛两兄妹与在电影中出现的阿黑和阿诗玛两情侣都客观地存在着，这不是因为读者的审美差异所造成的，而是因为整理本和电影这两个作品本身对二人关系的不同

①《专集》，第 226 页。

②《专集》，第 227 页。

定性所造成的。这两个作品对阿黑与阿诗玛的关系的不同的定性，又来自于阿黑与阿诗玛的关系的矛盾性。这种矛盾的根源又在于神格与人格的混同，神话与现实的重叠。

我们已经介绍了撒尼人的洪水神话和兄妹婚神话。神话中的阿鲁和阿诗是兄妹，后来又成了夫妻。撒尼人把这对兄妹兼夫妻看作是人类的祖先。我已经证明，这一对神在撒尼人的宗教信仰中发挥着很重要的功能。

在现实生活中，兄妹不能是夫妻。阿黑和阿诗玛不是神话人物。他们是现实价值观念所创造出来的人物形象。不幸的是，“虽然阿黑和阿诗玛是兄妹关系，但也贯穿了爱情在里面”，袁勃这句话说明了二人关系的实质。阿黑与阿诗玛既是兄妹，又是情侣，这种矛盾的根源又在于人格与神格的混同，现实与神话的重叠。

所谓人格与神格的混同是指阿黑与阿鲁的混同，阿诗玛与阿诗的混同。

阿鲁是洪水神话和兄妹婚神话中与妹妹结婚的神。阿黑是阿诗玛故事中的人。创造出阿黑形象的撒尼人在潜意识中把阿黑等同于阿鲁，阿黑自己也将他自己等同于阿鲁。

洪水神话和兄妹婚神话说阿鲁是龙年龙月龙日生的，所以叫阿鲁。彝语中的鲁就是龙。阿诗玛故事没有说阿黑为什么叫阿黑，但我们仍然能够在神话和宗教信仰中找到阿鲁和阿黑之间的联系。

《鲁资楠道》说格资天神的小女儿梳头时掉下两根黑头发，“黑发变黑龙，它就是鲁神，它就是楠神”。祭龙的祭词说，龙是成对的。黄龙会降霜，是邪龙，毕摩不请它；白龙会下雪，是邪龙，毕摩不请它；红龙会下冰雹，是邪龙，毕摩不请它；灰龙也是邪龙，毕摩也不请它；只有黑龙才是给人带来雨水和丰收的好龙，所以毕摩要迎请它，祭祀它。“这一对黑龙，最能助稼穑，最能助人力。”①祈雨的祭词也说，黄龙、灰龙、白龙都不能带来雨水，小黑龙才能带来及时雨。② 所以，黑龙是好龙，是人们所崇奉的雨神、保护

①《祭祀词》，第 84 页。

②《祭祀词》，第 69—75 页。

神。阿鲁是对龙的泛称，阿黑(小黑龙)才是好龙的专名。阿诗玛故事中的阿黑也就是洪水神话中的阿鲁。阿黑和阿鲁等同的另一个证据是，《资料集》中的文本二十八说，阿诗玛的哥哥名叫阿隆。这个阿隆跟其他文本中的阿黑是同一个人，阿隆就是阿黑。同时，阿隆就是阿鲁，隆和鲁都是对彝语中的"龙"的音译。

阿诗玛与阿诗的混同更为直接。洪水神话和兄妹婚神话说，阿诗是蛇年蛇月蛇日生的，所以叫阿诗。"诗"是对彝语中的蛇的音译。阿诗玛故事说，阿诗玛也是蛇年蛇月蛇日生的，所以叫阿诗玛。阿诗玛的得名和阿诗的得名是一样的，只不过阿诗玛这一名称中多了一个表示女性的词尾"玛"。

洪水神话和兄妹婚神话中，阿鲁是龙，阿诗是蛇。龙和蛇都跟水有关，所以它们能经历洪水而存活。这时的龙和蛇是代表自然现象和自然力量的神。龙(雨)和蛇(露)虽然是兄妹，但能够成为夫妻结合在一起，合二为一。

阿诗玛故事中，阿黑是龙，阿诗玛是蛇。但他们已经不是自然现象、自然力量的代表。阿黑和阿诗玛以社会角色的身份生活着。他们是兄妹，却不能做夫妻。但是，他们不仅把自己跟他们的神话原型等同，而且也把他们所生活的现实世界跟神话世界等同。这是一个导致生命悲剧的严重错误。

在神话世界中，在人类面临绝种威胁而兄妹两人又都找不到其他人做配偶的情况下，这对幸存的兄妹也可以结为夫妻。这是神话世界中的合理逻辑。

在现实世界中，人类并不面临绝种威胁，兄妹两人又都能够找到其他人做配偶，所以，兄妹婚姻是不允许的。这是现实世界中各民族的惯例。

阿黑和阿诗玛既把自己等同于他们的神话原型阿鲁和阿诗，又把他们所生活的现实世界等同于阿鲁和阿诗所生活的神话世界。阿黑和阿诗玛以为他们也可以像受人尊敬的阿鲁神和阿诗神一样，既是兄妹，又做夫妻。

然而，这种等同是违背社会伦理的，也是自欺欺人的。所以，阿黑和阿诗玛的二重关系(兄妹兼夫妻)要被粉碎。有了这样的认识，阿诗玛故事中看似矛盾的诸多内容也就不矛盾了，看似难以理解的一些细节也就容易理解了。

表3中，把阿诗玛的出生和阿支的出生对举并称，是为了说明他们两人是天生的一对夫妻。在神灵观念保存得比较好的地方，人的意志往往以神的意志的形式表现出来。这种安排为阿诗玛的悲剧结局做了铺垫。

表4中，媒人说合成功的文本是16个，这同样证明阿诗玛确实应该嫁给阿支。

表6中，我已经列出以对话形式贬低热布巴拉家的文本，但没有对之加以解释。它是这样一个程式：

甲：这是什么山岩？

乙：这是热布巴拉家放祖灵的山岩。

甲：以前是热布巴拉家放祖灵的山岩，以后是藏盗贼的山岩。

甲：这是什么山林？

乙：这是热布巴拉家找犁杖的山林。

甲：以前是热布巴拉家找犁杖的山林，以后是热布巴拉家挖野土瓜的山林。

甲：这是什么池塘？

乙：这是热布巴拉家洗衣裳的池塘。

甲：以前是热布巴拉家洗衣裳的池塘，以后是热布巴拉家洗野土瓜的池塘。

具有这个内容的文本一共是17个。其中，12个文本中阿黑为甲，5个文本中阿诗玛为甲。阿黑为甲的12个文本中，10个文本阿诗玛为乙，1个文本阿支为乙，1个文本海热为乙。对话角色的这种安排显示了人类两性关系中的一个普遍现象：男人在自己喜欢的女人面前把作为自己的竞争对手的另一个男人贬低，以便抬高自己的地位(社会关系中又何尝不是这样!)。在阿诗玛为甲的5个文本中，4个文本海热为乙，1个文本阿黑为乙。海热是夫家的代表，阿诗玛在海热面前贬低夫家，是新嫁娘的高傲和矜持。

然而，在送亲、迎亲的过程中，各民族普遍的习俗是男方家奉承女方家，女方家也称赞男方家。阿黑和阿诗玛对男方家的贬低，是有背习俗的。他们之所以说出有背习俗的话，是因为阿黑和阿诗玛既是兄妹，又是情侣。

表6A中，有12个文本说阿黑梦见阿诗玛出嫁，所以才从外地赶回来。其实，阿黑因做梦而返回的文本还可能更多。阿黑与阿诗玛是实际生活中的兄妹，原始意识中的情侣，所以阿诗玛的行为在阿黑的心中引起遥感。阿黑梦境中阿诗玛的婚礼是灾难和喜庆的对立统一。梦境中的洪水是神话景象的遗留，正是洪水事件才使得阿黑与阿诗玛的婚姻成为可能。在这12个文本中，有7个文本说阿黑梦见蛇盘在他家院子里。其中又有6个文本同时说到洪水(水)。有了洪水，也就创造了阿黑与阿诗玛结婚的可能性，但院子里的蛇却不是阿黑(黑龙)而是阿支，阿支跟阿诗玛同年同日同时出生，阿诗玛是蛇，阿支也是蛇，蛇和龙的意象本来可能混同，但梦境很明确地告诉阿黑，院子里的蛇是红蛇(二十二、二十三、二十七3个文本)，或是麻蛇(一、二十九2个文本)，或是大青蛇(文本二十四)，或是蟒蛇(文本二十六)，但无论如何也不是龙，更不是黑龙。松毛铺地、荞秆垫圈是结婚的景象。阿诗玛与阿支结婚，是现实生活情形的反映，是现行道德伦理的表现。然而，在阿黑心中，结婚的景象因为他自己被阿支替代而失去了喜庆的含义，所以文本二十八直接说阿黑“做梦不吉祥”，文本三说阿黑梦见“家里发生了事情”。

表7现显示了难题考验的程式。在中国南方少数民族的口头文学中，这个程式是求婚过程中的模式，也是男人为心爱的女人而与其他男人竞赛的模式。因为阿黑与阿诗玛之间是准婚姻关系，所以这个模式的运用是合乎逻辑的。

文本十二、十三中出现了羽毛衣程式：

> 阿诗玛嫁到阿支家。阿诗玛不高兴，脸上无笑容。阿黑设计害阿支。阿黑披鸡皮跳舞，阿诗玛笑了。阿支披鸡皮跳舞，阿诗玛不笑，说那是怪物，叫人把他打死了。

羽毛衣(也叫百鸟衣等)程式在中国南方少数民族中很流行，程式的前半部有妻子的画像，后半部才是羽毛衣。壮族、白族、哈尼族、彝族中都有这个故事。北方的蒙古族也讲述它，题为《良花》，是女主人公的名字。日本的这个程式中把羽毛改成了松枝。一般来说，画像和羽毛衣是这出戏剧中的两件道具。不论有什么变化，被强行拆散的夫妻得以团圆是一个共同结尾。阿诗玛故事的上述两个文本中，阿支似乎是棒打鸳鸯的第三者，所以被害死了。但阿黑与阿诗玛这对鸳鸯是不合伦理的，所以也没有好结果。

表7还显示，有17个文本说阿诗玛吹口弦（响篾、竹琴）向阿黑报警，阿黑吹笛子（箫、芦笙）回答。口弦和笛子之类在撒尼人生活中是谈情说爱的工具，这是不用争论的。有的人一定要说阿诗玛和阿黑使用这两种道具是紧急情况下的应变措施，也未尝不可。但热布巴拉家的阴谋无一例外都被阿诗玛知道了，而且阿黑射出的箭热布巴拉家拔不出来，阿诗玛说一句“哥哥射的箭，妹妹拔得出”，然后她轻轻就拔出来了，这些都说明阿黑和阿诗玛身上还保留着阿鲁神和阿诗神的神性成分。既然如此，他们为什么一定要用这两种谈情说爱的东西？答案很简单，因为他们是情侣。

表8显示，17个文本说阿诗玛从夫家返回的路上或者回到娘家以后变成了回声之类。这个结局是神对阿黑和阿诗玛的惩罚。崖（岩）神既是神灵的代表，也是阿黑和阿诗玛心中社会化了的个人意识的象征。阿诗玛在崖上下不来，她（或崖神）要求用白色牺牲来救赎；阿黑也接受了这个条件。这种默契暗示我们，阿黑和阿诗玛两人都意识到他们两人之间的情侣关系是不可饶恕的罪过。一方面，他们把自己混同于阿鲁和阿诗。作为阿鲁和阿诗的替身，阿黑和阿诗玛既是兄妹，也可以做夫妻。但是，阿黑和阿诗玛生活的现实世界毕竟不可以等同于阿鲁和阿诗生活的神话世界。对此，阿黑和阿诗玛是有所意识的。所以，阿黑和阿诗玛对他们两人之间那种违背现实风俗的情侣关系心存愧疚。一旦成功地离开了热布巴拉家，兄妹兼夫妻的原始意象就沉淀下去，现实伦理规范在他们意识中的作用增强了。

我已经说明，用白色牺牲驱赶凶邪是撒尼人宗教仪式中的惯例。阿诗玛（或崖神）所要驱赶的凶邪就是阿黑和阿诗玛兄妹二人结为夫妻的乱伦欲望。因为这种凶邪在人们的宗教观念中是不可救赎、不可驱赶的，所以，阿黑就找不到它所要求的牺牲品。现实生活中驱赶其他的凶邪只需白鸡，因为这些凶邪在理论上都是可以驱赶的，所以白鸡是能得到的。兄妹结为夫妻的乱伦欲望所产生的凶邪则是不可驱赶的，所以就找不到它所需要的牺牲品——白猪。

阿诗玛故事中对白猪的强调其实是一种特定的思维逻辑的反映，也可以说这是一种特定的修辞方法。它的目的在于论证某个事件根本缺乏可能性。撒尼人相信，在发送死者时，活人的灵魂、活着的牲口的灵魂都不可以随死人去阴间，死人也不应该留拦活着的人和牲口的灵魂顺利返回，于是要在墓地召回所有的生魂。《祭祀词》中有这么几段：

> 阴间砍竹子，破竹编竹篮，装水不漏否？破竹编筛子，筛能兜风否？篮若装住水，筛若兜住风，可阻留生魂。竹篮若漏水，筛子若透风，不得阻生魂！
>
> 阴间养山羊，山羊犁地否？山羊若能犁，可阻留生魂。山羊不胜力，不得阻生魂！
>
> 阴间饲养牛，牯牛可生仔？牯牛若生仔，可阻留生魂。牯牛不生仔，不得阻生魂！
>
> 阴间饲养鸡，公鸡可长牙？公鸡若长牙，可阻留生魂。公鸡不长牙，不得阻生魂。
>
> 阴间撒稻秧，白米发芽否？白米若发芽，可阻留生魂。白米不发芽，不得阻生魂！
>
> 阴间饲养马，马匹可长角？马匹若长角，可阻留生魂。马若不长角，不得阻生魂。

这几段祭祀词以竹篮不装水、竹筛不兜风、山羊不犁地、牯牛不生仔、公鸡不长牙、白米不发芽、马匹不长角等自然规律(神圣原则)来证明生魂不可阻。阿诗玛故事中以白猪不可得来证明凶邪不可除，阿诗玛不可回家。思维的逻辑是相同的。

阿诗玛变成了回声，这是神的惩罚。这个惩罚是由阿黑和阿诗玛共同承受的。兄妹兼夫妻的欲望终究还是没有实现。文本十六的结局是这样的：

> 走到半路，天下大雨，兄妹二人在崖下躲雨，对岩石说："你不要倒下来，雨晴了你再倒下来。"雨晴了，阿诗玛兄妹睡着了，岩石倒下来，兄妹二人就被岩石压死了。

这个结局所显示的寓意看起来更明确，但其实，它和回声之类的结局是一样的。

四、关于时代

阿诗玛故事的主题是对兄妹二人的乱伦欲望的暴露和惩罚。在全世界的口头文学作品中，防止乱伦的欲望和行为是一个普遍的主题。所以，如果要研究阿诗玛故事产生于什么时代，就显得很困难。因为人类从产生的时候起就是群居的动物。群居就必须有相应的习俗(惯例)来指导大家的行为。

神话(仅仅是神话)说，兄妹可以是夫妻，但那是有条件的：世界上只剩下兄妹两人。现实生活中的兄妹不可以成为夫妻，因为他们不能满足这个条件。一旦满足了这个条件，兄妹不能做夫妻的禁忌就失去了意义。也就是说，只要人类生活的群体所包括的人口数量超过兄妹两人，阿诗玛故事就可能产生并流传。所以，把奴隶制或封建制之类作为阿诗玛故事的背景，是没有意义的。阿诗玛故事的内涵跟社会制度无关。

阿诗玛故事可能产生在神话时代之外的任何一个时代。虽然如此，我们还是可以从一些细节来推断这个故事在撒尼人中开始流行的大体时代。

撒尼人所居住的地方，元代设为路南州，隶属于澄江路；明代和清代仍为路南州，同样隶属于澄江府。《元史·地理志》说"夷"族称路南为路甸。明代编修的云南方志记载了当时的饮食习俗，说到澄江一带俗尚咂酒。"俗以米麦酿酒既热(熟),[①] 凡燕待宾亲之贵重者，具果馔，设架于庭，置酒樽其上，泡之以水，务令樽满为度。少顷置中，通之竹筒于内，必探其底乃与客为揖让礼而请咂之。别以杯酌水，候客既咂而注于樽，视水之盈缩以验所咂之多寡。若水溢而樽不能容，则复劝咂之。以此为爱敬之重者。遇寒月，则置火于樽下，欲其热也。虽富贵之家亦用之。盖亦有所亲效欤!”[②]最后两句话暗示我们，咂酒之俗在普通百姓中最流行，并已推广至富贵之家。当时澄江的居民以白族为多，因为上文在咂酒之俗后接着说：“郡多僰人而汉人杂处其间。”当时的澄江府领二州：路南、新兴(今玉溪市)，三县：河阳(今澄江县)、江川、阳宗(驻今澄江县北部的阳宗城)。就路南而言，居民多为彝族。正德《云南志》卷六《澄江府》照录以上记载，而补充了一句：“此俗各府多同。”同书卷十一《丽江府·风俗》说：“外若咂酒、星回节等俗，大抵与各府相同。”说明丽江纳西族中亦有咂酒之俗。可以认为，咂酒之俗普遍存在于明代云南白族、彝族、纳西族、汉族等诸多民族中。徐霞客曾在大理体验了这一饮酒习俗：“还饭于铁甲场居民家。置二樽于架上，下煨以火，插藤于中而递吸之，屡添而味不减。”[③]在这些地方，咂酒之竹筒换成了中空的藤管。

表9　细节

内 容	阿诗玛文本	祭祀词、仪式歌文本	备 注
竹管	婚礼：二，十五 取名：二十三，二十四，二十七，二十九	祭献牲食辞，祈福辞	
广西府		郭伯尼罔古，普资奴资	
玉米	十七(夫家场院)，二十二(比赛)，二十四(比赛)，二十七(比赛)，	鲁资榆道，绕曼哂格阿曼支桎脑斯枣兴，木浩日资，鲁伯施伯芍厄，祈福辞	

①依正德《云南志》卷六《澄江府》改。

②景泰《云南图经志书》卷二《澄江府·风俗》。

③徐弘祖著，朱慧荣校注：《徐霞客游记·滇游日记八》。

用竹管或藤管在酒缸中饮酒，是明代云南流行的习俗。吟唱阿诗玛故事的诗歌有 6 个文本提到它。这应该不是偶然的。

清代中期，在云南生活过 20 年的安徽人檀萃作《滇海虞衡志》，广记云南物产。在专门谈论酒类的篇章中，檀萃并没有提到咂酒之俗。或许可以认为，咂酒所用的酒是淡酒。相比之下，烈酒更容易让人们沉醉，人们的主观爱好加上酿造技术的改进和粮食产量的提高，使得烈酒逐渐取代淡酒而普及，咂酒习俗也就仅仅在比较边远而生产力又不太发达的地方才保留下来。

玉米是从美洲传到全世界其他地方的一种作物，或称为苞谷、玉麦。撒尼人结婚时要在女方家举行祭祖灵的仪式，称为绕曼晒格阿曼支柽脑斯枣兴，也要念祭祖的祭词。仪式中，新娘、新郎要从门外进入堂屋，并依次跨过九种植物：杨梅枝、核桃枝、李子枝、桃树枝、梨树枝、柿树枝、谷穗、麦穗、苞谷。九种植物在彝语中有不同的谐音和意义，如杨梅谐音为“想结亲”，核桃谐音为“想念”，等等。[①] 九种植物的排列顺序先是野生植物然后是粮食作物，粮食作物中苞谷在最后。这是否也有特别的意义？或者仅仅是为了取其谐音才这样排列？我不敢妄下结论，但有一点是可以肯定的：玉米明代中期传入中国东南地区和西南地区，它进入撒尼人婚礼仪式中，说明这个婚礼仪式的产生或定型是在明代中期以后。《祭祀词》和《仪式歌》中提到玉米的文本共 5 个，见表 9。这 5 个文本写定的时间，不会早于明代中后期。阿诗玛故事中，提到玉米的文本有 4 个，其中有两个是彝文手抄本。这两个手抄本写定的时间，也不会早于明代中后期。

撒尼人语言中有“尼夏津江”这个固定的套语，意思是彝汉共赶的街市，彝族和汉族的货物集散地。阿诗玛故事中也有 4 个文本(二十四，二十六，二十七，二十九)出现了这样的套语：“彝乡种瓜秧，汉乡撒瓜种，菜园里瓜苗，长得同样壮。”以彝族(撒尼人)和汉族对举并称，应该是撒尼人普遍地与汉族杂居之后的语言现象，而撒尼人普遍地与汉族杂居是明代中后期才开

①《祭祀词》，第 66 页。

始的。[1] 在《普资奴资》(迎接男女密枝神普神奴神)这篇仪式歌中，不仅出现了“尼夏津江罗”，而且还出现了其他具有时代特征的短语：“知资娄底地，官府衙门内”(知资是知州官，娄地是路南的古名，意为娄底的知州官)，“来到嘎斯府”(嘎斯府是撒尼彝语对广西府的称呼。广西府于明代初设立，是今天的泸西县)以及跟阿诗玛有关的套语：“戳盘林姑娘，艾孜林中花”(戳盘、绰盘、抽牌都是对彝语“画眉鸟”的音译，艾仔或写作艾仔，是一种体形美丽、性情活泼、善于鸣叫的小鸟，或即应山歌)，和一种已经失传的服装，而阿诗玛故事中的阿诗玛所穿的就是这种服装。[2]《普资奴资》形成的时间不会早于明代中后期，阿诗玛故事开始流行的时间也不会早于这个时代。

婚礼中的祭祖仪式有玉米枝充当道具。同样是这个祭祖仪式还说到了勾底的媒人海热。海热在这篇祭祀词和阿诗玛故事中都是有名的媒人。我们由此也可以推测，阿诗玛故事开始流行的时代和这篇祭祀词产生的时代大体是一致的，即明代中后期。

五、结　论

阿诗玛的故事在撒尼人的口头文学中形成了很多文本。虽然我们在《资料集》中看到的 29 个文本并不能代表它的全貌，但是这 29 个文本和《祭祀词》等相关材料已经使我们能够对这个故事的基本情节有一个初步的认识：

在阿着底的上边，住着格路日明夫妇，在阿着底的下边，住着热布巴拉夫妇。格路日明夫妇有一个儿子叫阿黑。格路日明夫妇求

①谢国先《明代云南的汉族移民》，《云南民族学院学报》1996，第 2 期。

②这种服装叫“斯哉曼达玛”，昂自明在注释中说，它是古时撒尼妇女流行的一种坎肩，面镶绣图案，下摆为彩色布条，并说《阿诗玛》中的阿诗玛即着此装(《仪式歌》，第 64 页)《资料集》第 265 页(文本二十四)说阿诗玛的服装叫“恩栽玛达摩”，叫法虽然有一字之差，但下面这个推论应该是能够成立的：因为那个时代这种服装很流行，所以同样生活在那个时代的阿诗玛也穿这种衣服。

神保佑，生下女儿阿诗玛；热布巴拉夫妇求神保佑，生下了儿子阿支。

在父母的关爱下，阿诗玛长大了。她的美丽在阿着底很有名。阿支喜欢她，热布巴拉夫妇就请媒人海热到格路日明家说亲。

格路日明夫妇舍不得女儿出嫁。海热说姑娘长大了出嫁是天经地义的事情。格路日明夫妇于是同意把女儿嫁给阿支。阿诗玛心中很矛盾。

阿黑在外面做事，梦见妹妹出嫁，就赶回家。这时阿诗玛已经嫁出去了。阿黑追到热布巴拉家，要把妹妹接回家。热布巴拉家为了不让阿黑接走阿诗玛，就想了很多办法刁难阿黑。但是阿黑战胜各种考验，并且在关键时候得到妹妹的帮助，让热布巴拉家彻底认输了。热布巴拉家只好把阿诗玛还给阿黑。

阿黑带阿诗玛回家。但是神灵不让阿诗玛跟他哥哥回去。神灵把阿诗玛变成了回声，让她永远附着在岩石上。

这个基本情节是不好理解的，因为阿黑和阿诗玛的行为动机被隐去了。这个动机就是撒尼人神话中阿鲁和阿诗兄妹兼夫妻的神话原型，在阿黑和阿诗玛心中所起的作用。阿黑把自己等同于神话世界中的阿鲁，阿诗玛把自己等同于神话世界中的阿诗。

然而，阿黑和阿诗对他们自己所生活的现实世界并不是毫无意识的。在现实世界中，兄妹兼夫妻的关系是不可能成立的，因为世界上并不是只剩下了他们兄妹两人。所以，阿黑和阿诗玛不得不接受互相分离的结局。

人们在欣赏这个故事时，已经忘记了神话原型对阿黑和阿诗玛的诱惑与折磨。阿黑和阿诗玛成了美好的形象。研究者得知故事的本意，更加敬佩世界各民族思维形式的多样性所显示出来的内在一致性：乱伦是神的美德，人的罪恶。

（原载《云南艺术学院学报》2001 年第 3 期）

论中国少数民族谷种起源神话

[摘要] 叙述事物起源是神话的一个重要内容。中国少数民族的谷种起源神话往往说谷种是男人或狗经过许多努力甚至付出生命代价才取得的。按照一般的科学常识，作物栽培主要是女性在采集食物和照料家园的过程中逐渐发明的。谷种起源神话和作物栽培历史的矛盾是男性强权话语的结果，男人在神话创作中把女人的功劳窃为己有。谷种起源神话中的狗是男人的象征。谷种起源神话中的男人不是包含男女两性的普遍意义的人。

[关键词] 中国少数民族　谷种　神话

神话是一定群体集体的意识活动的产物，显示了这个群体在某个时期对宇宙万物和人类生命的起源、性质、存在状态以及发展演变规律的思考。对于神话的创造者和传承者来说，神话是对真实的叙述，而不是对虚幻的表达。追溯事物起源并把这种追溯成果以神话(或者其他方式，如雕刻、绘画等)的形式一代一代传承下去，这一活动是出于人类心理对世界(客观世界和主观世界)获得规律性认识并保障自己在身体上和心埋上健康存在的需要。

人类为了生存就得设法获取食物。在畜牧业和农业发明之前，狩猎和采集曾经是人类获取食物的两种主要手段。实际上，与其他手段相比，这两种手段在迄今为止的人类历史中使用的时间最长。因为狩猎和采集这两种不同的食物获取手段几乎总是在同一群体中共同存在且互为补充，所以使用英语的研究者在提到使用这种生存方式的人群时，多用连字号把二者联系在一起

(hunter-gatherers)，并同时加以论述。畜牧业和农业在狩猎和采集的基础上发展起来，并逐渐取代狩猎和采集而成为人类主要的食物获取方式。畜牧业和农业起源中的一个重要步骤分别是动物的驯化和植物的栽培。研究者们普遍认为，狩猎活动发展出动物驯化，采集活动发展出植物栽培。就人类的劳动分工而言，狩猎主要是男性的活动，而采集主要是女性的活动。但植物栽培(甚至也包括动物驯化)很可能主要是由女性完成的：即使是在游动的群体中，女性要照料人类幼小生命，所以比男性更需要留在相对固定的家园里，而相对固定的家园正是植物栽培和动物驯化的重要条件。

中国少数民族创造和传承着数量众多的粮种起源神话。中国少数民族粮种起源神话中的具体作物名称或为谷，或为粟，或为麦，或为荞，或为苞谷，或为青稞，等等。但这些差异在我们目前的研究中，并不具备实质性的意义，因为神话要强调的无非是粮食作物的起源。其中出现得最多的谷种实际上是粮种的代表。因此，谷种起源神话可以看作是粮种起源神话。中国少数民族对谷种起源和栽培的神话叙述，实际上是在神话中叙述农业的起源。

一、中国少数民族谷种起源神话的内容要素

中国少数民族神话对谷种起源的叙述与对人类历史的叙述有关。有的神话说人类经历起源、再生，然后繁衍发展到现在；相应地，谷种起源神话就会说到谷种失而复得的情形。但对谷种起源神话的叙述者来说，重要的是告诉人们今天的谷种是如何得来的。因此，我们讨论的谷种起源神话也就是关于留存至今的谷种的起源神话，而不是关于曾经消失的谷种的起源神话，因为这两类谷种起源神话含义并不完全相同。中国少数民族谷种起源神话的基本内容是：人类没有谷种，某个人或某个(些)动物，或者某个人在某个(些)动物帮助下，到天上或另外某处，取来谷种，或者某个神主动给人类谷种，人类从此开始谷物栽培。

中国少数民族谷种起源神话涉及三个方面的问题：获取谷种这一行为的具体实施者(谁取谷种)；在人类取得谷种之前，谷种存于何处(何处取谷

种)；在人类取得谷种之前，谷种为谁拥有(向谁取谷种)。在这三个问题上，中国各少数民族神话的叙述或相同，或相似，或不同。甚至在同一个民族中也存在多种说法，我们据此制成表格如下：

表1　谁取谷种、何处取谷种、向谁取谷种

民族	谁取谷种	何处取谷种	向谁取谷种
	男人：		
仫佬族	到天上玩	天上	玉皇大帝
高山族	挖山芋到宫殿	山中某地	老人
珞巴族	打猎	西藏米林县某地	鸟嗉子
羌族	娶天神之女	天上	天神
独龙族	上天偷谷种	天上	
傣族	打败九条毒龙	山顶龙宫	龙神
彝族	偷谷种，变狗	大海底	龙王
纳西族	娶天女	天上	天神
普米族	娶山神女	天空(箭射谷种)	山神(天神)
苗族	沿途动物帮助	地上天边	
德昂族	天王要来谷种	天庭	仙人
	女人：		
独龙族	天女嫁给人间男子	天上	天神
藏族	天女嫁给人间男子	天上	天神
	男人和动物：		
哈尼族	和金马，男人死亡	天上	天神的女儿
布依族	和狗、马，男人死亡	西边天脚神洞	洞神白虎雀神
水族	和狗	东方东河坝	老人
藏族	和马，男人变狗	远方	蛇王
	动物：		

续表

民 族	谁取谷种	何处取谷种	向谁取谷种
瑶族	老鼠(咬碎谷子过河)	天上	天神谷神谷娘
独龙族	狗(与男人天女同来)	天上	天神
德昂族	水牛(带种子，传错话)	天上	
彝族	狗(带猪同行)	远处某地	天神
怒族	狗(猎狗拖回麂子)	山林，麂子头上	
佤族	大蛇	大水潭	
壮族	九尾狗(被砍断八尾)	天上	天上人
傈僳族	狗(向太阳哭求)	天上	太阳
布朗族	蚂蟥(洪水中取谷种)	洪水中	谷种被水冲走
普米族	狗(男人让狗取谷种)	大海那边	神仙
苗族	狗(御狗揭神农皇榜)	西方恩国	西方恩国国王
侗族	神牛(带谷种，传错话)	天上	贯公
蒙古族	狗(上天讨饭带来谷种)	天上	天神
仡佬族	狗(上天带来谷种)	天上	
土家族	狗(上天带来谷种)	天上	
佤族	蚂蟥	天上	天上人
	神：		
哈尼族	神仙的女儿(母狗)	天上	神仙
景颇族	女神		
拉祜族	仙姑	天上	天上
门巴族	天神	天上	天神
毛南族	神农		神农
哈尼族	男神	天上	天神
瑶族		南天	鼠王
德昂族		地上	

这是一份不完全的统计表，共有31个民族的41则神话。[①] 表1中的男人和女人或是人，或是神，但他(她)是住在人间的，是取谷种这一行为的受益群体中的成员。这是我们在本文中区分神和人的简单原则。在“何处取谷种”这一内容要素中，天上取谷种的神话24则，占59%。神话总是把人们身边的某种发明说成是原本存在于天上的事物，从而提高它的神圣性，唤起人们心中的崇敬之情。这种宽泛的解释也适用于谷种来自天上的说法。但是，结合地上远方某处取谷种的那12则神话以及水中取谷种的3则神话，我们可能会对谷种来自天上的说法有更好的理解。因为，不论从何处取得谷种，这一过程都经历了种种艰难困苦。到天上取谷种时，登天也许不难，但把谷种带回人间的旅程却很艰难：上天娶妻的男子往往要经历考验(如纳西族、独龙族)，偷谷种回人间的男子甚至付出生命代价(如哈尼族)，到天上偷谷种的动物也要经历危险(如壮族的九尾狗被追杀者砍断了八条尾巴)。到远方取谷种的过程也充满了危险，或要打败毒龙(傣族男人取谷种)，或要渡过大海(普米族狗取谷种)。在为数不多的几则神话中，谷种得来比较轻松，如仫佬族神话、德昂族神话等。

“向谁取谷种”这一内容要素中显示出来的谷种拥有者和控制者的身份(神格)和对取谷种者的态度也是有意义的。说谷种为天神、龙王、蛇神、天上人拥有的神话共23则，占56%，与谷种来自天上的说法基本一致。明确说谷种本来由某个人拥有的神话仅2则。另外的16则神话或说谷种为远方某个国王拥有(如苗族说西方恩国国王有谷种)，或说谷种在鸟嗉子中得来(珞巴族)，或者未说明谷种为谁拥有(独龙族、彝族等)。实际上，天神、龙王、蛇神、天上人或地上某个人拥有谷种的说法或要强调谷种的稀有与神圣(天神或其他神拥有)，或要证明神话叙事的确定性和可靠性(老人有谷种)，但这些说法主要都是为突出“谁取谷种”这个内容要素服务的；未说明“向谁取谷种”的9则神话中，除了独龙族神话之外，其余8则神话都只是说

---

①资料主要来源于谷德明编的《中国少数民族神话选》，徐华龙、吴菊芬合著的《中国民间风俗传说》，李子贤编的《云南少数民族神话选》和《中国各民族宗教与神话大辞典》编审委员会编的《中国少数民族宗教神话大词典》，在表格中就不再列出。

谷种在地上远方某处，这个说法反而透露了谷种起源的某些真实信息。

如果是神主动把谷种给人类，取谷种的情节就显得很简单，如景颇族神话。如果谷种拥有者和控制者不想把谷种给人类，那么取得谷种就要付出代价，情节也就显得复杂：哈尼族的两则神话或说天上的幺姑娘偷了她父亲神仙的谷种给人间，受神仙惩罚变成一条母狗(表1“谁取谷种”之“神”一栏)；或说人间男子玛麦和小金马到天上取谷种，玛麦战胜天神考验之后，因不想与天神之女稻谷仙姑结婚，玛麦和小金马被稻谷仙姑追杀，小金马翅膀被砍断，玛麦和小金马从天空摔下死亡(表1“谁取谷种”之“男人和动物”一栏)。因此，“谁取谷种”“何处取谷种”，以及“向谁取谷种”这三项内容要素是互相联系的。

总之，作物栽培这一发生在人们日常生活中的事件在神话中几乎完全被说成是在陌生空间出现的奇迹。寻找谷种的自然过程(与自然打交道)变成了社会过程(与人打交道)，适应自然的能力转化为战胜对手的能力。适应自然的能力被轻视，战胜对手的能力受重视。在布依族的《茫耶寻谷种》中(表1“谁取谷种”之“男人和动物”一栏)，男青年茫耶在白胡子老人给予的教导和提供的宝物的帮助下，杀死了看守谷种的红脸洞神、白脸洞神、白虎、大神雀；除了马、狗等动物的协助外，宝剑、弓箭等杀伐的武器以及开门的钥匙也非常重要。对武力和智力的颂扬并非对普遍的人类能力的颂扬，而是对男性所特别表现出来的特征的颂扬。这是谷种起源神话的基本主题。

因此，表1显示，在“谁取谷种”这一内容要素中，谷种取得者的性别差异很有意义。

只有两则神话说女人取得谷种。这两则神话来自独龙族和藏族，都说人间男子娶天神的女儿为妻，天女在和男人返回人间的时候，或把谷种藏在指甲缝里(独龙族)，或藏在嘴里、塞入鼻孔等(藏族)，从天神那儿偷了谷种。在这两则神话中，谷种是人间男人娶天上女人为妻子的必然结果。没有男人的娶妻行为，就没有谷种被带到人间这个说法，虽然女人在男人赢得天神许婚的过程中发挥了重要作用。

六则神话说，神给人类带来谷种，其中三位女神(哈尼族、景颇族、拉祜族)，3位男神(门巴族、毛南族、哈尼族)。

11则神话明确说男人取得谷种。

4则神话说男人和动物一道取得谷种，但动物其实是人的帮手，男人是这4则神话的主人公。于是，男人取得谷种加上男人和动物取得谷种的出现频率一共是15次，占37%。

15则神话说动物取得谷种。这15则神话中取得谷种的动物是狗(10则)、老鼠(1则，瑶族)、水牛(2则，德昂族、侗族)、大蛇(1则，佤族)和蚂蟥(2则，布朗族、佤族)。[①] 动物(特别是狗)在谷种起源神话中具有何种象征意义呢?

二、狗是男人的象征

全世界的所有民族都曾经在神话中叙述万物的由来。包括谷类在内的粮食作物的起源，大致有两种神话叙述，或说作物是从天上得来或偷来的，或说作物是从神的尸体中产生出来的。[②] 从神的尸体中产生植物和作物的说法，可能起源于作物丰产仪式中以动物为牺牲的做法。但是，要具体解释人们为什么会编造出动物为人类取得谷种的神话，还得先看动物和人的关系。

老鼠经常在庄稼地和粮仓偷吃粮食，人们除之无术、恨之无补，于是索性承认它偷吃粮食出于天意。这则瑶族神话就在为老鼠的行为寻找理由。水牛对人贡献很大，人类对它似乎有些歉疚，但又不能把它从劳役中解放出来，所以就说它虽然带来谷种，却错误传话，导致人间粮食不够吃，人们不得不让它给人犁地。蚂蟥取谷种与老鼠取谷种类似，都是对人类无力改变的现实的勉强认可。佤族流传的大蛇取得谷种这个说法的由来，除了蛇—龙—水—农业的联系之外，就是佤族对蛇的能力的迷信。佤族有神话说蛇在所有

①佤族中蚂蟥取谷种的说法是李子贤教授1985年3月带领云南大学中文系中国民间文学专业研究生谢国先在云南省西盟佤族自治县岳宋乡小新寨等地搜集到的。讲述者岩瑞(佤族，男，30岁)、大岩忠(佤族，男，55岁)，翻译者肖子生(佤族，男)，由李子贤、谢国先记录整理。

②[美]艾里奇·伊萨克著，葛以德译《驯化地理学》，第147页。商务印书馆，1987年。

动物中最凶恶，曾吞噬很多动物，智者设计让它把吞下的东西吐出来。①

叙述动物取谷种的15则神话中，10则说狗取谷种，占67%。在男人和动物取谷种的4则神话(哈尼族、布依族、水族、藏族)中，有3则神话说与人一道取谷种的动物是狗。狗从天上或另外某处得来或偷来谷种的神话，在全世界的其他地方很少见到，但在中国少数民族(特别是中国南方少数民族)中却比较常见。

国内学者对狗取谷种的神话的认识似乎比较一致。一般都会论证狗的灵性，狗与人类生活的密切关系，甚至人类对狗的崇拜等现象，从而说明狗取谷种的神话是对人类社会生活的反映。但是，与人类关系密切的动物除了狗之外还有牛、马、猪、羊、鸡……然而这几种经济价值很高的动物在谷种起源神话中的形象，远不如狗的形象出现得那么频繁。试图用狗图腾来解释狗取谷种的神话的由来，更是难以得到认可。因为动物要真正作为某个群体的图腾，是要满足特定条件的。“虽然西方学界对于‘图腾’的定义，自始至终都是分歧不明的。但是比较能够掌握的，从原始意义来看，‘图腾’观念的主要关键是：1. 图腾崇拜者相信他自己(或民族)与图腾物有血缘上的关系；2. 图腾物同时也是崇拜物；3. 图腾物的形态表现在自己的徽记上；4. 图腾物的质性会构成某些禁忌、礼俗。”②这样看来，上列创造和传承狗取谷种神话、男人和狗取谷种神话的14个民族中，大概只有苗族是把狗当作图腾来崇拜的，因为苗族有盘瓠神话，有盘瓠庙、盘瓠洞等盘瓠崇拜遗迹，有定期祭祀盘瓠的活动，在苗族服饰中也有“狗头冠”和“犬尾”等装饰。③ 瑶族也有盘瓠崇拜，但瑶族神话说谷种是老鼠从天上取回来的，狗也曾经去取谷种，但没成功。因此，把表1的统计与上述各民族的宗教信仰结合起来分析，我们可以得出结论说，用图腾崇拜来解释狗取谷种的神话也是难有说服力的。普遍而言，狗不是民族或氏族祖先的象征。

人类社会生活中最早的劳动分工是按性别和年龄来进行的。在人类生存

---

①李子贤编《云南少数民族神话选》，第285—287页。云南人民出版社，1990年。

②钟宗宪：《图腾与中国神话研究的迷思》，《民族文学研究》2004年第1期。

③管彦波：《少数民族头饰中的图腾遗迹》，《云南民族学院学报》1995年第3期。

方式的发展中，具有重要意义的植物栽培和动物驯化，是在采集和狩猎的基础上逐渐形成的。男人主要从事狩猎，女人主要从事采集，这是农业成为主要生存方式之前人类普遍的分工模式。

女人在农业发明方面的贡献得到承认。“毫无疑问，农业的发明是妇女对人类财富的最大贡献之一。在攫取经济中，经常关心以植物产品供应家庭的是妇女，因此妇女可以把种植这项伟大的发明付诸实现。”①

男人虽然不能独占动物驯化的功劳，但狩猎和动物驯化的关系还是清晰可见的。狩猎者常常长时间地饲养同类兽，有时他们特意留着幼小的母兽和幼兽，以便让食物来源活着。在捕猎中活捉的幼兽可能被带回宿营地，依靠捕捉它们的人们生活，这样就达到了部分驯化。狩猎者可能会控制一些带头动物，兽群总是跟在它们后面。② 尽管照料幼兽的人可能是女人，但通过狩猎得到幼兽是驯化幼兽的前提。

虽然很难说明狗的驯化过程，但是“大多数动物学家都相信驯化狗（Canis lupus familiaris）的所有种类全是由狼（Canis lupus）发展而成的。”③作为看家狗，狗跟女人的关系更密切。但作为猎狗，狗跟男人的关系更亲密。中国少数民族中传诵狗取谷种神话的10个民族都不同程度地保留着狩猎的生产方式。狩猎主要是男人的活动。云南少数民族的谚语“话是酒撵出来的，麂子是狗撵出来的”，也说明狩猎成功是狗的功劳。狗与男人、与狩猎的密切关系在少数民族的日常生活中经常可以观察到。

在狗取谷种、男人和狗取谷种的神话中，也有文本说男人和狗是可以互相变化的。藏族神话说国王的儿子阿初到远方蛇王那里取青稞种子，被蛇王变成狗。阿初取得青稞种子后，得到姑娘俄满的爱情，又变成了男人。苗族神话说御狗翼洛揭了神农的皇榜，从西方恩国取来谷种，娶神农的女儿，繁衍苗族和汉族的祖先。虽然没说狗变成男人，但神话还是暗示了以狗为图腾

①［德］利普斯著，汪宁生译：《事物的起源》（修订本），第94页。敦煌文艺出版社，2000年。

②［美］B. M. 费根著，云南民族学院历史系民族学教研究室译：《地球上的人们——世界史前史导论》，第273。文物出版社，1991年。

③［美］艾里奇·伊萨克：《驯化地理学》，葛以德译，第128页。商务印书馆，1987年。

的男子与狗互为易形的信息。何况，与苗族类似地保留狗崇拜遗迹的瑶族在盘瓠神话中明确叙述了狗立功娶妻后变成男子并繁衍后代的故事。

在男人取得谷种的神话中，也有神话说男人变成了狗。彝族神话说，男青年阿合木呷历尽艰辛偷盗龙王的谷种，被龙王变成一条狗。为人们带来谷种的狗得到一个姑娘的爱情，又变成男人阿合木呷。

因此，虽然神话中取得谷种的狗的性别大多似乎不明确，但如果把狗与狩猎的关系、狗与男人的关系，以及神话中男人取谷种所需要的武力杀伐、男人取谷种与狗取谷种这些内容要素联系在一起来分析，那么，我们可以推测，中国少数民族中狗取谷种神话中的狗是公狗而不是母狗。所以取得谷种的狗不是普遍意义的人的象征，更不是女人的象征，而是男人的象征。

如果我们承认中国少数民族神话中取得谷种的狗是男人的象征，那么，上述 41 则谷种起源神话中男人取得谷种的神话是 25 则，占 61%。①

三、如何理解谷种起源神话中射箭的细节

在含有男人取谷种、女人取谷种、男人和动物取谷种等内容要素的 16 则神话中，有 10 则神话涉及弓箭等武器的使用。我们据此制成表 2。

表 2 中的武器，有弓箭、弩、刀、腰刀等。我们觉得，谷种起源神话有时和难题求婚型神话结合在一起，不易分离；我们也不应把二者割裂开来分析。弓箭的使用不仅出现在难题求婚型神话中，也出现在其他英雄神话和童话中。包括神话在内的口头文学作品对弓箭的强调实际上是对弓箭使用者的本领和身份的强调。也就是说，是在强调弓箭的使用者是一个男人，而不是女人。如果完成一项事业需要勇气、力量和杀敌的本领，那么这项事业应该是男人的专利。正因为男人投身于冒险和战斗被人们认为天经地义，亚马孙

①狗与男人互变的一个例外是哈尼族中神给人带来谷种的神话。这则神话说天上神仙的女儿幺姑娘同情人类，把神仙父亲的谷种送到人间，被神仙变成一条母狗，永远留在人间，帮人们看守门户。如果把幺姑娘和幺姑娘变成的母狗理解为女人，那么这则神话可视为对男子抢夺谷物栽培的功劳的抗争。

女战士和花木兰之类的例外才会给人留下深刻印象。谷种起源神话中涉及的武器不管是弓箭还是砍刀、腰刀等等，都表明谷种是在人显示了男性勇力而不是女性魅力之后才得到的。弓箭和刀剑之类之所以在战斗中出现得较多，是因为对于创造上述谷种起源神话的中国少数民族祖先来说，克敌制胜的武器除了拳头之外，能够实施远距离打击的武器是弓箭，能够实施近距离进攻的武器是刀、剑、标枪等。而且，弓箭和刀剑也是男人狩猎时的主要工具和武器。

表 2　谷种起源神话涉及的弓箭等武器的使用

民 族	武 器	使用情况
珞巴族	弓箭	阿巴达尼用弓箭射鸟，鸟嗉子中得到谷物
羌族	弓箭	斗安珠不忍心用弓箭，鸽子自杀，肚里得到菜籽
傣族	弓箭	九隆用弓箭制服毒龙，取得谷种
彝族	刀	阿合木呷偷到龙王的谷种，逃离时刀砍卫士
纳西族	弓箭	从忍利恩用弓箭射斑鸠得粮食，通过考验，娶天女
普米族	弓箭	老三用弓箭射下天空中的牲畜和五谷籽种
藏族	弓箭	男子用弓箭射鸽子取油菜籽，通过考验娶天女
哈尼族	弩	玛麦用天神的弩射死鹫鹰，得到谷种
布依族	弓箭	茫耶用弓箭制服河水
藏族	腰刀	阿初用腰刀砍死为蛇王看守谷种的卫士，偷得谷种

我们也注意到，在混合了难题求婚和谷种起源两个主题的神话中，在男人解决难题(包括用弓箭射鸟从而得到需要的种子)时，女人往往充当了帮助者的角色，给男人出主意。出现这种情况，是因为神话一方面要强化男人的高大形象，另一方面，也不能说女人在人类发展中没有作用。后来的巧媳妇故事，今天的女强人故事，都可以看作是女性在意识形态领域内对话语权丧失和历史失真的无奈抗争。

四、结　论

中国少数民族的谷种起源神话并不是对作物栽培和农业起源的真实历史的描述，而是男性意识占主导地位的社会中借虚构的情节强化男性对人类某个群体甚至对全人类的重要性。中国少数民族神话基本上不承认妇女在采集过程中逐渐发明农业的事实，而把谷种起源(农业发明)或直接归功于男子的勇敢行动和牺牲精神，或说成是动物的功劳。在这些动物中，狗的出现频率最高，而狗是男子的象征。

狩猎主要是男人的活动。谷种本来与狩猎无关，但神话还是把二者联系起来，所以神话说男人射鸟(珞巴族)、杀鸟(水族)得到粮种，甚至直接从天空射下粮种、畜种(普米族)。神话说鸟嗉子或鸟肚子里取谷种也是贬低妇女的手段之一，因为鸟是弓箭射下的，弓箭是男人使用的。

由此我们也认识到，神话不是无意识的产物，而是有意识的创造。神话总是要表现一定群体(性别群体、民族群体、阶级群体等)的思想。神话是一定的意识形态的结果，它被编造出来之后，又会对社会各群体的意识形态发挥影响作用。神话是维护既有秩序的神圣工具，是裁定现存状况合理性的终审判决。今天的女性如果要向男性争取平等的话语权，在意识形态领域内，是不是应该从神话批评开始呢?

(原载《民族文学研究》2006 年第 4 期，人大报刊复印资料《中国古代、近代文学研究》2007 年第 4 期)

中国南方少数民族神话中的洪水和同胞婚姻情节

［摘要］ 中国南方少数民族神话中的洪水和同胞婚姻构成有机联系的整体：洪水是神话创作者用以灭绝人类的工具，是他们为同胞婚姻设定的必要条件，与历史上的洪水灾难并无直接联系。神话中的同胞婚姻不是历史上曾经存在的同胞婚姻的再现，而是人类潜意识中同胞婚姻欲望的表现。神话中的同胞婚姻以“世界上只有同胞二人”和“天意许可同胞婚姻”为前提，旨在强化现实生活中同胞不可结婚的普世原则。

［关键词］ 中国南方少数民族　神话　洪水　同胞婚姻

神话中的洪水和同胞婚姻这两个情节曾经被当作两类独立的神话加以研究。此类研究已经产生很多看法，但都缺乏足够的说服力。在中国南方绝大多数少数民族神话中，洪水和同胞婚姻是同一神话的不同部分，构成有机联系的整体，不可分割。

本文所谓同胞婚姻，是洪水（及其他）灾难后世界上幸存的两兄妹、两姐弟结婚。学术界一般称之为兄妹婚，但兄妹婚就字面意义而言，并不包括姐弟婚。所以，我用同胞婚姻表示同父同母的男性与女性的婚姻，既包括兄妹婚，也包括姐弟婚。

在中国南方少数民族神话中，洪水（及其他）灾难后甚至还有母子结婚的情节。对此，我也会略做说明。

神话是有意识的艺术创作，旨在解释万物的由来，表达人们对客观世界和主观世界的认识和理解。神话确证现存事物运动状态的合理性，鼓励人们按照神话确立的规则生活。神话通过叙事表达思想，叙事是手段，表达是目的。为实现表达目的，神话叙事突破了日常话语的界限，创造出超越历史和现实的神话世界。普遍而言，神话在宗教学、人类学、民族学、社会学、文学、心理学等方面的价值比它在历史学方面的价值更为具体和实在。中国南方少数民族神话中的洪水和同胞婚姻，也应该在这种认识的基础上去分析和理解。

本文以表格形式对中国南方少数民族神话中的部分要素进行统计，然后做出分析。①

一、同胞婚姻的原因、通婚者身份及其他

表 1 显示，中国南方 25 个少数民族神话中同胞婚姻的前提是世界上只有同胞二人。其中，仅高山族泰雅人神话和畲族神话笼统说世界上只有兄妹二人，所以才会同胞结婚，没有把洪水灾难作为同胞婚姻的前提。尽管如此，我们还是可以比较有把握地说，作为繁衍人类的手段，中国南方少数民族神话中的同胞婚姻一般都以洪水灾难为先决条件。

有学者推测，汉族洪水神话与兄妹婚神话原本分别存在，后来才黏合在一起。② 就中国南方少数民族而言，我们今日所见同胞婚姻与洪水的结合，虽然可能是一定历史阶段的情形，不能说明从古至今二者一直结合，但我们现在还没有获得比较可靠的资料去推测，同胞婚姻原本独立于洪水情节之外而存在。

神话中的洪水也曾引起许多学者的研究兴趣。有人认为，它是神话创作

①本文引用神话资料多出自两种文献，如一一在页下注明，则过于浪费篇幅。因此，我分别用[1]和[2]两个序号代表这两种文献，且仅在该序号第一次出现时注明文献名称。

②钟敬文《洪水后兄妹再殖人类神话——对这类神话中二三问题的考察，并以之就商于伊藤清司、大林太良两教授》，见马昌仪编《中国神话学文论选萃》(下)，第 720 页。北京：中国广播电视出版社，1994 年。

者和传承者将历史上实有的洪水灾难的记忆加以夸张，所以原为地方性的洪水就成为滔天洪水。但是，中国南方少数民族神话中的洪水实际上是作为同胞婚姻的必要条件而出现的。也就是说，为证明同胞婚姻的合法性，才编出洪水灭绝人类的情节。因此，上述神话文本中的洪水是神话创作中特有的言语方式，如果我们据之考证人类历史上是否发生过严重的洪水灾难，那么，就神话研究而言，恐有缘木求鱼之虞。

表 1　中国南方少数民族神话中同胞婚姻的原因及通婚者身份

民 族	原 因		通婚者身份及姓名	资料来源
	洪 水	其 他		
高山族	洪水		兄、妹	[1]p145①
	洪水		兄拉嘎达干、妹尤嘎索古	[1]p145
		仅有二人	兄、妹(兄死后，母、子)	[1]p145
畲族		仅有二人	兄伏羲、妹女娲	[1]p540
		火烧天	兄元仙、妹元英	[1]p541
黎族	洪水		兄妹	[1]p379 [2]pp155-157②
毛南族	洪水		兄古、妹盘	[1]p417
			兄盘、妹古	
			兄伏羲、妹女娲	
苗族	洪水		兄傩公、妹傩母	[1]p478
			东山老人、南山小妹	
			盘哥、妹	[1]p485
			兄姜炎、妹娘妮	
			兄志男、妹志妹	

①序号[1]《中国各民族宗教与神话大词典》编审委员会编：《中国各民族宗教与神话大词典》，学苑出版社，1993 年，北京。

②序号[2]谷德明编：《中国少数民族神话选》，西北民族学院研究所印。

续表

民族	原因		通婚者身份及姓名	资料来源
	洪水	其他		
仫佬族	洪水		伏羲兄妹	[1]pp490-491
壮族	洪水		伏羲兄妹	[1]pp784-785
土家族	洪水		兄补所、妹雍尼	[1]p587
侗族	洪水		兄姜良、妹姜妹	[1]p112 [2]p117
水族	洪水		兄、妹	[1]pp555-556
布依族	洪水		兄赛胡、妹细妹	[1]p44
仡佬族	洪水		阿仰兄妹	[1]p154
瑶族	洪水		伏羲兄妹	[1]pp654-655
彝族	洪水		阿卜笃慕兄妹	[1]p678
哈尼族	洪水		兄佐罗、妹佐白	[1]p170 [2]pp380-382
傈僳族	洪水		兄列喜列刹、妹沙喜沙刹	[1]p385
布朗族	洪水		兄、妹	[1]p31
独龙族	洪水		兄、妹	[1]p122
基诺族	洪水		兄玛黑、妹玛妞	[1]p353
景颇族	洪水		姐、弟	[1]p362
拉祜族	洪水		兄热尼搓拉、妹热娜 兄阿牟拔、妹阿牟玛	[1]p374 [2]p375
怒族	洪水		兄腊普、妹亚妞	[1]p515
羌族	洪水	九个太阳	姐、弟 姐、弟	[1]pp528-529 [1]pp528-529
佤族	洪水		兄、妹	[1]pp591-592
白族	洪水		兄、妹 兄阿布帖、妹阿约帖	[2]pp350-353 [2]pp343-349

洪水之后同胞婚姻繁衍人类仅仅是这类神话的表层内容，而它的潜在含义则是否定现实生活中的同胞婚姻。洪水灾难后同胞婚姻繁衍人类的神话情节，并不证明人类经历过血缘婚的历史。世界民族志的知识告诉我们，没有哪一个民族的文化规则许可同胞婚姻。历史记录和民族志材料中都可以找到同胞婚姻的个案，但这些个案或者是少数精英的特权(出于宗教和血统考虑的特殊行为)，或者是个别平民的病态，而不是产生这些特例的民族的普遍习俗。这些个案在各自的文化背景中都是不被普遍认可的。个案的一再发生决不证明它们受到社会鼓励，只是表明人类的潜意识中一直存在同胞婚姻的愿望并可能在特定的人物身上变成现实。各种文化中存在禁止同胞婚姻的规定和习俗，绝不意味着同胞婚姻曾经很流行，而仅仅表明：如果没有文化规则的禁止，人类潜意识中存在的同胞婚姻的欲望，就可能会比较普遍地转化为实际的行为。

除了用正面的道德教育去倡导异姓通婚、禁止同胞婚姻之外，人们还借助神话这一神圣的叙述方式从反面确立同胞婚姻得以成立的两个条件：世界上只有同胞二人(必备条件)，天意许可同胞婚姻(附加条件)。神话创作者使用了以不可能的条件的满足来证明某种行为的可能性这一特殊的表达方式，目的在于强调对此种行为的禁止。在我们现在分析的神话文本中，两个条件的满足成全了同胞婚姻，保证了人类再生。但在现实生活中，这两个条件不可能满足，同胞婚姻因此被严格禁止。实际上，当世界上真正只有同胞二人时，对同胞婚姻的禁止确实毫无意义。

现实的文化规则是同胞不可结婚，神话却说同胞可以结婚。不过，神话中同胞结婚含有“如果世界上只有同胞二人，而且天意许可……”这样一个前提。这种表达方式在中国古代民间情歌中普遍使用，所以我们能够读到“山无棱，江水为竭，冬雷震震，夏雨雪，天地合，乃敢与君绝”之类的爱情誓词。说要分手，实际是不分手。

中国南方少数民族神话中的洪水是神话创作者用以满足“世界上只有同胞二人”这一假设条件的方式，而方式本身仅仅具有工具意义。所以，彝族神话说，古时候人类曾先后经历三个时代：独眼人时代，直眼人时代，横眼人时代。天神认为独眼人心不好，就让天大旱，把独眼人都晒死了，换成直眼人；后来，天神认为直眼人也不好，就用洪水把这代人淹死了，只留下阿卜笃慕兄妹繁衍人类；从此人类进入横眼人时代。① 苗族神话则说，人类曾有四代人。第一代人因为黄瘟几乎死绝，仅剩一男子；天神派仙女与之结婚，有第二代人；火山爆发，第二代人几乎死绝，仅剩母子两人；天神安排母子结婚，有第三代人；洪水淹没大地，剩下兄妹在葫芦里逃生，天神安排兄妹结婚，有第四代人。②

在彝族神话和苗族神话这两个例子中，除洪水之外，用来更换人种的手段还有大旱、黄瘟、火山爆发。表 1 中畲族也说，火烧天地仅存兄妹二人。希腊神话说，宙斯曾想用大火毁灭人类，却又担心宇宙之轴被烧毁，这才改用洪水为杀人武器。就灭绝人类而言，工具有异，作用无二。

从表 1 可见，中国南方少数民族神话中用以满足“世界上只有同胞二人”这一条件的工具几乎全是洪水。神话创作者选择洪水作为灭绝人类的工具，可能因为中国南方少数民族全都是以农业为生计的民族。对他们而言，在各种自然灾害中，洪水带来的危险最严重。正如神话所述，洪水可以淹没一切，除非某物可以随水面升高。实际上，在世界上许多民族的神话中，灭绝人类的方式都是洪水而不是其他灾难。这种编造也证明，洪水工具的有效性得到普遍认可。

中国南方个别少数民族神话中的洪水并不构成同胞婚姻的前提，而构成天婚情节的前提。所谓天婚，是人间男子与天神之女的婚姻。神话必须说明洪水之后人类如何繁衍，这种说明的具体情形取决于洪水之后有谁生存下来。如是同胞兄妹或姐弟生存下来，甚至母子生存下来，那么神话一般会说这一男一女结婚繁衍人类。这里母子婚姻的含义与同胞婚姻相同，无非是强调极端条件下日常所遵循的婚姻规则的无效。如果生存者不止一人或二人，

---

①《中国各民族宗教与神话大词典》编审委员会编：《中国各民族宗教与神话大词典》，第 678 页。北京：学苑出版社，1993 年。

②《中国各民族宗教与神话大词典》编审委员会编：《中国各民族宗教与神话大词典》，第 485 页。北京：学苑出版社，1993 年。

而是男女多人，那么他们繁衍人类是很简单的事情。如果仅有一个男子生存，神话就说这个男子娶天神的女儿为妻。在后面两种神话情形中，洪水并未导致同胞婚姻，但此类例子极少，仅见于德昂族、纳西族、普米族、彝族等民族神话中。即使如此，我们也应该注意到，彝族同时也有洪水导致同胞婚姻的神话。

表 2　洪水之后人类再繁衍的其他情形

民 族	内 容	资料来源
纳西族	崇忍利恩娶天女衬红葆白	[1] p509
德昂族	幸存者均为男子，男子娶天女	[1] p95
彝族	居木武吾娶天神的女儿兹俄尼拖	[1] p678
普米族	天女泽里甲母下嫁男子搓之里依	[1] p520

将表 1 和表 2 进行对照，可以发现，洪水后幸存的同胞男女婚配繁衍人类是中国南方少数民族神话中比较一致的说法。人间男子娶天神之女的情节，功能之一在于解释某些植物和动物的由来。天女作为人间男子的妻子，在离开娘家前往夫家时，总会带走一些动植物。天婚神话除了强化群体起源的神圣性等目的之外，也叙述了人间某些物种的起源。

二、洪水的起因

表 3 显示 24 个民族神话中关于洪水起因的 35 种文本，分为“自然原因”和“社会原因”两类。一种文本代表一种说法。其中，部分民族有 2 种或两种以上文本，涵盖自然原因和社会原因，本文将其归类分别统计。

“自然原因”认为，洪水是自然发生的，共 7 种，占 20%，出自高山族、布朗族、拉祜族、佤族、白族，共 5 个民族。

“社会原因”认为洪水由社会原因引起，共 28 种，占 80%，出自 20 个民族。这一类又分为三种情况：

一是明确说洪水起于人或神与雷公(雷神)斗争，共12种说法，占“社会原因”类的43%，见于毛南族、苗族、仫佬族、壮族、土家族、侗族、水族、布依族、瑶族、哈尼族。这类神话表明人神矛盾导致洪水，所以我们可以把神(人)与神(魔鬼)斗争也归入此类，于是再加上黎族(1种)、独龙族(3种)、景颇族(1种)、彝族(1种)、白族(1种)，共19种，占“社会原因”类的68%，出自15个民族。

二是把洪水起因归结为人作恶或做错事，共7种，占“社会原因”类的25%，出自仡佬族、彝族、哈尼族、傈僳族、基诺族、景颇族和拉祜族，共7个民族。

三是把洪水起因归结为猴子的失误，共2种，占“社会原因”类的7%，出自苗族和羌族。

把洪水归结为自然原因的神话，主题单一，仅仅是把洪水作为同胞婚姻的工具，并不用工具传递更多的社会信息。

把洪水归因于雷公者，大致说：神(雷公)与人发生矛盾，人将雷公捉住，雷公设计逃脱，发洪水复仇。在雷公与人的纠纷中，孰是孰非有时并不容易判断。有人说，人与雷公或天神斗争表现了人类征服自然的勇气和愿望。这种看法似难成立。表3中瑶族和哈尼族文本显示，人与雷公或天神打交道，因为人违背了双方的约定，或者自以为是地欺骗对方，所以才导致洪水灾难。人违约在先，雷公报复在后。这种说法较为典型。而且，神话通常说雷公或天神安排其救助者免于洪水灾难，从而把雷公或天神塑造成一个知恩图报者的形象。在人的社会关系中，互惠(知恩图报)是一个基本原则，也是受到人们高度重视的一个原则。符合这个原则的行为，已经可以被视为善举了。雷公形象的复杂性使我们难以把它当成恶的象征。

把洪水归因于人的恶行的神话显示出人对其自身发展过程的反思。被判定为不善的人都在洪水中淹死了，只有对陌生人(神)或者雷公表现出同情的人得以保全性命，并完成人类再生的任务。神话以这样的方式肯定善行的救命作用，无疑为现实生活中的人类行为提供了一个基本参照。

表 3　中国南方少数民族神话中洪水的起因

民 族	自然原因	社会原因	资料来源
高山族	洪水泛滥		[1]p145
	洪水泛滥		[1]p145
黎族		被雷公杀死的螃蟹精吐水成洪水	[1]p379
毛南族		雷公被土地打败，降暴雨成洪水	[1]p417
苗族		雷神与火闪神起纠纷。雷神被擒，逃脱，发洪水	[1]p478
		猴子掀翻天宫水缸，人间发洪水	pp202-205①
仫佬族		伏羲之兄想吃雷公肉，捉住雷公。雷公逃脱，发洪水	[1]pp490-491
壮族		布伯为雨水囚禁雷王。雷王逃脱，发洪水	[1]p784
土家族		人想吃雷公肉，捉住雷公。雷公逃脱，发洪水	[1]p587
侗族		雷与人是兄弟姊妹，同胞争斗。雷被捉，逃脱，发洪水	[1]p111 [1]p117
水族		四兄弟人龙雷虎争天下，雷开天河水淹没人间	[1]pp555-556
布依族		雷公被人捉住，逃脱，发洪水	[1]p44
仡佬族		人做错事情，引发洪水	[1]p154
瑶族		雷王与人分享作物，被骗。雷王与人斗，被捉，逃脱，发洪水	[1]pp654-655
		雷公受玉帝派遣惩罚坏人，反为人所捉。雷公逃脱，发洪水	
		人想吃雷公肉，设计捉住雷公。雷公逃脱，发洪水	

①李子贤编：《云南少数民族神话选》，昆明：云南人民出版社，1990 年。

续表

民 族	自然原因	社会原因	资料来源
彝族		人心不好，天神发洪水换人种	[1]p678
		天神因税差被人打死，怒发洪水	
哈尼族		雷神与人分享作物，被骗。雷神与人斗，被捉，逃脱，发洪水	[1]p170
		人误吃龙王儿子，龙王发洪水	
傈僳族		一妇人咒骂上天，上天发洪水	[1]p385
布朗族	洪水泛滥		[1]p31
独龙族		人与鬼争斗，天神发洪水将人和鬼分开	[1]p122
		鬼王抛铁球于江中，致洪水泛滥	
		人杀死鬼王，扔其尸体于江中，导致洪水泛滥	
基诺族		女神发洪水毁灭世界	[1]p353
景颇族		魔鬼与人类始祖宁冠娃斗，怒发洪水	[1]p362
		宁冠娃惩罚九个侄子，发洪水	
拉祜族	洪水泛滥		[1]p374
		妹妹受虐待，其拐棍长成遮天大树。人们砍到大树，蚂蚁蛀空树洞，淌出洪水	[1]p375
怒族	洪水泛滥		[1]p515
羌族		猴子打翻天上金盆，引起洪水	[1]pp528-529
佤族	洪水滔天		[1]pp591-592
白族	地上发洪水		[2]pp343-349
		龙王被捉逃脱，堵住河口，地上成汪洋大海	[2]pp350-353

三、洪水灾难幸存者的避水方式或工具

表4共列举27个文本，显示中国南方少数民族神话中洪水幸存者的3种避水方式：置身于用做避水工具的漂浮器中，24个文本，占88.9%；爬到高大的树上，2个文本，占7.4%；爬到高山上，1个文本，占3.7%。不同的避水方式传达出不同的神话信息。

表4　中国南方少数民族神话中洪水灾难幸存者的避水方式或工具

民 族	在漂浮器里	在树上	在高山上	资料来源
高山族		拉威洛树		[1]p145
	方臼			[1]p145
黎族	葫芦瓜			[1]p379
毛南族	葫芦			[1]p417
苗族	葫芦(或南瓜)			[1]p478
仫佬族	葫芦			[1]p490
壮族	南瓜			[1]p784
土家族	葫芦			[1]p587
侗族	葫芦			[1]p117
水族	葫芦瓜			[1]pp555-556
布依族	葫芦			[2]pp661-668
仡佬族	杉树做成木葫芦			[1]p154
瑶族	葫芦			[1]pp654-655
彝族	木柜			[1]p678
哈尼族	葫芦			[1]p170 [2]pp380-382
傈僳族	葫芦			[1]p385

续表

民 族	在漂浮器里	在树上	在高山上	资料来源
布朗族	牛肚皮			[1]p31
独龙族			卡窝卡普高山	[1]p122
基诺族	木鼓			[1]p353
景颇族	牛皮鼓，木鼓			[1]p362
拉祜族	葫芦			[1]p374 [1]p375
怒族	蜂窝			[1]p515
羌族	木桶	柏树		[1]pp528-529 [1]pp528-529
佤族	船			[1]pp591-592
白族	船			[2]pp350-353
	葫芦			[2]pp343-349

以漂浮器为避水工具，符合人类认识和利用事物属性的历史经验。既然是漂浮物，其活动就在水面上，从而可以保证乘坐者不会被水淹没。漂浮器出现频率最高，因为它们是来自人类实际生活经验的简单而可靠的避水工具。

表4所列漂浮器计有葫芦、南瓜、鼓(木鼓，牛皮鼓)、船、桶、臼、木柜、蜂窝、牛肚皮。其中仅蜂窝为纯粹的自然物，其他都是经过人的劳动发生形态转化的自然物(下文称之为劳动转化物)。劳动转化物中，鼓、船、桶、臼、木柜、牛肚皮等是自然物的改造、组合；葫芦和南瓜则比较特殊，因为它们由牙齿或种子经人播种后长成，其形态转化最为彻底。葫芦和南瓜作为避水工具，出现于15个文本中，在漂浮器方式的24个文本中占63%，在全部避水方式的27个文本中占56%。因为葫芦和南瓜在来源、功能和象征意义上都是一致的，所以下文以葫芦概称这两种避水工具。

同为避水工具之漂浮器，播种而成与制作而成的含义并不相同。与制作而成者相比较，播种而成者更能体现神的意志。

表 5　葫芦的由来

民 族	牙齿种成	种子种成	其他情形	资料来源
黎族			不详	[1]p379
毛南族	雷公牙			[1]p417
苗族		葫芦瓜子		[1]p478
仫佬族	雷公牙			[1]pp490-491
壮族	雷公牙			[1]pp784-785
土家族		雷公所赠葫芦子		[1]p587
侗族		雷王所赠葫芦籽		[1]p117
水族	老人的牙			[1]pp555-556
布依族		雷公所赠葫芦籽		[1]pp661-668
仡佬族			天神令用杉树做成木葫芦	[1]p154
瑶族	雷公牙			[1]pp654-655
哈尼族		雷神所赠葫芦籽		[1]p170
傈僳族			不详	[1]p385
拉祜族			不详	[1]p374 [1]p375
白族			不详	[1]pp343-349

以葫芦作为漂浮器的 15 个文本(包括按照天神吩咐用杉树做成木葫芦的仡佬族文本)中，雷公牙和老人牙齿种成者共 5 个文本，占 33.3%；葫芦籽种成者共 5 个文本(其中 4 个文本说葫芦籽为雷公所赠)，占 33.3%；另有 4 个文本未交代葫芦的由来，占 26.7%；1 个文本说天神吩咐用杉木做成木葫芦，占 6.7%。葫芦的来源与雷公、天神有关者，共 10 个文本，占 66.6%。

把牙齿或种子种在土里长藤结果而得到葫芦，具有特别的含义。牙齿或种子都有生命，种在土里，应该结出有生命的果实，如表 4 所列葫芦、南瓜；也可能结出有生命的人，如希腊神话中卡德摩斯种下恶龙的牙齿，长出全副武装的战士。在中国南方少数民族神话中，种下牙齿或种子，是要得到避水工具。即是说，牙齿或种子应该产生出一个可以在水面漂浮的容器，而且这个容器本身还应该是生物而非无生物，否则，就不需要通过播种获得。于是，播种所得就只能是葫芦或者南瓜之类成熟后带有硬壳而内部可以形成空间的果实。

牙齿或种子最终长成葫芦，救人性命，象征着生命形态的转化。表 5 显示，葫芦来源与雷公、天神有关者占 66.6%。这正是神话世界中人类繁衍与神意契合的确证。

葫芦作为神话中的避水工具，是葫芦的实际功用与繁殖功能被神话创造者们夸张放大的结果，与所谓的母体崇拜(或女性生殖力崇拜、女性生殖器崇拜)未必有什么联系①。如果一定要以精神分析方法来理解葫芦，则作为葫芦根源的男性雷公(而不是雷母!)的牙齿是母体崇拜论者难以解释的。而牙齿长成葫芦的文本是漂浮器文本的 33.3%。雷公和天神(而不是天后!)赠送葫芦籽的文本同样是漂浮器文本的 33.3%，与牙齿长成葫芦的文本相加，共占漂浮器文本的 66.6%，说明葫芦与男神而非女神相联系。如果要说因为这些文本都不能代表神话的原始形态，所以不能支持母体崇拜论，那么，母体崇拜论者就应该找到能够支持其观点的所谓原始形态的神话文本。

鼓(木鼓，牛皮鼓)、船、桶、臼、木柜、蜂窝、牛肚皮等仅因其作为漂浮器的功能而与葫芦并列。虽然它们也可能是神给予幸存者的，但在神话叙事中，直接的给予行为难以构成较长的细节，所以缺乏叙事深度。以种植牙齿和种子的方式获得葫芦作为避水工具，则必然涉及种植者的劳动过程和牙齿、种子的生长过程，神话叙事的深度加大了，神话蕴含的天意因此得以强化。

---

①宋兆麟《洪水神话与葫芦崇拜》，见马昌仪编《中国神话学文论选萃》(下)，第 573 页。北京：中国广播电视出版社，1994 年。

爬到高大的树上避水，爬到高山上避水，虽然可能具有实际功效，但这两种方式都难以解释滔天洪水来临时全世界为何仅有一二人幸存。树与山，人人可上。如果仅就人力而言，既然一二人能够以此方式避水，则多人也能够以此方式避水。与置身于跟天意有关的漂浮器避水相比较，爬树与爬山既不灵活，也难充分展现神意，所以，表 4 列举的 27 个文本中，仅有 2 个文本说幸存者以爬树方式避水，占 7.4%；1 个文本说幸存者以上山方式避水，占 3.7%。

四、同胞婚姻天意验证的方式

表 6 显示，25 个民族中，21 个民族的神话有同胞结婚前验证天意的情节，占 84%；4 个民族神话中缺乏这个情节，占 16%。

表 6　中国南方少数民族神话中同胞婚姻的天意验证的方式

民 族	验证方式	资料来源
高山族	无	[1]p145
	无	[1]p145
	无	[1]p145
畲族	滚石磨	[1]p540
黎族	龟壳碎片复原，断竹再接，雷公劈树劝婚	[1]pp155-157
毛南族	滚石磨，问松树，问乌龟，烧火升烟	[1]p417
苗族	前后追赶对面相逢，抛竹片，抛线穿针，滚石磨	[1]p478 [1]p485
仫佬族	前后追赶对面相逢，	[1]pp490-491
壮族	无(父亲变成的启明星要兄妹结婚)	[1]pp784-785
土家族	滚磨子，丢竹子，烧烟子，绕山转	[1]p587
侗族	合火烟，合河水，合磨扇	[1]p112

续表

民 族	验证方式	资料来源
水族	仙人劝婚，滚石磨，丢竹片	[1]pp555-556
布依族	滚磨，穿针	[1]p44
仡佬族	滚磨	[1]p154
瑶族	滚石磨，燃香烟，接断竹	[1]pp654-655
彝族	线穿针，滚磨盘	[1]p678
哈尼族	抛树叶，扔木刻，滚磨盘	[1]p170 [1]pp380-382
傈僳族	贝壳卜卦，滚磨盘，射针孔	[1]p385
布朗族	滚磨盘，滚簸箕	[1]p31
独龙族	滚石头	[1]p122
基诺族	无	[1]p353
景颇族	姐弟两人从两座山往山坳里滚	[1]p362
拉祜族	滚磨	[1]pp374-375
怒族	在山顶用弩射山脚的织布机	[1]p515
羌族	滚磨盘	[1]pp528-529
佤族	无	[1]pp591-592
白族	滚磨盘，烧烟火	[2]pp350-353
	打贝壳	[2]pp343-349

缺乏验证情节的是高山族、壮族、基诺族、佤族。他们的神话都叙述了同胞婚姻的必备条件，即世界上仅有同胞二人。其中高山族阿美人文本说，同胞婚姻得到太阳神护佑。壮族文本说，由父亲变成的启明星在洪水之后来到人间，要求幸存的兄妹结婚，这其实也体现了天意。佤族神话中的同胞婚姻主要是为了解释猎头习俗的起源，如果编造天意验证情节，就会与神话主题相冲突。基诺族文本有兄妹成婚前妹妹询问白发智者的细节，但神话明确说白发智者由哥哥装扮。这样一来，似由哥哥与妹妹成婚的欲望决定神话在

洪水情节之后的发展方向。神话主题因此而模糊，有待进一步研究。

同胞婚姻中的天意验证是惯例，是多数，是常态，而不经天意验证就结婚则是例外，是少数，是异态。验证的方式有同胞二人各在一山滚石磨的上下两扇，各在一山烧烟火，各在一山分别抛针和线，二人前后追赶，接断竹等等。这些验证方式本身象征男女结合，已成公论。验证情节的功能在于向人们传达这样一个信息：他们所讲述和聆听的这一则神话中的这一对同胞结为夫妻，主要不是出于当事人的主观愿望，而是出于天意，出于神的安排。这个信息在“世界上只有同胞二人”这一必备条件之外，又提出天意裁决作为附加条件，为现实生活中可能出现的普通男女以同胞为婚姻对象的念头设置了不可能逾越的双重警戒线。

五、同胞婚姻的结果

表7所列28个文本中，共15个文本说生出肉团和葫芦，占53.6%；11个文本说生出正常婴儿或基本正常的婴儿，占39.3%；2个文本属于其他，概言繁衍人类，占7.1%。

表7　中国南方少数民族神话中同胞婚姻的结果

民 族	生下肉团、怪胎	生下婴儿	其 他	资料来源
高山族		残疾		[1]p145
	畸形怪胎(化生鱼、蟹)			[1]p145
		生一子		[1]p145
畲族		生多人		[1]p541
黎族	肉团			[2]pp155-157
毛南族	肉胎			[1]p417
苗族	肉团			[1]p478 [1]p485

续表

民 族	生下肉团、怪胎	生下婴儿	其 他	资料来源
仫佬族	肉团			[1]pp490-491
壮族	肉团			[1]pp784-785
土家族	肉坨			[1]p587
侗族	肉坨			[1]p117
水族			不详	
布依族	肉坨			[2]pp655-658
仡佬族		九个儿子(不会讲话)		[1]p154
瑶族	肉团			[1]pp654-655
彝族	肉团			[1]p678
哈尼族		七十七种人		[1]p170
傈僳族		多个孩子		[1]p385
布朗族	葫芦			[1]p31
独龙族		九男九女		[1]p122
基诺族		七个儿女		[1]p353
景颇族	爱哭的小孩			[2]pp531-537
拉祜族	肉团			[1]pp374-375
怒族		许多子女		[1]p515
羌族	肉坨			[1]pp528-529
佤族			不详	
白族 白族勒墨人		五男二女 五个女儿		[2]pp350-353 [2]pp343-349

说同胞通婚生下小孩，是这类神话解释洪水之后人类再生的必然结果，符合神话本身的编造逻辑，不必多论。属于“不详”者，虽未交代同胞婚姻繁衍人类的具体情形，但大致接近“生下婴儿”一类，所以也无须多言。“生下

肉团、怪胎”一类，在学术界引起不少争论，但这种争论往往未跳出人类婚姻制度从血缘婚到非血缘婚的发展这个理论框架，把神话中的洪水和同胞婚姻当作历史的反映来研究。①

表7把同胞婚姻生下的“葫芦”归入“生下肉团、怪胎”一类，因为葫芦中走出多人与分割肉团、怪胎为多人性质相同；表7也把“爱哭的小孩”归入此类，因为这个小孩被切割成肉块而变成多人的说法，与切割肉团、怪胎的叙述在本质上完全相同。

既然洪水灾难后世界上只剩下同胞二人，既然天意已经表明这对同胞应该结婚，那么，这对同胞结婚就是合乎伦理道德的善事。这桩婚姻的目的与个人性爱无关，而是为了重新繁衍人类，其结果也就是善果。因此，他们繁衍人类的具体方式已经不重要了。生下肉团、怪胎，既不蕴含否定血缘婚的意义，也不蕴含赞美血缘婚的意义。也可以说，它们与血缘婚没有联系。神话的创作者和传承者对同胞婚姻的态度已经体现在同胞婚姻得以成立的条件设定中。神话中的那对同胞获得了“世界上只有同胞二人”和“天意许可同胞婚姻”这两个条件，同胞不结婚反而会导致人类真正灭绝。所以，神话无须用生下肉团来对同胞婚姻表示否定。

生下肉团的叙述，是神话创作者在日常经验基础上的合理想象。他们可能不知道生育的秘密，但凭借日常经验，他们也会知道，要靠同胞二人一个一个地生下小孩、繁衍人类，是费时费力的事情。生下肉团，切块成人，或者生下葫芦而从中走出多人，使天意贯穿于整个叙事过程中，才更加符合神话精神，与希腊神话说洪水之后丢卡利翁和皮拉捡起地上的石头扔到身后变成人是一样的道理。

至此，我们可以对本文主要观点总结如下：

1. 中国南方少数民族神话中的洪水和同胞婚姻是有机联系的整体。没有洪水，同胞婚姻不能成立；没有同胞婚姻，洪水的工具作用大为降低。

---

①乌丙安《洪水故事中的非血缘婚姻观》，见马昌仪编《中国神话学文论选萃》(下)，第183—199页。北京：中国广播电视出版社，1994年。杨知勇《洪水神话三议》，见杨知勇《宗教·神话·民俗》第213—231页。昆明：云南教育出版社，1992年。

2. 中国南方少数民族神话中的洪水是神话创作者幻想出来促使同胞婚姻得以成立的必要条件；洪水大多由社会原因引起，是社会矛盾激化的结果；洪水往往是神的报复工具，工具的选择与人类历史上是否存在洪水灾难并无直接联系，所以神话中的洪水不能作为历史上曾经存在洪水灾难的证据。

3. 中国南方少数民族神话中的同胞婚姻仅仅是神话叙事的方式，是人类潜意识中同胞婚姻欲望的表现，而不能作为历史上曾经存在同胞婚姻的证据。中国南方少数民族神话中的同胞婚姻以“世界上只有同胞二人”和“天意许可同胞婚姻”为前提，目的在于强化现实生活中同胞不可结婚的普世原则；神话中对同胞婚姻有条件的许可和鼓励，实际上暗示并反衬着现实中对同胞婚姻无条件的禁止和批判，因为神话所设定的同胞婚姻的必要条件和附加条件在现实生活中绝无实现之可能。神话世界的洪水和同胞婚姻在幻想中满足了现实世界人们的同胞婚姻欲望，帮助人们在禁止同胞婚姻的文化规则下健康地生活。

（原载《长江大学学报》2010 年第 6 期）

寻找竹四郎

——对一出花灯小戏的田野调查和文本研究

[摘要] 本文介绍在南涧彝族山村调查、搜集花灯小戏《竹四郎》的过程，对《竹四郎》的演出背景、戏文文本、表演风格、流传情况等进行了初步分析，认为对民间文艺传承规律的概括应该更加牢固地建立在对大量作品进行具体分析的基础上。

[关键词] 《竹四郎》 仪式戏剧 流传 消亡

2005年2月6日(农历腊月二十八)至2月19日(农历正月十一)，我和云南民族大学民俗学专业硕士研究生王扬、孙海燕在云南省南涧彝族自治县宝华镇无量村民委员会所辖满所村调查年俗活动。虽说是去调查，但我们并没有特别的调查任务。因为两位学生分别来自山东和内蒙古，我想利用寒假带他们看看南涧山村的彝族群众如何过年。

调查期间我们住在宝华镇虎街小学教师施绍和家里，与他和他的家人一起过年。施绍和不仅是我们的第一报告人，也是我们的向导和合作调查者。

一、从满所到竹溪茂

满所是一个彝族村，村民分属施、左、柴、毕、杨、李、自、董、阿、吴等姓。村民普遍使用汉语，仅少数老人还会说彝语。

2月12日(正月初四)晚上，在村民左怀正家的火塘边收集民间文学，施绍和与他叔叔施国兴，还有村里的左怀荣等人在场。我们听赶马调、放羊调，还有打歌时的唱词。就在这个晚上，我们第一次听说竹四郎。"竹四郎，竹四郎，砍棵竹子斗张床，邪魔妖怪莫吓我，砍棵竹子斗张床。"这似乎是一首讲故事的民歌，因为歌词很陌生，我很兴奋，以为可以碰巧收集到一首当地彝族的民间叙事诗。往下询问，却有些失望。他们记不起歌词，唱不下去。歌中的人物究竟是"竹四郎"还是"祝四郎"，他们也说不清。他们又解释说这个人结了婚，没生小孩，在一篷竹子根脚捡到一个儿子，抱回家。我马上又想到竹王神话，于是追问小孩的故事。他们说，小孩就是竹四郎。那么小孩的爸爸叫什么名字呢？他们说，竹溪茂的人知道，因为他们过去装灯(演花灯戏)唱过《竹四郎》。这时我们才明白，《竹四郎》是一出花灯戏。①

花灯戏是我国南方地区的民间戏曲、舞蹈、民歌等民间艺术相结合的产物，传入云南之后吸收了云南地方的和民族的音乐、舞蹈、民间文学等，形成云南地区花灯戏的不同风格。其中影响较大者有昆明花灯、玉溪花灯、弥渡花灯。南涧县与弥渡县接壤，南涧花灯受弥渡花灯影响大，固在情理之中。

---

①报告人：杨元春，45岁，男，彝族，高中毕业，曾在宝华中学任教8年，后当农民。杨枝文，76岁，男，彝族，高小毕业，农民。杨清溪，77岁，男，彝族，读过小学，农民。杨开乾，45岁，男，彝族，农民。杨枝美，67岁，男，彝族，高小毕业，农民。杨汝群，54岁，男，彝族，读过小学，农民。杨清泗，70岁，男，彝族，读过小学，农民。杨清荣，60岁，男，彝族，农民。杨汝崇，57岁，男，彝族，读过小学，农民。以上9人均为竹溪茂人。施国兴，68岁，男，彝族，读过小学，农民，无量村人。施绍和，36岁，男，彝族，大专，小学教师，无量村人。

搜集地点：南涧彝族自治县宝华镇无量村民委员会竹溪茂村。

演员：祝四郎，杨元春扮演；祝四郎妻，杨开乾扮演；小游子，杨清溪扮演。

搜集时间：2005年2月13—14日。

搜集者：谢国先、施绍和、王扬、孙海燕。

整理者：谢国先。

我对花灯戏很感兴趣，也稍微知道云南著名的花灯戏的内容，但《竹四郎》这个名称听起来就很陌生，它的内容更是从未耳闻。我问施绍和，在竹溪茂有没有亲戚或朋友。他说，这两天回家做客的妹妹施绍珍就嫁在竹溪茂，但他和他叔叔等人都说，竹溪茂的人这些年也不装灯了。我想，不装灯，《竹四郎》就更不容易流传下去，说不定这出花灯小戏的唱词都还没有记录下来。幸好听说竹溪茂曾经装灯的老人还有好几位健在，我们当然很想去看看。大家商量，决定第二天就去竹溪茂。竹溪茂离满所 20 多公里，属于宝华镇无量村民委员会。

2 月 13 日(正月初五)，施国兴、施绍和叔侄，还有施绍和的妹妹施绍珍，带我们前往竹溪茂。我们住进杨枝文老人家里，他是施绍珍的公公。

二、竹溪茂装灯

竹溪茂的村民都姓杨，自称祖先来自南京应天府柳树湾滑石板。“家在南京柳树湾”之类说法是云南好些少数民族在谈到民族或者家族历史时的普遍说法。中华民族多元一统，中国古代以儒家文化为代表的汉族文化对少数民族曾经产生深远影响，这在少数民族日常生活的许多方面都能明显地看出来。竹溪茂虽然交通不便，但已经普遍使用汉语。

晚饭过后，杨枝文请来村里曾经唱过花灯的一些人：杨清溪、杨清泗、杨清荣、杨枝美、杨汝崇、杨汝群、杨开乾，加上满所的施国兴、施绍和等人，与我们座谈。从他们的介绍中，我们知道过去竹溪茂装灯的一般情况。

竹溪茂过年装灯，最早从正月初一开始，正月十五前后结束。人们按内容把花灯分为两类，一类是粗灯，因其内容比较粗俗；另一类没有特别的名称，可统称为太平花灯。

腊月底，竹溪茂的灯班派人出去送灯贴。有人邀请演出(请灯)，就演出。一个村子有几家请，就要唱几次。一个晚上可以在多家唱，每家都轮过来，所以有时会唱到天亮。

请灯之后，主人家在八仙桌上点三炷香。灯班到来之前，主人在八仙桌上放上一些钱(这些钱由灯班在演出后取走)，并放鞭炮欢迎灯班人员。

装灯的人同时也是耍龙的人。耍龙进主人家院子，用龙围成一个装灯的场子。有时，先在场子里耍狮子，然后再装灯。

对于灯班来说，过年后第一个街子天开始唱灯，称为出灯。出灯晚上要举行仪式，迎接老龙回来。路上走到有水井处，要祭拜。对于请灯人家来说，新年里第一家请得灯班来演出，称为放头灯。放头灯那户人家会比随后请灯的人家多付一些钱，有时甚至给灯班一百元钱，而一般请灯人家仅付十多元钱。最困难的人家报太平花灯，不一定付钱给灯班。竹溪茂花灯演出的这些惯例，与弥渡相同。

竹溪茂演出的花灯有大舜耕田、八仙贺寿、炉匠补缸、洞宾戏牡丹等。这些也都是弥渡花灯的常见剧目。

但是，他们已经十多年没有装灯了。年轻人出门打工，过了初三就急于上路。村里剩下的多半是老人和小孩，耍龙、装灯这样的大事，他们想做也做不成。

《竹四郎》是求子的花灯，是粗灯，在本村很少唱。请唱《竹四郎》者，多数是结婚一年甚至更长时间而没有怀孕的家庭。

演出《竹四郎》时，要准备一个象征婴儿的道具。这个道具是向请灯的人家借来的，演出结束时就把这个婴儿道具放到请灯人家想生小孩的那对夫妻的床上。

因为多年不演，杨枝文等人对《竹四郎》戏文已不熟悉。这个凑一句，那个凑一句，很热闹。有时为了一句唱词和一个动作争得不可开交。即使这样，他们还是说，戏没凑全，要等一个名叫杨元春的人来，才好办。于是，大家喝酒、唱歌，等待。

杨元春高中毕业，曾在宝华中学任教八年，后当农民。他爱唱花灯，而且可以用文字记录帮助记忆，所以学得快，记得多。他到场之后，凑戏的速度明显加快。不过，当大家觉得可以演出的时候，已经是接近凌晨了。演完戏，是凌晨一点半。我们在电灯光的照射下，用摄像机记录了他们凑戏、演戏的全过程。

戏中三个人物，竹四郎由杨元春扮演，四郎妻由杨开乾扮演，小游子（好心肠的爱管闲事的老头，也称为打岔老头），由杨清溪扮演。

这出戏也可以称为四郎求子、四郎生子。竹四郎在弟兄中排行第四，所以得名。为什么姓竹？姓竹跟在竹林下捡到婴儿有没有关系？他们也说不清楚。但他们很肯定地说，《竹四郎》的“竹”跟竹溪茂地名的由来没有关系，因为这个地名是彝语的音译。

三、《竹四郎》的故事

《竹四郎》演出的内容很简单。竹四郎娶妻子已经好几年，但他妻子还没有生小孩。这出小戏说竹四郎的妻子已经怀孕了，所以村里一个爱管闲事的老头小游子叫竹四郎去砍竹子做新床，为竹四郎妻子的分娩做准备。竹四郎到竹林，捡到一个男婴带回家，夫妻俩拜四方，为孩子取名字。这样一则简单的小戏在粗俗的嬉笑中透露了一些严肃的意义。

按照场景和内容转换，《竹四郎》可以分为引子、出门、捡孩子、回家、拜四方等五个部分。

引子。小游子催竹四郎起床去砍竹子。竹四郎贪睡，推诿说：“我望望东方天不亮，望望西方不发光。我听听听听鸡不咬，听听听听狗不叫。我撒泡尿水又睡起。”小游子再叫一遍，竹四郎起床。

出门。竹四郎临出门向妻子讨要早点、绳索、扁担、砍刀，但妻子说早点（干冷饭）是“三十晚夕吃剩的，装在床脚上破鞋箩头”，扁担被她做了床担，索子被她绑了床担，刀子也被她用来垫了床脚。竹四郎得了这些工具，来到竹林。

捡孩子。竹四郎到竹林先歇气，趴在水边喝水，屁股朝天，有放屁声。他说他“喝上一口冲天水，放上一个冲天屁”。放屁声音不断，于是他抓草塞住屁眼。然后开始砍竹子，却听到婴儿哭声。他很害怕：“妖魔鬼怪莫吓我，家中还有老婆娘。”再砍，婴儿再哭。第三次砍竹子，竹林下出现一个小东西："我望着望着好像是一个小娃娃。哦，是一个娃娃嘛，小鸡鸡叫呢。"竹四郎抱婴儿回家。

回家。竹四郎回到家，催妻子赶紧开门，说"我大肚扯拢小肚疼，要吃荷包鸡蛋煮白酒"。妻子未开门，先问为什么。竹四郎说："我养得个娃娃。"妻子说："我只听见过母鸡下蛋，不听见过汉子养娃娃。"

竹四郎：你出来瞧嘛，我已经养得了。还小鸡鸡叫呢。

竹妻：我赶不上。

竹四郎：赶不上做什么？

竹妻：我在拉挂面。

竹四郎：好啊！那个挂面热乎乎地端来吃一点。

竹妻：我在梳头。

竹四郎：唉，婆娘啊！你梳头嘛就说梳头，还说在拉挂面。

竹四郎再催促。妻子又说她在包粽子，第三次说她在泡茶，第四次说她在蒸糕。包粽子是裹脚，泡茶是撒尿，蒸糕是屙屎。妻子终于开门："我慌慌忙忙是忙忙慌，慌慌忙忙下厨房，荷包鸡蛋煮白酒，双手递给我亲郎。"竹四郎接过来吃了："荷包鸡蛋煮白酒，吃着舒服又定心。"

拜四方。夫妻俩要给孩子取名字，于是要先拜四方。拜四方时要说吉利话。在这段戏中，妻子和丈夫都制造笑料：妻子不会抱娃娃，丈夫说错吉利话。

竹四郎：（吃完荷包鸡蛋煮白酒，递还碗筷给妻子）婆娘子！

竹妻：怎么样？

竹四郎：你要着养娃娃了。

竹妻：要叫给他一个名字嘛。

竹四郎：你先学抱一下娃娃。

竹妻：（接过娃娃。把娃娃头朝下）咯是这样抱？

竹四郎：会冲着呢。要这样抱。

竹妻：（把娃娃放平）咯是这样抱？

竹四郎：（示范）要这样抱。

竹妻：（抱着娃娃）娃娃名字起给一个。要拜拜四方嘛。

竹四郎：那么先叫名字，后拜四方。

竹妻：先拜四方。

竹四郎：那么先拜四方。要从哪方拜起？

竹妻：从东方拜起。

竹四郎：东方咯是太阳落那方？

竹妻：笨老倌啊！是太阳出来那方。

竹四郎、竹妻：（面向东方拜）（唱）

双双夫妻去拜东，

拾得儿子在山中，

成人以礼来长大，

长大成人卖花红。

竹妻：说蹩（piè）了。

竹四郎：说蹩（piè）了么你来说。

竹妻：打伙说。

竹四郎：那么又拜，又拜。

竹四郎、竹妻：（面向东方拜）（唱）

双双夫妻去拜东，

拾得儿子在山中，

成人以礼来长大，

长大成人做军功。

然后，拜南方、西方、北方。四方拜完，给孩子取名字。

竹四郎：拜完了又怎么做？

竹妻：要叫给他一个名字嘛。

竹四郎：叫一个名字咯？叫露水保。竹妻：叫鐅(piè)了。

竹四郎：那么你叫给他一个嘛。竹妻：叫长命富贵。

竹四郎：叫得好！叫得好！

竹妻：我们四方也拜了，名字也叫了。我们唱一个小调。

竹四郎：唱小调就唱怀胎调。娃娃是我养来的。我还是疼的嘛，大肚扯拢小肚疼。

(竹四郎、竹妻同唱怀胎调)

全剧结束。

四、初步研究

竹四郎虽然只是一出小戏，但其中有些问题在民俗学研究和民间文艺研究中，却具有较为重大的普遍意义。

关于民间文艺的交流和传播。中国乃至世界各地区，各民族民间文艺的互相联系和互相影响是学术界公认的事实，但就某一项具体的民间文艺作品而言，这种联系和影响的情形往往不容易说清楚。如果对具体作品流传和变异情况的描述和分析例证不够充分，我们对民间文艺发展规律中交流和影响这部分内容的叙述就难免空洞而流于概念化。以《竹四郎》这出花灯戏为例，它起源和流传的历史就有待研究。李照和与魏树生编著的《弥渡花灯品鉴》说："1830 年，目前可查到的弥渡最早的花灯老艺人毕玉龙生于弥渡花灯之乡马房。"[①]毕玉龙自幼喜好花灯，七八岁便跟灯班跑玩，十二三岁已能唱很多折子。如《刘秀封功》中的刘秀、《竹四郎》中的竹四郎、《洞宾戏牡丹》中的洞宾等等[②]。《竹四郎》作为一出花灯戏的名称被提到，且有大致的演出年

①李照和、魏树生编著《弥渡花灯品鉴》，第 12 页。呼和浩特：远方出版社，2002 年。

②李照和、魏树生编著《弥渡花灯品鉴》，第 12 页。呼和浩特：远方出版社，2002 年。

代。可惜在其他书籍中还没找到对这出小戏的记载。[①] 2005 年夏天我曾经在弥渡拜访当地著名的花灯演员杨秉茂老师(生于 1957 年。杨老师当时是弥渡县文化体育局副局长兼弥渡花灯团团长)和他妻子、曾经当过花灯演员的常雪花老师，向他们打听有关《竹四郎》的情况，但他们不仅没有演过这出戏，甚至也没有听说过这出戏。前引《弥渡花灯品鉴》附录《弥渡花灯剧目表》中，包括传统花灯和现代花灯，共列入 170 个剧目，其中有毕玉龙曾经演出过的《刘秀封功》和《洞宾戏牡丹》，但同样是毕玉龙曾经演出过的《竹四郎》却不在这个剧目表中。

这个剧目表中有一出戏叫《竹赐郎》，从题意推测，它的内容和《竹四郎》大概是一致的。书中注明的流传地区是(弥渡县)大部分山区和坝区，传承人是黄本才、杨春景。但是在《弥渡花灯品鉴》第十一章《弥渡花灯人物》介绍黄本才、杨春景时，说到他们表演的一些剧目，其中没有提到《竹赐郎》。两位老艺人均出生于 1920 年，分别于 1978 年和 1952 年去世。[②]

《弥渡花灯品鉴》的编著者李照和 1968 年即到弥渡花灯团工作，1984 年以后曾在弥渡文化馆和大理州群众艺术馆工作，参与群众花灯演出的辅导和

---

①南涧县彝学会、南涧县文体局合编《南涧民间文学集锦》收录一首题为《祝四郎》的民歌，与我们讨论的花灯小戏《竹四郎》的关系尚待研究。转录于此，以待识者。

祝四郎、祝四郎，家住蒙化巍宝山，生来聪明又善良，他是祝家好儿郎。祝四郎、祝四郎，可怜自幼失爹娘，披星戴月把活干，缺少织女配牛郎。祝四郎、祝四郎，乡亲为你作主张，讨那仙姑李家娘，窝铺遮风作洞房。祝四郎、祝四郎，砍棵竹子搭张床，老婆睡上怪牢骚，给你一脚蹬下床。祝四郎、祝四郎，夫妻恩爱并不长，万恶财主来霸占，饥寒交迫真凄惨。祝四郎、祝四郎，戴上弩箭打恶狼，富人吃肉我攆山，猫帮狗挣白喜欢。祝四郎、祝四郎，不去打猎又改行，日夜辛苦帮财主，到头还是喝残汤。祝四郎、祝四郎，逃出虎穴奔他乡，世道炎凉兵马乱，到处乌鸦黑一般。祝四郎、祝四郎，东奔西走苦难当，走投无路仰天叹，前世烧了断头香。祝四郎、祝四郎，转回家园觅妻房，夫妻重逢相对诉，天不作美银河长。祝四郎、李姑娘，双双拥抱叙短长，只为我俩命不好，年年要朝巍宝山。祝四郎、祝四郎，头上压着几重山，欲想过好有指望，齐心搬掉压人山。

流传地点：宝华美依郎

搜集时间：1978 年 12 月

演唱人：罗彩元　李文生

采集者：苏联昌

②李照和、魏树生编著《弥渡花灯品鉴》，第 93 页。呼和浩特：远方出版社，2002 年。

弥渡花灯的调查；魏树生 1968 年担任文艺宣传队队长，1979 年任弥渡花灯团团长，1985 年起在大理州文化局戏剧创作室工作；两人 30 年来在弥渡广泛而深入地记录、整理、改编、创作节目 200 多个，拜访花灯艺人 300 多位。(见本书《序》及《自序》)他们的搜集、记录应该是比较详尽的。

另外，在弥渡县文化局编印的内部资料《弥渡花灯音乐集》(续集)中所录《怀胎调》正文后附有说明："《怀胎调》可在《竹林捡子》中作插曲演唱。"这本资料没有印刷时间，《怀胎调》的记录者王群注明的采集时间是 1978 年 8 月。考虑到《竹四郎》表演的竹林捡子故事以及小戏末尾夫妻同唱《怀胎调》，可以推测这里提到的《竹林捡子》应该就是我们所讨论的《竹四郎》。可惜，我们没有查到《竹林捡子》的戏文文本和流传情况。①

我推测，20 世纪 50 年代以后，弥渡花灯艺人就少有演出《竹四郎》。然而，就在十多年以前，在不以花灯艺术闻名的一个彝族山村，演出和观看《竹四郎》却是兼具求子仪式功能和过年娱乐功能的民俗活动。《竹四郎》(或者《竹赐郎》《竹林捡子》)作为演出的花灯戏，在弥渡县和南涧县是否已经完全消失了？民间文艺传承活动中到底是什么因素在起决定作用？我们还需针对具体情况进行深入的调查研究。

在《竹四郎》的引子部分，小游子出场时念了这样四句韵白："一棵老梅树，两个大丫杈，先结黄金果，后开白玉花。"我本来以为这只不过是用滑稽幽默来活跃开场气氛的惯用套路，先结果后开花与"出门遇见人咬狗，捡起狗来打石头一样"，是逗笑的反话，所以没有多留意。后来看到宜昌市茶园

---

①弥渡县文化局编印《弥渡花灯音乐集》(续集)"折子唱腔"部分收录两首《许愿》，并注明是花灯剧《竹林捡子》王三夫妻唱段。两首《许愿》唱词与音乐均相似，兹录其一：夫妻双双跪家堂，磕头祝告把礼参，若是王三有了后，徒弟定期去上香。

采集者王群，采集时间 1974 年 11 月，采集地点弥渡密祉。

祝四郎父母似为王三夫妻。同书"折子唱腔"还收录一首《竹四兰》，注明为花灯戏《竹四郎》中竹四郎唱段：

竹四兰(尼)竹四兰，砍棵竹子是编张床，你长处编的是四尺五，宽处只编是三尺三，你老妈妈睡觉又无用，一脚把你蹬下床。

采集者：吴泽昌、刘碧瑛。采集时间 1986 年 12 月。采集地点：祥云赵营。当时在这些地方是否演出全本《竹四郎》，仍待调查。

地区曾经流传的一则有关欧阳修的传说，有了一些新的想法。这则传说大意是兄弟俩联句成诗，得到三首诗的前两句而无法吟成三四句，于是请教欧阳修。其中第一首诗的前两句为："门前一棵树，两个大丫杈。"欧阳修为之续成："未结黄金果，先开白玉花。"①不论这首诗是否如此形成，但它曾在宜昌流传是可以肯定的。这首诗究竟起源于何处？它跟《竹四郎》中小游子出场时念的那四句韵白有何关系？如果说《竹四郎》借用了"欧阳修"续成的这首诗，这种借用又是如何发生的？

关于民间仪式戏剧的风格。传统的民间戏剧似乎总是要取悦于观众，舞蹈热烈，音乐欢快，唱词和念白更是要利用语言的表意优势，想方设法甚至不择手段制造笑料，利用谐音和押韵等修辞方法，东拉西扯、颠三倒四、指驴为马、胡说八道。表演动作夸张粗俗也是制造笑料的重要手段。民间仪式戏剧总是与神有关，或求神、或驱神、或酬神、或兼而有之，但除了演出前后故作严肃的焚香跪拜之类程序外，民间仪式戏剧的表演与一般的民间小戏表演并无两样。《竹四郎》被当地人视为粗灯，但它的表演目的是很明确的，要借戏剧的表演促成已婚未育的妇女尽快怀孕，为家庭带来子嗣。《竹四郎》的喜剧效果来自多方面。一是主要情节：男人模仿妇女怀孕生子，说自己"大肚扯拢小肚疼，要吃荷包鸡蛋煮白酒"；二是竹四郎夫妻(尤其是竹四郎妻子)的特殊性格，懒惰、邋遢、粗俗、笨拙；三是演员在表演过程中的临场发挥所显示的表演技巧。如竹四郎抱婴儿回家催促妻子开门时对白：

竹四郎：婆、婆、婆娘子！
竹妻：怎么样？
竹四郎：开门来！
竹妻：我赶不上。
竹四郎：做什么？
竹妻：我在蒸糕。

①《欧阳修续诗》，屈定富主编《宜昌市民间故事集》(未公开出版)，第20—22页。

竹四郎：蒸糕？那么糕你热乎乎地先吃点，吃了端一点出来。

竹妻：我在屙屎。

竹四郎：屙屎就屙屎嘛，你还要说蒸糕。

这是“叫门”程式的第四次重复。前三次，竹四郎叫开门，妻子都说赶不上，说自己在“拉挂面”(于是竹四郎要求妻子让他吃一点面，但妻子改口说她在梳头)、“包粽子”(竹四郎要吃两个粽子，但妻子改口说她在裹脚)、“泡茶”(竹四郎要喝一点茶，但妻子改口说她在撒尿)。竹四郎被戏弄了三次，竹四郎和扮演竹四郎的演员也被观众笑了三次。第四次，当竹四郎听妻子说在蒸糕时，他的台词应该是：“蒸糕？那么你蒸好了端一点来给我吃吃”，但扮演竹四郎的演员把它改成：“蒸糕？那么糕你热乎乎地先吃点，吃了端一点出来。”这时，不仅观众爆发出笑声，就连扮演竹四郎妻子的演员也跟着观众一起笑。

2008年1月，我曾和张伟权、刘冰清二位教授一同在湖南龙山县贾市乡锁湖村调查土家族的还傩愿仪式。仪式断断续续进行了30多个小时(下午开始，第三天早晨结束)。其中的求男求女一节，主持仪式的梯玛念诵求男求女的路是从脚走到磕膝坡、大腿坎、芭茅处喝凉水、到肚囊皮、再到奶子磴(方言读如tèng)，再到鼻骨岭，又故意把“铁匠老师傅”念成“铁匠卵师傅”，说法器八宝铜铃的部件名称，也故意用谐音，暗指人体器官。除了“完成”仪式之外，制造笑料似为最大目的。

湖南辰州傩戏《蛮八郎买猪》中有这么一段，是蛮八郎(八)和鼓师(师)的对白：

八：打锣打鼓干什么歹事？

师：干好事！

八：好事为什么白天不干夜里干？

师：打锣打鼓酬五岳。

八：打锣打鼓整脚呀?!

师：打锣打鼓酬六位朝王。

八：什么？六千人抽毛娘？

师：和三娘！

八：和三汤？

师：打锣鼓酬功曹。

八：什么？捉蜂包？

师：打锣鼓还愿！

八：打锣打鼓干饭啦？

师：打锣鼓和菩萨。

八：震泥巴呀？

师：管坛师烧纸！

八：屙屎！哈哈哈……①

同一傩戏中，蛮八郎甚至拿神取笑：

八：南边一个乖乖娘……，
那是我姨妹子，
长得好漂亮。
(唱)眉毛弯弯半边月，
瓜子脸儿桃红色，
你来讲句话，
我就快乐三年六个月。

师：那是南山圣母娘，一朝帝王主，你得罪于她，要给她赔个礼。②

---

①王文明、刘冰清、金承乾编著《辰州傩戏》，第182—183页。北京：中国文史出版社，2007年。

②王文明、刘冰清、金承乾编著《辰州傩戏》，第193页。北京：中国文史出版社，2007年。

民间生活中老百姓虽然相信神灵，但日子还是要自己一天一天地过下去，所以他们在仪式戏剧的表演过程中几乎忘记了如何取悦于神，更多地是在乎如何让观众和表演者自己高兴起来。

《竹四郎》也为我们留下了一些值得进一步思考的问题：为什么要"砍棵竹子斗张床"给产妇睡？竹四郎的名字和他在竹林中捡到婴儿的说法到底应该如何理解？这个说法与所谓的竹崇拜是否有关？也许，对长江中下游有关的民间文艺作品进行认真研究之后，我们可以为更好地理解这出小戏提供新的线索。另外，南涧民歌中的《祝四郎》与花灯小戏《竹四郎》的关系也需进一步研究。

（原载《云南艺术学院学报》2008 年第 3 期）

世界民族研究

泰米尔人：斯里兰卡的顺民与猛虎

泰米尔人住在印度东南、斯里兰卡北部和东部，分为印度的泰米尔人和斯里兰卡的泰米尔人两个部分。斯里兰卡旧称锡兰，在僧迦罗人的语言中意思是狮子岛，所以我国古籍中称之为狮子国。《大唐西域记》把它译为僧迦罗，其实是用民族名称来代替地方名称。斯里兰卡是南亚的一个岛国，面积约 6.5 万平方公里，与印度之间是仅有 32 公里宽的保克海峡。现在，斯里兰卡的总人口约为 1800 万，其中主体民族僧迦罗人占 73%。最大的少数民族是泰米尔人，约占总人口的 18%。此外，斯里兰卡还有摩尔人、欧亚混血种人、维达人等民族。斯里兰卡是多种宗教并存的国家，大约有 70%的人是佛教徒，15%的人是印度教徒，8%的人是穆斯林，7%的人是基督教徒。绝大多数僧迦罗人信仰小乘佛教，泰米尔人大多是印度教徒。欧亚混血种人则大多是罗马天主教徒。不论是在历史上，还是在现实生活中，斯里兰卡与印度之间都存在着紧密的联系。首先，斯里兰卡的主体民族僧迦罗人和最大的少数民族泰米尔人都是从印度迁来的。僧迦罗人大约在公元前 6 世纪从印度北部来到斯里兰卡。他们是来自印度北方的游动的雅利安人的子孙，是斯里兰卡最早的定居者。据传说，僧迦罗人是佛创造出来护法、弘法的。他们把斯里兰卡岛当作圣地，称之为“佛法岛”。泰米尔人迁入斯里兰卡的历史较为复杂。因为斯里兰卡的泰米尔人分为两个群体：土著泰米尔（也称为锡兰泰米尔人）和印度泰米尔人。这两个群体的划分主要取决于迁入时间的早晚，土著迁入时间也许比僧迦罗人还早，印度泰米尔人是 19—20 世纪英国人以契约从印度招募的种植园劳工的后代。

其次，泰米尔人是居住在保克海峡两岸的跨境民族，而且这个民族人口的绝大多数在印度南部的泰米尔纳德邦。斯里兰卡泰米尔人的遭遇会引起印度同胞的反应，从而影响印度政府对斯里兰卡的政策。这一点我们随后会谈到。

斯里兰卡的民族矛盾主要是僧迦罗人和泰米尔人之间的矛盾。这个矛盾有其历史的和现实的原因。就历史原因来说，两个民族都声称自己是斯里兰卡的主人。13 世纪以前，僧迦罗人一直居住在斯里兰卡北部地区，后来才迁往中部和南部，北部让位于泰米尔人。于是，大多数僧迦罗人把泰米尔人当作侵略者。但泰米尔人却声称自己本来就是北部地方的主人，13 世纪建立的独立的贾夫纳王国就是证明。民族矛盾的现实原因也跟历史有关，特别是跟欧洲殖民者的活动有关。16 世纪葡萄牙人到达斯里兰卡时，北方有信仰印度教的泰米尔人王国，南方有信仰佛教的僧迦罗人王国。它们是具有不同宗教信仰的民族国家。后来，荷兰人打败了葡萄牙人，对斯里兰卡实行殖民统治，但两个民族国家独立存在的情况并没有改变。19 世纪上半期，英国人把僧迦罗人和泰米尔人的王国合并在一起，在斯里兰卡建立了高度集权的国家。在某种程度上可以说，这种合并主要是外力作用的结果，激化了僧迦罗人和泰米尔人之间的矛盾。

19 世纪，英国人从印度南部招募了成千上万的泰米尔人到斯里兰卡，在咖啡、茶叶和橡胶种植园当工人。这些人被称作印度的泰米尔人。到了 1911 年，印度泰米尔人的数量达到 53 万，超过了土著泰米尔人(52. 8 万)。僧迦罗人中心地带康提周围的种植园逐渐增多，造成了土地短缺；僧迦罗人的经济状况有时还不如这些泰米尔契约工人，因为政府为这些契约工人提供住房、医疗和教育，这种状况在僧迦罗人心中变成了不愉快的历史记忆。

僧迦罗人和泰米尔人产生冲突的原因是多种多样的，涉及社会生活的方方面面。我们可以从语言使用、政治参与和经济利益等方面进行简单的考察。

英国人统治期间，英语被当作公务语言使用，种植园工人(他们多半是泰米尔人)往往掌握了英语，直到 1948 年斯里兰卡独立以前，泰米尔人的大学入学率一直很高。独立以后的一段时间，英语仍作为考试语言使用，所以泰米尔人在高等教育方面仍有优势。

但是，僧迦罗人希望僧迦罗语作为国内唯一的官方语言。于是，“自己的语言”这一运动成为僧迦罗民族主义者的主要活动。1955 年，斯里兰卡的“官方语言法”获得通过，宣告僧迦罗语是斯里兰卡唯一的官方语言，并于 1956 年正式执行，但受到泰米尔人的强烈反对。在 60 年代，政府屈从于僧迦罗人的压力，以前在法院中使用英语的做法也被取消，代之以僧迦罗语。1970 年，新政府上台，又推行“唯一的僧迦罗语”政策。在大学录取新生时实行“标准化”制度，给僧迦罗人考生和泰米尔人考生划定不同的录取分数线，目的在于照顾僧迦罗人考生。

泰米尔人在僧迦罗人的语言歧视政策面前也一直在进行抗争。早在 1955 年，泰米尔人就要求政府允许泰米尔语享受与僧迦罗语同等地位，或者政府至少要承认泰米尔语为全国性的少数民族语言。这一要求引起了僧迦罗极端民族主义分子的仇恨，并最终导致了一场骚乱和数百人死亡。泰米尔人的不懈努力最终还是获得了成功。1987 年，泰米尔语成为与僧迦罗语并列的官方语言。语言的争端跟教育和就业是联系在一起的，“唯一的僧迦罗语”政策给泰米尔人的生活带来了不利的影响。以前，由于北部泰米尔人地区的农业和工业都不如僧迦罗人地区发达，所以按人口比例来说，泰米尔人在工业和农业方面就业的人虽然不多，但进入公共管理和其他专业部门的泰米尔人却很多。1948 年斯里兰卡独立时，仅占 10%的土著泰米尔人拥有 31%的大学教师职位。1956 年，60%的专业职位(工程师、医生、教师)都被土著泰米尔人占据。但是，僧迦罗语取代英语成为官方语言之后，僧迦罗人比其他那些受教育程度高的泰米尔人得到更多上大学的机会。泰米尔人丧失了从前他们在公共事业方面所占据的有利地位。1955 年，政府官员中泰米尔人的比例是 30%，1975 年，这个比例下降为 6%。1983 年，国家公职人员中僧迦罗人占 85%，泰米尔人占 11%。这些比例与两个民族在斯里兰卡总人口中的比例是不协调的。

政治参与也是僧迦罗人和泰米尔人争斗的一个重要方面。在这个方面，泰米尔人同样处于不利地位。1956 年，95 名国会议员中有 21 名泰米尔人，占 21%，高于泰米尔人在总人口中的比例。1977 年，168 名国会议员中有 21 名泰米尔人，占 12.5%，大大低于泰米尔人在总人口中的比例。政府为了达到压制泰米尔人的目的也煞费苦心，为了改变泰米尔人在北方省和东方省占绝对多数的局面，历届政府都鼓励僧迦罗人向这两个省移民。在东方省，1946 年，僧迦罗人占 7.8%，1981 年上升为 24.95%，而人口比例的变化跟选举结果往往是有联系的。

在政治参与方面特别受到歧视的是新近从印度迁来的泰米尔人。1948 年独立之后，新政府的法案没有承认境内所有泰米尔人的公民身份，只有能够证明出生于斯里兰卡的泰米尔人和 1936 年就开始居住在斯里兰卡的泰米尔人才能得到公民身份。大多数来自印度的泰米尔人都无法提交有关文件，所以他们就成了无国籍的人，面临着随时被斯里兰卡政府遣送出国的威胁。1964 年，斯里兰卡和印度达成协议，在随后的 15 年中，斯里兰卡向印度遣返 97.5 万泰米尔人，承认另外 30 万泰米尔人为斯里兰卡公民。

上述种种矛盾加剧了僧迦罗人和泰米尔人之间的对立情绪，最终导致了泰米尔人独立建国的要求和两个民族之间的武装冲突。这些民族主义活动往往是在各自党派的领导下进行的，因此具有一定的代表性和号召力。

1959 年，人民联合阵线的领袖、政府首脑班达拉纳克被佛教徒极端组织的头目暗杀。于是泰米尔联邦党更加积极地进行争取民族权利的活动。它要求政府给泰米尔人与僧迦罗人同等的地位，要求根据居住地来承认公民身份，要求建立一个或多个语言邦。在 1960 年的选举中，联邦党在北方省获得了多数席位，在东方省获得了全部席位。

1970 年，“唯一的僧迦罗语”政策也促使僧迦罗人和泰米尔人这两大民族逐渐走向了各自的极端。1976 年，泰米尔联合解放阵线通过决议，要求彻底独立。这时还出现了几个泰米尔人的抵抗组织，其中之一就是泰米尔新猛虎组织(后来改名为泰米尔依拉姆解放猛虎，即通常所说的猛虎组织)。它声称对多起暗杀事件负责。僧迦罗人同样也成立组织，反对泰米尔人的要求。

1977 年，联合国民党执政。谋求建立独立国家的泰米尔联合解放阵线在北方省获得了全部 14 个席位，在东方省获得了 10 个席位中的 3 个席位，成为主要的反对党。最初，新政府的上台似乎对双方的温和派是一个好兆头，上大学的标准化制度被取消了，泰米尔语也在宪法中被认定为全国的语言，新政府计划就消除就业和教育方面的歧视而进行会谈。但就在选举后的一个月之内，北方省发生了暴力冲突，并迅速蔓延到南方，1500 人被逮捕，其中包括几个著名的僧迦罗极端分子，僧迦罗警察和武装力量对泰米尔人的袭击事件也增多了。在这些动乱过程中，来自印度的泰米尔人也受到僧迦罗人的攻击，数以千计的家庭到北方寻求避难。暴力冲突之后，僧迦罗人和泰米尔人很难坐下来对话，计划中的圆桌会议也无法举行。在泰米尔人中，建立独立国家的理想占了上风。

1981 年，斯里兰卡总统做出计划，要给泰米尔人一定程度的自治，但泰米尔人对此并不满意，僧迦罗人中的强硬派则反对向泰米尔人做任何让步。1981 年，斯里兰卡实施紧急状态法和出版审查。1983 年 8—9 月，首都科伦坡的暴力冲突达到高潮，死亡 384 人，其中主要是泰米尔人；8 月中旬，10 万难民被遣散到北方城市贾夫纳。

泰米尔人的军事组织是在 70 年代成立起来的，但到了 80 年代初才真正得到加强，形成联合。1983 年，泰米尔人的四个军事组织联合为泰米尔依拉姆解放阵线，目标是实现彻底的独立。斯里兰卡安全部队和泰米尔游击队开战，数百名平民死亡，数百名泰米尔游击队员失踪。猛虎组织和其他泰米尔军事组织的成员之间的战斗同样也造成人员的伤亡和局势的混乱。猛虎组织虽然得不到其他泰米尔组织赞同，但猛虎组织有狂热的指挥官，有来自印度的财力支援，所以地位越来越重要。政府在北方积极镇压叛乱，而且所有的泰米尔人都被当成了怀疑对象，这就使得泰米尔人更加相信，只有猛虎组织才能保护他们。

斯里兰卡安全部队与猛虎组织之间的战斗在 1987 年上半年一直在进行。政府军进攻游击队的基地，猛虎组织则对斯里兰卡中部亭可马里区的公共汽车和卡车发动袭击。5 月，对猛虎组织游击队据点的大规模进攻俘获了 2500 名泰米尔战士，打死了 200 到 1000 人，其中多数是平民。这时，超过 13 万泰米尔人难民住在印度南部的泰米尔纳德邦。印度国内民众舆论越来越强烈地要求政府介入，帮助斯里兰卡的泰米尔人。印度果然派遣船队，载着救济品和红十字人员前往斯里兰卡贾夫纳半岛，但因为遭到斯里兰卡海军巡逻舰的拦截而返回。两天后，印方又以空投的方式向贾夫纳半岛运送救济品，引起斯里兰卡抱怨。后来，双方同意印度从空中而不是海上运送救济品。就在双方在新德里举行会谈时，猛虎组织的首领拒绝了印度总理拉杰夫·甘地的和平倡议。

1987 年 7 月，印度和斯里兰卡达成协议，斯里兰卡北部和东部实行自治。协议还决定斯里兰卡的北方省和东方省合并为一个地方议会，得到更大程度的自治。3000 军人所组成的印度维和部队被派往贾夫纳半岛。600 名斯里兰卡军人从贾夫纳调到科伦坡，协助警察控制僧迦罗的游行示威者。政府与泰米尔人全面和解。

但是，和平协议遭到僧迦罗人的指责，并引起了大规模的暴乱。在两天之内，40 人被杀，100 人受伤。本来接受了协议的泰米尔人猛虎组织这时也开始重申他们的独立要求。猛虎组织认为，政府政策中在东部地区安置僧迦罗移民的措施使得协议的内容打了折扣，移民会改变东部地区民族人口构成。猛虎组织不相信印度军队撤离之后协议仍然能够得到有效执行。

10 月，泰米尔人杀死了数百名僧迦罗平民。印度军队在贾夫纳发动了一次攻势，差不多完全控制了这个地区。在一个月的激烈战斗中，成千上万的难民无家可归。猛虎组织要求印度军队撤回到先前驻扎的地方，但更多的印度军人开进了贾夫纳半岛。到了 1988 年中，贾夫纳大约有 7 万印度军人。冲突导致的死亡人数至少超过 2000，其中 1000 人是平民。

1987 年 11 月，一项旨在给予北方和东方的泰米尔人实质性自治的宪法修正案在国会获得多数票。印度希望将 12 万泰米尔难民遣送回斯里兰卡，再进行北方、东方合并之后的省议会选举。但是，北方省和东方省的合并能够达到何种程度却是值得怀疑的，因为东方省的僧迦罗人和摩尔人(穆斯林)人口比泰米尔人多。

1988 年 6 月，虽然贾夫纳半岛的局势并未恢复平静，但印度军队还是开始了有限度的撤离。1988 年 11 月，北方和东方进行省级选举，尽管猛虎组织呼吁抵制并发出恫吓，但还是有 60%的选民参加了投票。在北方，猛虎组织的两个竞争对手依拉姆人民革命解放阵线和依拉姆全国民主解放阵线获胜。在东方，依拉姆人民革命解放阵线、执政的联合国民党和斯里兰卡穆斯林议会推举出他们的候选人。许多人都看好新的省议会，认为建立和平和安定秩序的时间到了。

问题的焦点转移到了斯里兰卡的南部和中部，因为僧迦罗人在这些地方组织武装，反对印度军队干涉斯里兰卡内政。其中主要的组织是人民解放阵线，这是僧迦罗人的一个极左派别，它用恐怖手段对抗它所认定的叛国者。人民解放阵线的敢死队制造暗杀事件，政府也采取了针锋相对的暗杀活动。

北方和东方的局势也并不安定。猛虎组织继续对印度人和新的省政府发动袭击。1989 年 8 月初，印度维和部队在一个泰米尔人村庄滥施暴力，杀死了 50 个平民。两周后，猛虎组织采取报复行动，杀死了 24 个印度军人。1988 年 9 月至 1989 年 9 月一年之内，在冲突中死亡的人达 1 万之多。

从泰米尔人争取民族权利的正当要求发展到以猛虎组织活动为代表的"内战"，祸根虽然在欧洲殖民主义者身上，但僧迦罗人对泰米尔人的态度却也是值得检讨的。

（原载《今日民族》2002 年第 7 期）

北极地区的古老民族——因纽特人

因纽特人(Inuit)全球共约14万余人。其中丹麦(格陵兰岛)约5万人，加拿大(努纳维特、纽芬兰和拉布拉多、魁北克、西北地区)约5万人，美国(阿拉斯加)约4万人，俄罗斯(西伯利亚)约2000人。这些地方都属于北极地区或亚北极地区。尽管分布地区广大，但因纽特人却保持了文化的一致性。例如，从阿拉斯加北部到格陵兰岛，他们的语言虽然划分为许多方言，但能互相交流。

因纽特人是一个复数名词，单个的因纽特人叫因努克(Inuk)。20世纪70年代以前，因纽特人被称作爱斯基摩人(Eskimo)。这大概来源于生活在他们南方的印第安人对他们的称呼，意思是“吃生肉的人”，或“讲异族语言的人”。这个带有贬义的称呼在16世纪经过法国人之口传遍了全世界。因纽特人原为加拿大东部和格陵兰岛西部因纽特人的自称(意为“人”)，因为这两个地区的因纽特人方言较为著名，所以这种称谓也逐渐被其他因纽特人接受。在美国，爱斯基摩人一词还被广泛使用，因为美国人要用它指代阿拉斯加的尤皮克人(Yupik)和因纽皮特人两个民族，以便与美洲印第安人相区别，而因纽特人仅指因纽皮特人。

历史发展与传统社会

与美洲印第安人一样，因纽特人的祖先原本也生活在亚洲，大约8000年前经白令海峡到达北美洲。大约在1000年前，他们创造了著名的图勒文化，取代了北极地区原有的多塞特爱斯基摩文化。13 世纪时，图勒文化从现今的加拿大进入格陵兰岛西部，14 世纪到达该岛东部。

16 世纪，欧洲人开始真正与因纽特人发生联系。巴斯克捕鲸者在拉布拉多建立了捕鲸站。不过，欧洲人与因纽特人的关系最初并不友好。直到 18 世纪初，当荷兰、巴斯克和法国的捕鲸者和渔民与北方的因纽特人进行鲸脂和毛皮贸易时，欧洲人与当地人的关系依旧紧张。为了加强联系、促进沟通，很快就出现了由因纽特语、法语、巴斯克语混合而成的一种交际语。

欧洲人给因纽特人带来基督教，也带来因纽特人地区原不存在的东西，包括疾病。1830 年，英国人的哈得孙湾公司在因纽特人地区的边缘建立贸易站。到 19 世纪末，加拿大的大多数因纽特人已经拥有枪和钢铁捕机，知道了茶、糖、面粉和烟草。

因纽特人的大多数家庭是由父母与未婚子女构成的核心家庭。一般来说，每个家庭都跟同村的其他家庭有亲属关系。亲属之间共同分享猎物，互相走访，互相帮忙。人们乐于与亲属交往，常把亲属视为好友。因纽特人大多在本民族内通婚。现在，与外族通婚的现象，特别是因纽特女人与外族男子通婚的现象，在迅速增多。

因纽特人男女有劳动分工，一般是男人狩猎，女人看孩子、做家务等。小孩数量很多，普遍享受慈爱。在加拿大，15 岁以下的因纽特孩子占全国因纽特人口总数的 40%。一对夫妇的第一个孩子往往由其祖辈收养，一般情况是，祖辈(或者只剩祖父或祖母，或者两人都健在)因子女都已成家另过，为了使家里充满生气，也为了老来有人帮忙做家务，就收养孙辈为儿女。收养的子女与真正的子女地位相同，而且，在许多村落，收养的孩子占孩子总数的 30%。

直到现在，因纽特人的社会结构仍然以家庭和亲属为基础。亲属群是他们基本的社会组织。亲属群是双系的，既包括父方亲属，也包括母方亲属；亲属群也是开放的，一个人可以因为婚姻关系而进入某个亲属群，也可以通过收养关系而进入某个亲属群。

现在，因纽特人的领导权形式多样。亲属群之间互相竞争，都想让自己的首领选为村长；或者，亲属群会设法控制当地学校、合作社或其他管理机构。

因纽特人的社会还未产生阶级分化，部分原因是亲属群的作用。虽然已存在职业和收入的重大差异，但一个人首先属于其家庭和亲属群。在家庭和亲属群内，人人平等。阶级分化因此受到亲属关系的有效抑制。

因纽特人分布的地方气候酷寒，人口稀少。北美印第安人不曾深入其地，技术先进的欧洲人也没有大量进入这片地方。因纽特人独特的极地文化也不可能在南方印第安人地区生存下来。所以，总的来说，因纽特人与印第安人、欧洲人相处较为友好。即便是因纽特人地区进入现代国家版图之后，因纽特人与所在国家政府也少有土地争端。与此相反，同为美洲土著的北美印第安人却往往抱怨他们的土地被欧洲居民占去了。

生计模式的变迁

因纽特人传统上过着游动的生活。春天、夏天和秋天，他们住在两到六个家庭组成的小营地；冬天住在由更多家庭(有时多达 25 个家庭)组成的较大营地。营地随季节改变地方，捕获陆地动物和鱼类。迁徙并非随意进行，人们年复一年进入同一地点，所以许多家庭在同样的地区巡回，但总是不会超出同一方言群体所分布的范围。

在北极地区东部，季节性循环的生计活动大致如下。冬天，男人在浮冰边缘或气孔处守候海豹。他们的武器是鱼叉。19 世纪中期以后，还有枪。男人和女人还一道捕捉狐狸，并在淡水湖的冰面下打鱼，他们的交通工具是狗拉的雪橇。春天，男人在浮冰上狩猎晒太阳的海豹。他们手持鱼叉或长枪，小心翼翼地接近猎物。他们也在岸上守候海洋哺乳动物如白鲸、独角鲸、海象以及数种海豹。夏天，有好几种收获颇丰的活动。男人乘坐卡雅克(单人海豹皮船)狩猎，女人和孩子采集野生浆果、嫩草、块根，全家人在石梁拦成的河塘里捕鱼。8 月末到 9 月或 10 月，在许多地方，人们乘坐乌米亚克溯流而上，到内陆狩猎驯鹿。狩猎驯鹿时，女人和小孩大喊大叫，让驯鹿跑向手持弓箭和长矛埋伏起来的男人们。秋天，人们回到岸边，准备过冬。男人把海豹、海象、驯鹿和野鹅、野鸭之类的禽鸟卖成现钱，女人用海豹皮和驯鹿皮制作和缝补冬衣：带兜帽的皮大衣、裤子、手套，等等。

从自然环境中获得的原料和食物满足了因纽特人家庭的基本需要。吃不完、用不完、卖不掉的东西就跟伙伴分享。因纽特人社会中并不存在所谓的原始共产主义，但有需求的人总可得到伙伴帮助。伙伴之间互相帮助，是严酷环境中的因纽特人的一个生存策略。

在 1830 年到 1930 年间，因纽特人地区建立起很多贸易站。随着贸易站、教堂和警察分队的建立，因纽特人中迅速出现了一种新的居住模式：与欧裔加拿大人有往来的半定居营地。二战以后，学校和行政机构等相继设立，鼓励因纽特人住在相对集中的永久村落里。20 世纪 70 年代，加拿大的因纽特人已经全部住在村落里。原本作为传统冬居的雪屋和半地下式的草屋被构件拼装的木屋所取代。

随着与外界贸易的增加，商业性的狩猎活动变得越来越重要，为满足生存而进行的狩猎和捕鱼地位降低。尽管人们还没完全依赖商人，但商店购买的食品和衣物已经开始取代他们自己获取的肉类和皮革。

二战以后，因纽特人地区的发展需要雇佣很多当地人：建筑工、清洁工、翻译人员和一般劳力。在 20 世纪 70 年代的加拿大，由于实行因纽特人为主的新管理体制，教育、健康、社会服务、管理、交通和通信、贸易等行业和部门都提供了新职位，因纽特人的全职捕猎者在数年之内大为减少。现在，在公共服务领域就业已成为因纽特人经济的支柱。狩猎之类传统经济活动的象征意义已经超过了原有的经济价值。

丰富的极地文化

因纽特人能够在广袤的、酷寒的北极和亚北极地区生存下来，依靠的是他们丰富的极地文化。这种文化很好地适应于这片地区的自然环境和社会环境。

为了抵御严寒，因纽特人充分利用了大自然提供给他们的材料。他们的一种雪屋叫作伊格鲁（igloo），是冬季住所。建造雪屋时，选择被风吹得紧凑的雪堆，切出长约 120 厘米、宽约 60 厘米、厚约 20 厘米的雪块，砌成穹窿形屋子。墙面以一冰块嵌入雪砖之间，以便透光。墙上留一门，门上挂动物皮门帘。有时还修建一个半地下式的通道，连接雪屋内外，可避免冷风直接吹入屋内。这种雪屋有很好的保温效果，屋外零下 45 度时，屋内不借助加热措施也能保持在零下 7 度。生火做饭或取暖时则能达到零上 10 余度。由于雪本身有隔热效果，所以雪屋不易融化。稍有融雪，还会结成冰，使得雪屋更加牢固。现在，北美有一种小型冰柜，既可在家里用，也可放在车上。这种冰柜名字就叫伊格鲁，可以看作是当代世界对因纽特人传统文化的继承和发扬。

为了进行海上狩猎，因纽特人发明了卡雅克。卡雅克是一种仅可乘坐一人的海豹皮船。他们将海豹皮蒙在木架或鲸鱼骨架上，再涂上动物油，使船体防水。人坐在船里，以动物肠衣将自己与船体相连接。这样，即使小船倾覆，也易于复位，而且船中也不会进水。欧美人学会了这种船的制作原理，生产出名字仍然叫卡雅克的皮划艇用于游乐和比赛，并已把这种比赛推广到全世界。

因纽特人陆上交通多用狗拉雪橇，冬天在冰面上也用狗拉雪橇。这种狗被称为爱斯基摩犬，是因纽特人用狗和狼繁殖成的。因纽特人不仅将它们用于运输，还用它们来狩猎。

因纽特人植物类食物不足，于是他们生吃海洋动物的某些部分，如环斑海豹肝、鲸皮，以摄取维生素。对于捕猎的动物，因纽特人加以充分利用，毫不浪费。比如，鲸肉当食物，鲸脂当燃料，鲸骨架做卡雅克，等等。

因纽特人文化受到世界的广泛关注。早在 1922 年，就有纪录片《北方的纳鲁克》报道他们的生活。现在，以因纽特人的生活方式和价值观念为主题的电影也经常出现，如《狼的影子》《极地求生路》，等等。

因纽特人仅有十多万人，且分散在多个国家，却能够在世界众多民族中享有独特的声誉，这都归功于他们那一整套适应北极严酷环境的古老文化。

资料来源：

1. Paul Robert Magocsi (editor): *Aboriginal Peoples of Canada*. University of Toronto Press Incorporated. 2002.

2. http://en.wikipedia.org/wiki/Inuit

3. Amiram Gonen (edi.), *The Encyclopedia of the Peoples of the World*, Henry Holt and Company, Inc., New York, 1993.

4.《不列颠百科全书》(国际中文版)，中国大百科全书出版社，2005年，北京。

(原载《今日民族》2013年第9期)

加拿大平原克里人的签约之路

在一个多民族国家，少数民族首领是他的人民与国家政府之间联系的纽带。当国家利益和民族利益发生矛盾时，少数民族首领往往处于左右为难的境地。自从欧洲对美洲、非洲、澳洲等地进行殖民以来，当地少数民族的首领们就一直在努力解决这个难题，试图找到兼顾两种利益的最佳平衡点。

克里人自称内伊拉维，意思是“说自家话的人”。克里人一词是奥吉布瓦人对哈得孙湾周围地区部落的称谓。克里人是说阿尔衮琴语的诸多印第安民族之一，分布在从加拿大东部哈得孙湾到西部阿尔伯塔省的广大区域，现有人口共约 14 万，是加拿大人口最多的第一民族(旧称土著民族)之一。克里人传统上是狩猎民族，主要分为东部的林地克里人和西部的平原克里人。林地克里人主要猎取兔、驯鹿、驼鹿、熊、河狸等，平原克里人主要猎取野牛。

平原克里人与黑脚人(布莱克福特人)、奥吉布瓦人一道，被统称为平原阿尔衮琴人，因为他们不仅语言联系紧密，而且生活方式和物质文化都有诸多共同之处。

加拿大有条约印第安人，指的是其祖先所在的群体曾跟加拿大政府签有条约的那些印第安人。非条约印第安人一类是祖先所在群体未曾与政府签订条约的印第安人，另一类是虽有印第安人血统但政府未承认其第一民族身份的印第安人。1871 年到 1922 年间，加拿大境内的众多第一民族群体与加拿大政府之间共签订了 11 个条约。一般认为，加拿大政府对平原克里人的政策公平合理，值得肯定。持此观点的人还说，加拿大政府通过与印第安人签订条约获取其土地而非通过战争侵占其土地就是一个证明。但是，20 世纪 80 年代，加拿大历史学家约翰 · L · 托比亚斯却用事实证明，克里印第安人在与政府官员签约的过程中经常受到威胁和欺骗。

平原克里人的文化适应

平原克里人努力使自己的文化适应于不断变化的环境。1670 年跟欧洲人接触以后，他们不再是自给自足的狩猎者，转而向哈得孙湾公司供应粮食，并充当其毛皮贸易的中间商。1800 年以后，他们适应了草原印第安人的文化，进入原本由阿齐纳印第安人控制的地区；1850 年以后，野牛数量减少，他们又进入黑脚印第安人地区。为了生存，一些克里人转而从事农业生产。1871 年，加拿大计划对西部进行农业开发，修建西部铁路，把西部草原纳入加拿大的经济和商业体系之中。得知加拿大政府想要自己的土地，平原克里人就从政府那里得到援助，顺利转化为农民。

平原克里人一方面要改变生存方式，另一方面也希望尽量保持野牛狩猎这一文化传统。1860 年，卡佩勒河以南地区克里人–阿西尼本人首领皮亚伯特，萨斯喀彻温河地区克里人首领大熊和小松三位首领，带领自己的人民向南迁移到仍有野牛活动的萨普利斯丘陵地区。1870 年，他们在贝利河被政府军打败，于是不再与政府对抗，愿意跟政府打交道，但希望能够维持克里人自治。他们重申 1850 年克里人首领们提出的要求，即政府只允许印第安人狩猎野牛。1876 年，加拿大政府的条约专员亚历山大 · 莫里斯答应大熊，要对非印第安人捕获野牛的行为进行控制。

克里人的签约过程

加拿大政府与印第安人签订的 11 个条约，涉及现在的阿尔伯塔省、不列颠哥伦比亚省、马尼托巴省、萨斯喀彻温省和西北地区。1867 年，英属北美殖民地结成联盟、成立加拿大自治领地时，上述地区大多属于鲁珀特之地和西北地区，由哈得孙湾公司控制。加拿大首任总理约翰·亚历山大·麦克唐纳的“国家梦想”就是要建立一个从大西洋到太平洋横跨北美洲北部地区的国家；这个国家从东到西由加拿大太平洋铁路连接起来。要实现这个梦想，加拿大政府就必须在鲁珀特之地的南部地区（现在的阿尔伯塔、马尼托巴和萨斯喀彻温）殖民。

加拿大法律承认，欧洲人到来之前就居住在这片地区的第一民族拥有土地所有权。于是，从第一民族那里获得土地所有权，对于实现“国家梦想”就至关重要，这样就产生了一系列条约。政府为了让第一民族交出土地，答应给他们建立保留地，并为他们支付年金，提供农业或渔猎工具，而且第一民族仍享有在已经出让的土地上狩猎和捕鱼的权力。因为第一民族的各个部落并没有一个总代表，所以政府只能跟一个个部落单独签约。每项条约均说明某片土地为某个第一民族或某些第一民族所有。因为疾病流行、野牛锐减、威士忌成灾，第一民族人口大量减少，他们迫切需要从政府那里得到食品和工具等。所以，当政府向他们要土地作为回报时，他们几乎没有选择的自由。政府则采取一种“不服从就饿死”的胁迫政策。平原克里人的签约过程就是这方面的一个典型。

1874 年 9 月，加拿大政府和克里人、索尔特人在萨斯喀彻温的卡佩勒堡签订了 4 号条约。条约涉及萨斯喀彻温南部大多数地方以及马尼托巴西部和阿尔伯塔南部部分地方，该条约又因为其签订地点而被称为卡佩勒条约。条约规定，五口之家可得到 2.5 平方公里土地，但这片土地得卖给加拿大政府，以换取补偿金。每人每年可获 5 加元，还有一件衣物。酋长可以马上得到 25 加元，此外每年还可得到 25 加元、一件衣服、一枚银牌。每三年酋长可得一套新衣服。每个群体中有四人每年可共同得到 15 加元和一套新衣服。克里人和索尔特人还会集体得到农具，得到 750 加元用于购买火药、子弹、捆绑绳和渔网线。每个保留地如向政府要一名教师，就可得到一所学校，让印第安人孩子上学。人们有权在出让的土地上打猎和捕鱼，但农地、林地、矿山或定居地除外。双方约定，只要太阳发光、百草生长、河水流淌，条约就一直有效。

克里人中，三个群体的首领皮亚伯特、大熊和小松都未同意跟政府签约，因为他们认为条约需要修正。皮亚伯特认为，4 号条约中要写明政府提供更多的农业设备和工具，要提供磨坊、铁匠铺、木匠铺、木工工具、打铁工具，还要派人教他们种地、做生意。得到政府许诺后，皮亚伯特 1875 年接受了 4 号条约。

1876 年 8—9 月，加拿大政府与平原和林地克里人、阿西尼本人以及其他印第安人部落分别签订了 6 号条约。平原和林地克里人同意出让今天萨斯喀彻温省和阿尔伯塔省中部的大部分地方。因为这时平原地区的印第安人赖以为生的野牛正在以惊人的速度消失。印第安人酋长们明白，如果不签约，印第安人就会饿死。

按照 6 号条约，每个五口之家可以得到 11.5 平方公里土地，但他们得把这片土地卖给加拿大政府以换取赔偿。每人可马上得到 12 加元，满一年还可再得 5 加元。酋长每年可得 25 加元，还有一匹马、一副挽具，一辆四轮马车或二辆二轮马车。印第安人每年还会集体得到 1500 加元，用于购买弹药和渔网线。在对保留地进行测量以后，每户印第安人可得一套农具，包括犁、斧头、锄头、种子，并可由政府官员视情况决定在此后三年内向每户赔偿 1000 加元。但是，政府并未彻底兑现承诺。

所以，克里人并没如约进入政府为他们划定的保留地。在皮亚伯特、大熊和小松带领下，大约有一半的克里人都集中到萨普利斯丘陵地区，那儿是加拿大境内最后一片能捕到野牛的地方。政府官员认识到，平原克里人集中在一起容易形成联盟，难以对付。主管印第安人事务的戴维·莱尔德 1878 年建议政府赶快建成保留地，兑现条约中的承诺。因为条约所涉及的平原克里人多数都支持萨普利斯丘陵地区的三位首领。这些平原克里人对政府的抱怨越大，对他们自己首领的支持就越坚定。

1879 年，加拿大草原地区已经没有野牛了。大熊和小松带领他们的人民向南迁移，到美国蒙大拿州密苏里河地区寻找野牛。留在加拿大的克里人一边挨饿，一边等着政府勘测保留地并给他们农具。看到克里人正在挨饿，政府决定对已经签约的人发放配额。同时，政府任命埃德加·迪尤尼为西北地区印第安人事务专员，启动西部保留地的一项农业政策，还安排了12名农业辅导员教西北地区的印第安人种地。

迪尤尼把配额的发放当作控制印第安人的手段。1879年秋，他宣布，只对签约的印第安人发放配额。为了让克里人易于就范并且削弱桀骜不驯的领导者们的影响，迪尤尼还宣布他将采用哈得孙湾公司的传统做法：如果哪位克里人能够得到一百个或一百个以上克里人的支持，迪尤尼就承认他是新群体的酋长。迪尤尼料想，萨普利斯丘陵地区忍饥挨饿的克里人为得到配额就会抛弃他们原来的酋长。为了显示政府对克里人的控制，迪尤尼命令，没签约的克里人要想得到配额，就得帮政府干活，只有老人、病人和孤儿除外。

到美国找野牛的克里人饿着肚子回来了，克里人的决心也动摇了。小松在他的人民的说服下签约了，大熊仍不签约。于是，他的人民有一半离开他，为得到配额而拥戴新的酋长去了。1882年春，萨普利斯丘陵地区的克里人和阿西尼本人得到通知，如果他们还留在那里，就再也得不到配额了。他们只有回到条约规定的卡佩勒等地区，才能得到政府救济。大熊、皮亚伯特和小松不得不接受条约，并答应离开萨普利斯丘陵地区。

平原克里人的灵魂人物——酋长

在平原克里人与加拿大政府打交道的过程中，酋长们发挥了至关重要的作用。平原克里人对政府的愿望靠他们去表达；政府对平原克里人的要求，也靠他们去落实。在一定意义上甚至可以说，他们的思想和行为，决定着平原克里人的命运。政府要改变平原克里人，首先就得改变他们的酋长。普通的平原克里人和政府官员都认为，酋长们责任重大。于是，在通过谈判向平原克里人索要土地的过程中，酋长们总是得到比普通平原克里人翻倍的年金。不过，当平原克里人觉得酋长不能带领他们走正确的道路时，他们就会离开他。同样，当政府官员认为，平原克里人酋长不能帮助他们达到目的时，他们同样也会抛弃他。当政府利益和民族利益发生矛盾的时候，平原克里人的酋长必须选择自己的立场。

1882 年签约之后，虽然三位酋长都答应离开萨普利斯，但实际上只有皮亚伯特带着自己的人民回到了卡佩勒，但他当年夏末就又来到萨普利斯，并说平原克里人如果不能团结起来，就会丧失自治。加拿大政府断绝了萨普利斯平原克里人的供应，平原克里人只好向北方迁移。皮亚伯特、大熊和小松都觉察到其他克里人首领同样对条约不满，而且，他们知道，如果能够在北方形成一个较大的连片分布区，克里人就能够像前几年在萨普利斯丘陵地区一样保持自治。皮亚伯特和大熊、小松一道，试图建立一个由平原克里人、平原奥吉布瓦人和阿西尼本人共同生活的地区，但被政府拒绝。

1884 年 4 月，条约官员打算在皮亚伯特举办仪式舞会和议事会时找借口逮捕他，但面对数十名全副武装的印第安人，条约官员只好改为与皮亚伯特谈判协商。结果是皮亚伯特在卡佩勒河得到一个保留地，而当地克里人总数因此达到 2000 人之多。

1885 年爆发了梅提斯人里尔领导的西北起义。平原克里人也因此受到镇压，多名首领被逮捕。政府在皮亚伯特的保留地旁建立了一个军事要塞。皮亚伯特虽未被捕，但受到军警严密监视。皮亚伯特一直主张平原克里人自治，提倡保护民族文化。1902 年，当他再次举办仪式舞会时（这种舞会 1892 年已被政府禁止），印第安人事务局的官员将他逮捕。1902 年 4 月 15 日，加拿大政府罢免皮亚伯特的酋长职位。同年，他见到加拿大总督。他劝总督取消对印第安人的仪式舞蹈的禁令，但未得到同意。皮亚伯特 1908 年去世，但他作为平原克里人的精神领袖，至今仍然受到印第安人的敬仰。

资料来源：

1. John L. Tobias："Canada's Subjugation of the Plains Cree, 1879-1885". in *Out of the Background: Readings on Canadian Native History*. Robin Fisher and Kenneth Coates, editors. Copp Clark Pitman Ltd., 1988.

2. http://en.wikipedia.org/wiki/Cree

3. http://en.wikipedia.org/wiki/Numbered_Treaties

（原载《今日民族》2014 年第 8 期）

佤族猎头习俗及猎头神话研究
——与台湾少数民族、东南亚伊班人等相比较

佤族猎头习俗曾经是佤族文化的重要组成部分。神灵观念、木鼓与木鼓房、猎头、剽牛、人头桩、谷魂信仰、旱谷种植等习俗，构成了佤族文化中互相联系的一个整体。猎头神话为猎头习俗的起源提供了意识形态的依据和保障，所以，对佤族猎头习俗的研究应在佤族文化的总体背景中进行。此外，用人头桩祭神在世界上许多民族中曾经是一种比较普遍的祭祀活动，因此，对佤族猎头习俗的研究又应该在不同民族互相比较的视野中进行。只有这样，我们才可以认识猎头习俗的共性和佤族猎头习俗的个性。

20 世纪前半期仍然保留猎头习俗的民族包括中国西南内陆地区的佤族、中国台湾的少数民族、加里曼丹岛的伊班人(Iban)、菲律宾的伊戈罗特人(Igorot)和伊隆哥特人(Ilongot)等。

一、猎头习俗、猎头神话与特定的生计模式

猎头习俗消失较晚的这些民族具有共同的生计活动，即以比较粗放的轮作方式种植作为主要食物来源的谷类作物：小米、旱谷或稻谷。在谷物种植之外，还有狩猎、采集等活动作为补充。

中国台湾的少数民族分为泰雅、赛夏、布农、邹、排湾、阿美、雅美等七族群。七族群中，除雅美族群外，余六族群多有猎头旧俗。[①] 20 世纪 50

①凌纯声：《中国边疆民族与环太平洋文化》，台北：联经出版事业公司，1979 年。

年代以前，台湾的少数民族因地域的不同而从事不同的生产活动。但大体说来，农业在所有地区都是很重要的生计手段，只不过农业的形态在各地有所不同，或粗放，或精细，因地方传统和自然环境而定。在部分高山地区，狩猎和采集仍然是农业经济的重要补充。

伊班人是婆罗洲北部沙捞越地区的山地民族，是达雅克人中的一支。他们曾经被荷兰人称作海洋达雅克人，但他们实际上并不住在沿海地区，只是因为他们中的一些人从 19 世纪中期开始从事海盗活动，所以荷兰人这样称呼他们。伊班人所生活的地方山不高，但河谷狭窄，山坡陡峻，平坦的田地极为有限，开垦山地为水田虽然可能，但并不可行。[①] 伊班人数世纪以来就在群山中迁徙，所以伊班(Iban)的含义之一就是“流浪者”(伊班的另一个更普遍的含义是“人”)；他们在山中种植旱谷，还从事采集、狩猎、打鱼等。[②] 直到今天，伊班人经济活动的中心仍然是以土地轮作的方式种植旱谷。米饭是食品的代名词，可见谷物种植的重要性。旱谷种植被伊班人视为自己的文化的特征。[③] 但是，实际上，伊班人田地的出产并不能满足他们的粮食需求；在无法通过交换获得食物的偏远地区，采集野生植物、打鱼、狩猎、种植块茎作物等构成其食物来源的一半。[④] 多种生计活动的存在正说明稻谷生产在伊班人中间不是唯一的生活来源，更不是完全可靠的生活来源。

伊戈罗特人生活在菲律宾吕宋岛北部奇科河上游山区，约有 15 万人。这里山高谷深。他们既在梯田里种水稻，也以刀耕火种方式种植甜薯、玉米、小米、豆类。[⑤]

伊隆哥特人分布在菲律宾吕宋岛新比斯开省，仅有数千人。他们实行土地共有，以刀耕火种方式种植旱谷，做生意很有名。[⑥]

---

①Vinson H. Sutlive, Jr. *The Iban of Sarawak*. p10. AHM Publishing Corporation, Illinois: 1978.

②Vinson H. Sutlive, Jr. *The Iban of Sarawak*. p2. AHM Publishing Corporation, Illinois: 1978.

③Vinson H. Sutlive, Jr. *The Iban of Sarawak*. p62. AHM Publishing Corporation, Illinois: 1978.

④Vinson H. Sutlive, Jr. *The Iban of Sarawak*. p21. AHM Publishing Corporation, Illinois: 1978.

⑤Amiram Gonen, *The Encyclopedia of the Peoples of the World*. New York: A Henry Holt Reference Book, Henry Holt and Company. 1993.

⑥Amiram Gonen, *The Encyclopedia of the Peoples of the World*. New York: A Henry Holt Reference Book, Henry Holt and Company. 1993.

佤族生产力发展不平衡。在曾经长期保留猎头习俗的佤族地区，特别是西盟一带，在新中国成立以前仍实行刀耕火种的农业生产，主要种植旱谷、小米、玉米等。为恢复土地生产力，实行轮作休耕，一般耕种一年，休耕十年。①

农业生产并不能满足人们基本的食物需求，采集和狩猎所得是日常食品的重要补充。

二、猎头习俗、猎头神话与特定的社会发展水平

20 世纪 50 年代以前仍然保留猎头习俗的上述各民族社会发展水平大体一致，即社会群体规模较小，社会化程度不高。

伊班人以小群体为社会单位，因为对游耕地的需要，因为跟当地其他民族争夺土地，所以伊班人经常迁徙。伊班人的社会是平等社会，没有阶级之分。他们的传统住地并不具备永久性质，而是小家庭的临时聚集。在食物匮乏的季节，小家庭聚集在一起分享食品，在敌人攻击时，他们也聚集起来共同防御。②

在这样一个平等社会，男人们要想获得较高的社会地位，就应成为开疆拓土的英雄或种植能手。伊班人中最高的社会地位由豪强们（raja berani）占据。豪强是开拓者、种植能手和军事首领的三位一体。获得豪强地位的人要猎得一个人头才能证明其勇武。③

伊戈罗特人没有氏族或部落组织，政治组织一般仅限于农村一级。父系制和母系制并存。猎头曾经是获得权力的方式，现在村中最富有的人掌握权力。伊戈罗特人相信祖先神灵住在村子周围山上；人死后的生活与现实生活类似；某些鸟的叫声就是祖先神灵的声音。他们已经产生了对最高神灵的信仰。

伊隆哥特人数家形成数十人的村落，直到 20 世纪 50 年代以前与外界相

---

①魏德明《佤族文化史》，第 64 页。昆明：云南人民出版社，2001 年。

②Vinson H. Sutlive，Jr. *The Iban of Sarawak*. pp24 – 25. New York：A Henry Holt Reference Book，Henry Holt and Company. 1993.

③Vinson H. Sutlive，Jr. *The Iban of Sarawak*. pp27 – 28. New York：A Henry Holt Reference Book，Henry Holt and Company. 1993.

对隔绝；他们的社会中没有任何形式的政治组织。

在佤族中心地区，20世纪50年代前夕，氏族制度基本解体和消亡，而代之以原始的农村公社。若干父系继嗣的家族居住在一起，构成村寨。村寨大者三四百户人家，小者数十户。每个村寨都包括若干个居民点（习惯上称为小寨）。佤族村寨有如下特征：每个村寨都有自己的领地范围，与其他村寨严格划分开。对外来说，村寨是一个经济整体；有共同的政治生活，有共同的宗教生活，村寨成员有互相帮助和保护的权利与义务，对外一致，有共同的语言。

人与自然物的相互作用是上述民族意识形态的一个重要内容。他们普遍相信谷魂的存在，相信人的行为与谷魂之间发生相互作用。

佤族认为谷子有灵魂。为了谷子丰收，须进行祭祀。20世纪30年代的调查材料说："又其俗有杀人头祭魂之典礼。每当播种时节，卡佤则撒米于路上，盖以叶。人则匿伺道旁，见有跨叶而过者，则擒而杀之以为祭。"①

似乎相信人从米上跨过会得罪谷魂。谷魂信仰在猎头后的祭祀活动中也有表现。如用渗有人血的泥灰与谷种拌和在一起撒播；秋收前要猎取鸟兽鱼蟹等祭祀谷魂；收割完毕也要把谷物的灵魂请到家里。

伊班人神话说谷子是神赐的礼物。一个名叫森嘎兰·布龙（Sengalang Buron）的婆罗门鸢神把第一颗谷种交给人类，还教人如何种植。神还特别说要用谷子取代人们以前赖以为生的块根作物。伊班人也有神话说谷种是偷来的。两个文化英雄发现一位女神在种谷子。他们向女神讨要，女神不给。他们偷了两次，不成功。第三次，其中的一个文化英雄把三粒谷种夹在阴茎龟头的包皮里，逃过了女神的检查。两个文化英雄回到伊班人中间，种下谷子。从那以后，伊班人才开始种谷子。②

伊班人相信谷子有灵魂；人类祖先的灵魂使谷子具有生气，谷子给人提供营养，人死后又转化为滋养谷子的露水，这样就保证了谷子中的灵魂的存

---

①李生庄：《云南第一殖边区内之人种调查》，载《云南边地问题研究》。

②Vinson H. Sutlive，Jr. *The Iban of Sarawak*. pp62－63. New York：A Henry Holt Reference Book，Henry Holt and Company. 1993.

在。生命就这样得以循环不息。[①] 正因为相信谷子有灵魂，所以伊班人在收获谷物时要举行仪式，以确保谷魂回到人们居住的长房而不要留在田里。[②]

伊戈罗特人善于纺织和以动物献祭，相信各种精灵和祖灵，祭祀仪式复杂。

在这些民族中，猎头习俗的革除都不是因为群体内的主动要求，而是比较强大的外力推动的结果。

1838 年英国冒险家詹姆斯·布鲁克爵士来到婆罗洲，帮助苏丹王的叔叔镇压达雅克部落的反叛。因此，1841 年，文莱苏丹任命布鲁克为王。他建立政府，制定政策，镇压伊班人的猎头活动。[③] 到 20 世纪初，伊班人加入了沙捞越警察部队，得以合法使用武力。伊班人在警察的身份中找到了传统社会中猎头英雄的荣耀。[④]

台湾少数民族的猎头习俗在部分地区一直保持到 20 世纪初期。[⑤] 从三国时吴国经营台湾，到元代设立澎湖巡检司，再到清朝政府于光绪十三年(1887)正式设置台湾省，汉族文化逐渐在台湾少数民族中传播。在台湾少数民族革除猎头习俗的过程中，中国封建中央王朝在台湾建立的地方政府起了积极作用。即使吴凤劝阻邹人停止猎头的事迹仅仅是虚构的传说，也不能否认台湾少数民族的猎头习俗在外力作用下才得以最终废除这一历史事实。

佤族猎头习俗被废除的过程可能更说明问题。古代佤族的分布范围比今天大得多。秦汉时期云南境内不同地区佤族的先民先后进入中国版图，汉族文化也逐步在佤族中得到推广，佤族与汉族及其他少数民族互相联系、互相

---

①Vinson H. Sutlive, Jr. *The Iban of Sarawak*. p64. New York: A Henry Holt Reference Book, Henry Holt and Company. 1993.

②Vinson H. Sutlive, Jr. *The Iban of Sarawak*. p81. New York: A Henry Holt Reference Book, Henry Holt and Company. 1993.

③Vinson H. Sutlive, Jr. *The Iban of Sarawak*. pp32 – 33. New York: A Henry Holt Reference Book, Henry Holt and Company. 1993.

④Vinson H. Sutlive, Jr. *The Iban of Sarawak*. p143. New York: A Henry Holt Reference Book, Henry Holt and Company. 1993.

⑤凌纯声：《中国边疆民族与环太平洋文化》。台北：联经出版事业公司，1979 年。

融合的过程中，佤族的分布地域也逐渐收缩，并最终形成云南西南部中缅边界一带的聚居区和零星的几个散居区。在与其他民族混杂居住的地方，佤族早已不保留猎头习俗。在中国境内的佤族聚居区，猎头习俗的彻底根除是中华人民共和国成立之后才完成的。新中国建立初期，西盟县的佤族村寨砍人头祭谷子的事件时有发生。地方党委根据省委指示，对佤族的头人进行耐心说服，并调解过去因砍头而形成的世仇。政府还帮助佤族解决生产和生活上的困难，创造破除旧俗的有利条件。1953 年 3 月，云南省组织民族参观团到北京参观，西盟佤族大头人岩坎也参加了。党和国家领导人接见并宴请了参观团。在宴会上，毛泽东主席跟岩坎交谈，问他说："听说佤族现在还杀人祭谷，是吗?"岩坎回答说："是的，这是我们阿公、阿祖传下来的老规矩。"毛主席又问："能不能用别的东西代替呢?"岩坎说："不行。只能用老虎，但老虎很不好捉。"毛主席笑了，说："这事还是由你们民族商量商量，最好用别的东西来代替。"岩坎回到阿佤山，传达了毛主席的话，并和佤族的其他头人、群众进行讨论和协商。砍头祭谷给佤族人民带来了灾难和痛苦，经过政府的宣传，他们对这一习俗的危害就有了更清醒的认识。同时，人民政府帮助他们大力发展生产，兴修水利，开垦新田，推广牛耕、施肥、除草等措施，使得佤族地区的粮食产量比以前大大增加。人头祭谷和庄稼丰收之间的天然联系被活生生的现实打破了。结果，佤族人民自己起来改变了砍人头祭谷的老规矩。先是用猴头代替人头，后来又用鱼头或鼠头来代替。到了 1958 年，佤族彻底根除了砍人头祭谷的习俗。①

三、猎头习俗和猎头神话的社会功能

猎头习俗的长期保存依赖于这种习俗在社会生活中所发挥的功能，而这种功能又与一代又一代的人们对猎头习俗所进行的解释和再解释相联系。

---

①《当代中国的云南》编辑部：《当代中国的云南》(下)，第 376—377 页。北京：当代中国出版社，1991 年。

伊班人猎头习俗的最大功能在于协调伊班人世界中的对立因素。男人与女人、太阳与月亮、生与死都是对立的。此处是生者世界(dunya)，彼处是死者世界(sebayan)，伊班人神话说，名叫庞唐拉嘎(Puntang Raga，字面意思是“突破”)的神教导一个名叫塞坡(Serapoh)的文化英雄埋葬死人，还教他为死者哀悼一段时期，而只有猎得一个人头，才能让死者离开生者世界而到达死者世界。猎头活动有助于保持对立因素之间的平衡。“人头”代替死者的“生命”。人头的“抓获”保证了死者的“解放”。当人头被带进来时，死者就出去了。死者进入死者世界，就在生死二界之间架起了桥梁，实现了人转化为雨露的第一步，而雨露为谷子提供营养，谷子又为人提供营养……①神话表明，伊班人为了让本群体中的死者转化为滋养庄稼的雨露，所以猎取其他群体的人头来祭祀本群体的死者。

在伊班人的世界观中，伊班人才是真正的人，其他民族则被视为非人，是伊班人的敌人和猎头的对象。猎来的人头被放到伊班人居住的长房的梯子边，就像过节时欢迎客人一样。然后，头颅被放到柳条筐里，挂在猎头者房外走廊上的显著位置，既证明猎头者的勇敢，也对头颅的灵魂表示敬意。猎头者善待头颅，头颅也保佑猎头者和他的家庭。所以猎头行为实现了非伊班人从敌人到保护神的转化。②

一般认为，西盟一带的佤族在20世纪50年代以前已经进入阶级社会，但仍然保留原始社会的残余。由于社会分层不甚发达，所以，腹心地带的佤族社会，就本质而言，还是一个平等社会。

佤族神话对猎头习俗的起源有多重解释。其中的一种解释即与平等社会中社会秩序的维护有关。在没有成文法和执法机构的社会，带有一定的强制性质而又被人们认可的习惯法，就充当了现代社会中法律的作用。同姓不婚是佤族婚姻制度中的一个基本原则，这个原则有利于减少同姓(同氏族)成员

①Vinson H. Sutlive，Jr. *The Iban of Sarawak*. pp28－29. New York：A Henry Holt Reference Book，Henry Holt and Company. 1993.

②Vinson H. Sutlive，Jr. *The Iban of Sarawak*. p30. New York：A Henry Holt Reference Book，Henry Holt and Company. 1993.

之间的争斗，有利于内部的团结。为了强化这个原则的约束力，佤族神话即说猎头习俗起源于对同姓相爱、同姓通奸的社会成员的惩罚。即使发展到了家长奴隶制阶段，佤族仍然借助猎头神话来威慑不听话的奴隶，所以就有神话说猎头习俗起源于对通奸的养子或同姓相爱的奴隶的惩罚。

平等社会中虽然有头人之类较受尊敬的人，但他们缺乏使用公共资源、规范他人行为的权利。平等社会中的群体活动都是在遵从传统的基础上进行的。在西盟一带的佤族社会中，魔巴是群体中的知识分子和宗教领袖。魔巴的声望来源于主持公共的和私人的祭祀活动。佤族猎得的人头，要经过魔巴主持的祭祀仪式才能转化为村落平安和幸福的保护神。拉木鼓、砍牛尾巴是祭祀人头的重要手段，这些活动和仪式都是由魔巴主持的。魔巴借助猎头习俗强化了自己的社会地位。对群体的生活知识和宗教知识了解不多的其他男子，很难在这些方面成为魔巴的对手，但他们却可以使用自己的勇气和武力，通过猎头来证明自己的存在价值。所以猎头习俗为佤族社会中的普通男子提供了实现个人价值的机会。

猎头不是个人行为而是村落的集体活动，需要群体的协作和组织。村落头人于是也在猎头的过程中为自己的执政能力找到了发挥空间。以猎头、拉木鼓、砍牛尾巴为中心的狂欢与舞蹈，为群体成员创造了宣泄情感、释放压力的舞台，也更新和维护了群体凝聚力。

伊班人社会中的豪强则是开拓者、种植能手和军事首领的三位一体。作为开拓者，他要能够带领本群体与其他人争夺适合耕作的土地；作为种植能手，他要能够在自己的土地上多生产谷子，因为谷子是生存的根本；作为军事首领，他首先就要猎得人头证明自己的勇气。猎头与开拓都和伊班人与其他群体争夺生存空间有关。

在不同民族群体共同生活而又彼此竞争的社会环境中，猎头活动也发挥了威慑其他群体、赢得心理优势的功能。佤族在自己的历史传说中总是强调他们曾经住在坝子里，说他们的头人曾经是地方的行政官员。实际的历史情形则是佤族多半住在山上，受傣族或汉族的土官或流官所统治。传说与事实的矛盾衍生出关于猎头习俗成因的普遍说法：傣族或汉族把煮熟的谷子借给佤族当谷种，佤族种下后不出苗，傣族或汉族又把未煮过的谷子给佤族当种子，并要求佤族砍人头祭谷子，谷种出苗。另一种说法是，佤族原本住在坝子里而傣族住在山上，在借谷种的过程中，佤族答应与傣族交换了住地。佤族关于猎头的神话和传说把这种习俗的起源归因于欺骗与报复，神话和传说的讲述者不仅在自己的后人面前留住了因丧失(记忆中的)平坝而丢掉的自尊，而且也为民族关系中曾经存在的对立状态找到了理由，为佤族对汉族和傣族进行的猎头活动做出了辩护。

伊班人的猎头活动同样也是一种恐吓手段，迫使其他群体离开伊班人活动的地区。

佤族的猎头习俗不仅调整了群体内外的关系，而且帮助佤族形成了对一年中公共活动的安排。猎头活动曾经是西盟地区佤族一年生活中最大的事件。当地的其他活动，如播种与收获、狂欢与舞蹈、拉木鼓、砍牛尾巴等，都以猎头活动为中心展开。由于这种人事活动的安排，佤族在强大的自然力面前维护了对人的群体行为的控制感。这种活动安排是在自然时序基础上的人为时序，是佤族适应自然环境而又超越自然环境的一个范例。

四、结　论

同东亚和东南亚地区其他民族的猎头习俗所发挥的社会功能类似，佤族猎头习俗与猎头神话调节人与自然的关系，促进平等社会中权威的形成和个人价值的实现，增强群体内的凝聚力，缓解社会规则强加于人们身上的压力，发泄民族关系与群体关系中的积怨和仇恨，在自然时序的基础上重新安排了人为时序。

总之，佤族猎头习俗与猎头神话发挥了重构世界秩序的功能。

(原载杜巍主编《文化·宗教·民俗——首届中国佤族文化学术研讨会论文集》，云南大学出版社，2008 年)

后 记

这是我的第一本个人论文集，大致可以代表 1986 年任教以来我在民族学领域内学习和思考的结果。

我于 1979 年进入重庆师范学院(2003 年更名为重庆师范大学)中文系中国语言文学专业；1983 年进入云南大学中文系中国民间文学专业攻读硕士学位；1986 年硕士研究生毕业，分配到云南民族学院(2003 年更名为云南民族大学)少数民族语言文学系任教。

我对民族学产生兴趣，出于多种原因。硕士研究生期间，曾得云南省社会科学院刘达成研究员为我们讲授“民族学专题”；我自己还旁听尤中教授为历史系本科生讲授的“中国西南民族史专题”。到云南民族学院工作之后，跟彝族学者罗正明、肖建华、昂自明、张纯德等新老朋友共事，我也向他们学习彝族语言。我任教以来承担的第一门课程是“彝族文学”。云南的民间文学，尤其是少数民族民间文学，与民族历史关系紧密。由民间文学而延及民俗学，再涉猎民族学，虽也顺理成章，但却并非必然。

促使我真正进入民族学领域的契机，是我的第一次工作调动。云南民族学院历史系 1987 年开始招收民族学专业本科生。承汉语系民间文学教研室主任兰克向历史系主任汪宁生教授推荐，1988 年 3 月我由少数民族语言文学系汉语教研室调到历史系民族学教研室，主要承担“民俗学”“世界民族志”(欧洲、非洲、拉丁美洲部分)两门课程的教学任务。工作变更之后，“民族”二字成为我学习和研究的中心词。

1993 年，我再次进入云南大学，在档案系中国民族史专业攻读博士学位，师从尤中教授。中国民族史方面的训练，有助于当代的民族学研究。1997 年，我作为公派访问学者，在加拿大不列颠哥伦比亚大学社会学和人类学系进修一年，旁听了“北美首居民族”“文化人类学”“人类学史”“族群关系”“社区与人口学”等五门课程。2002 年，承蒙加拿大里贾纳大学宗教系任远博士推荐而获其负责人列奥娜·安德森(Leona Anderson)教授相邀，我在该系授课一学期，讲授“中国民间信仰”和“东方宗教”两门课程。两渡大洋，既出洋相，也开洋荤；代价不小，获益良多。

从 1986 年以来，我的工作单位更换不少，但工作内容大致未变：讲授的课程总在民俗学、民族学范围以内，如“民俗学”“世界民族志”“文化人类学理论与方法”“民族民间文学”“少数民族文学”“田野调查方法”“专业英语”“非物质文化遗产”等等。看书、作文，基本上也在这些方面。

在我国的学位授予和人才培养体系中，民族学一级学科下设置了民族学、人类学、马克思主义民族理论与政策、中国民族史、世界民族与民族问题、民族经济、民族艺术等方向。我在研究和写作时，并没有考虑自己的文章到底属于什么方向。现在选出的这 21 篇文章大概可以划分到民族学、民族理论与政策、中国民族史、民族艺术、世界民族等方向中。

海南热带海洋学院正在建设民族学省级重点学科和民族学一级学科硕士点。希望这本论文集对学校的上述工作有所助益。

我在此前二十五年(1996—2020 年)之中发表的这些文章，其内容似乎并未过时，如对苏联解体原因的思考，对民族文化发展规律的认识，对中国农民生育观念的分析等。而且，个人文章是时代产物，如无原则问题，自可保持原貌，不似教科书须适时更新材料以吸收学术发展成果，或政策规定要经常修订以应对形势变化之需。

选编论文集，涉及一些虽然烦琐却又必须完成的技术性工作。初次发表这些文章的期刊或文集，各有其编辑体例。现在将其汇总，自然不能各仍其旧，但又无法完全统一。摘要和关键词，或有或无，似可原样存真。文献著录，或在文末，或在页下。这次重编，统归页下。文献来源，或标页码，或仅有卷次；此项只好各存故态，因为当年所用资料，有些现已难于寻觅。如因此带来不便，还请读者谅解。

感谢重庆师范大学、云南大学、云南民族大学、三峡大学、海南热带海洋学院。或供我求学，或聘我工作，这些学校都对我的学术活动产生了积极作用。

书稿编成，求序于周星教授，承蒙允诺。周星教授的美言，固为过誉，但倘能免我敝帚自珍之嫌，已足我愿。

海南热带海洋学院民族学省级重点学科责任教授杨超博士，为学科建设费心劳力。这本书的出版，也有他的贡献。

即使是在我经济最不自由的时候，我的父母也从未要求我到本职工作之外去挣钱。父亲略能写信，信中总是叮嘱我不要乱想钱，国家给多少就用多少。我的妻子丁晓辉也能理解我得过且过、随遇而安的生活态度。家人的认可，使我可以静心看书。否则，恐怕连这本小书都难以成编。

谢国先

2022 年 1 月 26 日

于三亚霞晖山居